ENTRAINEMENT DES DISCIPLES À TRAVERS LA BIBLE

50 LEÇONS DE LEADERS CHRÉTIENS POUR LES JEUNES ET LES JEUNES ADULTES

COPYRIGHT ET THÈMES D'UTILISATION

John Wesley a écrit dans la préface du recueil d'hymnes 1779 pour l'utilisation du Peuple appelé méthodistes,

Je demande la permission de parler d'une pensée qui a longtemps été sur mon esprit, et que je serais déjà inséré dans les papiers publics, je n' avais pas été réticents à remuer un nid de frelons. Beaucoup de messieurs ont fait mon frère et moi (bien que sans nous nommer) l'honneur de réimprimer plusieurs de nos hymnes. Maintenant, ils sont parfaitement libres de le faire, à condition qu'ils les imprimer comme ils le sont. Mais je désire qu'ils ne tenteraient pas de les réparer, car ils ne sont pas vraiment en mesure. Aucun d'eux n'est en mesure de réparer ni le sens ni le verset. Par conséquent, je dois mendier d'entre eux ces deux faveurs: soit laisser reposer tout comme ils sont, à prendre les choses pour le meilleur ou pour le pire, ou pour ajouter la vraie lecture de la marge, ou au bas de la page, que nous ne serons plus responsables, soit pour le sens ou pour le mirliton des autres hommes.

http://www.cyberhymnal.org/bio/w/e/s/wesley_c.htm. Consulté le 24 Fevrier, 2008

Le programme, disciple à travers la Bible, a été préparé avec soin et avec beaucoup de réflexion en ce qui concerne le message biblique et le processus éducatif pour un apprentissage efficace par les étudiants de la Conception du programme, 2008-09 et les méthodes pédagogiques et de la technologie, 2009- 10 classes Asie-Pacifique au Séminaire Théologique Nazaréen sous la direction du professeur Rovina Hatcher. Nous donnons la permission pour que ces matériels soient utilisés pour la gloire de Dieu dans les églises locales tel que distribué. Cependant, dans l'esprit de John Wesley, nous demandons qu'aucun changement écrite ne doit pas apporter à ces matériaux, puis transmis à d'autres églises et les utilisateurs. Nous reconnaissons que l'enseignement est un processus créatif et de bons enseignants allons faire des ajustements à une leçon prévue en accord avec les besoins des apprenants de la situation donnée de leur propre expertise; c'est assumée et permissible.

Toute diffusion ou copie de ces documents devraient inclure les droits d'auteurs et la page d'utilisation. Nous apprécierons de contacter les utilisateurs APNTS pour nous informer quand et comment vous avez utilisé les matériels afin d'améliorer notre évaluation continue de nos cours et nos matériels. S' il vous plaît contacter religiouseducation@apnts.edu.ph lors de l'utilisation ou de la distribution des matériels.

SALUTATIONS

Nous presentons nos remerciements aux étudiants qui ont investi beaucoup de leurs temps et de connaissances dans la création de ces matériels.

Conception de Curriculum :
Eyestone, Betsy
Lee, Hoon (Gary)
Loyola, Glen
Mangubat, Ingrid

Méthodes d'enseignement:
Eyestone, Betsy
Gesite, Phoebe
Lee, Hoon (Gary)
Mangubat, Ingrid
Woolery, Brian (M.Div., 2010)

Une reconnaissance particulière est accordée au révérend Ilde Detalo, qui a servit comme notre principale partie prenante de ce projet. Rev. Detalo a rencontré les étudiants et a discuté sur la nécessité et les désirs pour avoir ce programme. Elle a aussi donné des informations précieuses concernant la conception et le contenu au cours de la phase de développement.

Nous tenons également à remercier ceux qui ont donné l'expertise technique de l'achèvement de ce projet. Nous remercions Mme Betsy Eyestone pour ses interminables heures de rédaction en anglais aussi bien pendant les cours, puis pour la production finale. J'apprécie particulièrement mon assistante, Mme Ingrid Mangubat pour le travail de compilation des deux projets de classe et aussi pour son expertise technique pour la conception de la mise en page et l'édition. Ces deux dames travaillèrent sans relâche pour voir ce projet à terme. Aussi, nous tenons à remercier ceux qui ont testé sur le terrain du matériel et qui ont donné des commentaires sur la présentation et le contenu. Encore une fois, Mme Ingrid Mangubat a utilisé le matériel de son groupe de jeunes et a fourni de précieux commentaires. Pasteur Sam Tamayo et le pasteur Brian Woolery ont transmis les matériaux à certains de leurs leaders de la jeunesse aux Philippines et dans la région Asie-Pacifique de l'Église du Nazaréen en vue de donner leur rétroaction sur la conception de la mise en page.

Rev. Doug Flemming, coordonnatrice des communications pour la région Asie-Pacifique de l'Église du Nazaréen. Elle a également fournit une assistance et des commentaires sur notre conception de la mise en page.

Le bureau Asie-Pacifique de littérature de l'Église du Nazaréen a fournit un soutien financier et une assistance administrative pour le travail graphique et de la publication. Sans ce soutien, le programme aurait mis en sommeil dans un lecteur de l'ordinateur.

Nous remercions également le séminaire Théologique Nazaréen de l'Asie-Pacifique pour l'opportunité qu'il nous a été donné de créer ces matériels pour l'utilisation dans les églises et les ministères de la jeunesse. Avant tout, nous tenons à remercier chacun d'entre vous qui utilise ce programme pour la gloire de Dieu.

PRÉFACE

Il existe deux principaux objectifs du programme: le développement du leadership et une bonne compréhension du récit métaphysique de l'Écriture. Il a été estimé que les adolescents et les jeunes connaissent de nombreuses histoires de la Bible, mais ils ne doivent pas comprendre comment ces histoires emboîtent dans le message biblique globale.

Ainsi, le programme est en ordre chronologique à travers la Bible et l'activité de chronologie dans chaque session aidera les participants de voir la connexion des histoires des personnes bibliques avec l'autre. Également une préoccupation majeure chez les jeunes chrétiens est le développement du leadership. Ainsi, une caractéristique de leadership a été sélectionné pour chaque personne et l'étude biblique hebdomadaire met l'accent sur cette caractéristique. Un journal doit être tenu par les jeunes personnes chaque semaine montrant leurs réflexions sur leur étude de la Bible et leur croissance. Le journal et la chronologie biblique sont deux activités cruciales à chaque session pour atteindre les objectifs au long du cursus.

Les méthodes pédagogiques ont été développés en utilisant Benjamin Bloom et des associés la taxonomie pour l'apprentissage. Ce est bien connu parmi les éducateurs et implique cognitive (l'esprit), affectives (les émotions et la volonté), et psychomoteur (actions corporelles) apprentissage. Ceci fournit une approche holistique de l'apprentissage. Nous encourageons fortement les enseignants à utiliser les méthodes pédagogiques fournis. Cela peut être une nouvelle façon d'enseigner pour beaucoup d'entre nous, mais l'interactivité des apprenants avec une une autre et avec le matériel améliore leur apprentissage. Il sera utile de le temps supplémentaire nécessaire à la préparation pour les leçons. Comme un enseignant a signalé, il a passé plus de temps à préparer, mais a fait moins au cours de la session; nous mettons de l'apprentissage dans les mains des apprenants. Cependant, la enseignant devra choisir les activités qui sont appropriés pour ses élèves et la situation. Il ne est pas prévu que toutes les activités de chaque leçon complétés dans les sessions.

Professeur Rovina Hatcher

Christian Département de l'éducation

Asie-Pacifique Nazaréen Theological Seminary

TABLE DES MATIÈRES

l'Ancien Testament

TABLE DES MATIÈRES

l'Ancien Testament

TABLE DES MATIÈRES

l'Ancien Testament

Le Nouveau Testament

TABLE DES MATIÈRES

Le Nouveau Testament

OBJECTIFS DU CIRRICULUM

POUR SAVOIR...

Les étudiants apprendront les qualités de leadership des personnes clés.

- Les étudiants identifieront les différents types de qualités de leadership manifestés par les personnes bibliques étudiés.

- Les élèves comprendront le but des chrétiens de Dieu en tant que leaders influents.

- Les élèves comprendront le processus de développement du leadership.

Les etudiants comprendront le message de salut primaire essentiel de la Bible.

- Les élèves completeront chaque semaine les tâches de lecture de la Bible.

- Les élèves feront des entrées de journal hebdomadaires sur leurs connaissances de la lecture Biblique.

- Les étudiants seront en mesure d'identifier où les chiffres de personnages bibliques spécifiques s'inscrivant dans l'histoire et de raconter comment Dieu a un plan ultime pour l'humanité.

ÊTRE...

Les élèves reconnaîtront leur propre potentialité de leadership.

- Les élèves peuvent démontrer les qualités de leadership étudiés.

- Les élèves feront preuve de maîtrise de soi dans leur conduite.

- Les élèves partageront des exemples de la façon dont ils ont appliqué les qualités de leadership dans leur propres vies.

- Les élèves seront reconnus par leurs pairs comme une influence positive.

À FAIRE...

Les étudiants devlopperont leur temoin de moralité chrétienne.

- Tous les étudiants seront en mesure d'expliquer que signifie d'être chrétien.

- Les étudiants seront en mesure d'expliquer le plan du salut à quelqu'un d'autre

COMMENT L'UTILISER

Les leçons sont divisées en trois sections: Engage, Explore et expérience. Il ya des options d'activité tout au long de toutes les sections de chaque leçon. Chaque leçon est conçu pour une réunion de deux heures. Si l'heure de la réunion est moins que cela, les leçons peuvent être divisées en deux sessions pour accueillir les activités. L'enseignant peut choisir les activités qui sont appropriés pour ses élèves et la situation.

ENGAGE!

Ces activités sont conçues pour fournir une atmosphère de culte mais toujours maintenir le cap participative du programme.

EXPLOREZ!

La caractéristique principale de cette section est l'étude de la Bible. Depuis la conception du programme participatif, l'étude de la Bible invite les élèves à interagir avec l'Écriture et une autre. Les étudiants sont affectés par des passages à lire au cours de la semaine précédente. Puis, quand ils viennent à l'étude de la Bible, ils ont déjà lu et réfléchit sur l'histoire biblique de la semaine. Ils sont prêts à approfondir la qualité de chef de file de la personne dans la Bible et sa signification pour leur vie. Les questions sont fournis pour guider la discussion des apprenants. Il n'est pas nécessaire d'avoir un chef de groupe ou un enseignant pour cette étude, mais un facilitateur pour guider les apprenants dans la discussion pour la session de l'étude de la Bible. Il est recommandé de se diviser en petits groupes de 4-5 personnes pour la discussion d'étude biblique.

La chronologie biblique est un dispositif d'apprentissage important pour aider les élèves à se connecter chaque personnage biblique avec les histoires précédentes suivantes. L'histoire de chaque semaine a un symbole pour représenter le personnage biblique. (Les graphics pour les symboles de la chronologie sont inclus dans l'annexe de ce livre). Un calendrier peut être crée le long du mur dans la salle de la réunion avec un symbole ajouté chaque semaine. Si une salle dédiée n' est pas utilisé pour la réunion de la jeunesse, une autre option est de photocopier les symboles sur le papier autocollant à chaque élève pour fixer dans leur journal chaque sema.

EXPÉRIENCE!

Ici, les apprenants sont invités à appliquer ce qu'ils ont appris et discuté dans l'étude de la Bible à leur vie dans le monde réel. Les étudiants sont fréquemment invités à écrire dans leur journal, qui commence comme un cahier vierge, au cours de la section d'expérience ainsi que pour des missions de réflexion.

1 ADAM ET EVE

INTENDANCE:
Prendre soin de ce que Dieu m'a confiée

ENGAGE!

CULTE
Prenez le temps de faire connaissance si les étudiants sont avec vous de nouveau ou l'autre.

Écriture: Psaume 148

Titres suggérés: Vous êtes Puissant, Dieu de merveilles

ACTIVITÉ DE MOTIVATION
Attirer l'attention de tout le monde et concentrer dans la leçon en discutant avec désinvolture les suivantes:

Rappeler un moment que vous avez désobéit et une très mauvaise chose qui s'est passée à cause de cela.

- Quelle est la conséquence et comment avez-vous la ressenti?
- Qu'est-ce qui pourrait avoir causé dans votre désobéissance?
- Ce qui rend une tâche ou la responsabilité semblent «non réalisable»?

EXPLOREZ!

ÉCRITURE DE PASSAGE(S): Gen. 1:24-2:9; 2:15-25, Genèse 3

VERSET CLÉ(S): Gen. 1:28, 2:15
Vous pouvez diviser le groupe et leur faire "des lectures dramatiques" ou autre dramatisation des passages bibliques.

ÉTUDE DE LA BIBLE
1. Lisez Genèse 1: 24-2: 9. Qu'est-ce que cela signifie que Dieu a créé l'homme et la femme à son image? En quoi nous devons aimer Dieu?
2. Comment sentez-vous de connaître que vous êtes créés à l'image de Dieu? A-t-il changé la façon dont vous voyez? La façon dont vous voyez les autres?
3. Lisez Genèse 1:28 et Genèse 2:15. Quels rôles que Dieu a donné les premiers peuples? Est-ce que ces rôles s'appliquent à nous aujourd'hui?
4. Comment pouvons-nous remplir le rôle de prendre soin de la terre? Quels autres moyens pouvons-nous être de bons intendants de ce que Dieu nous a confié?
5. Lisez Genèse 3. Adam et Eve ont désobéi aux instructions de Dieu. Quelles ont été les conséquences immédiates de leur péché? Les conséquences à long terme?
6. Comment l'échec d'obéir aux instructions de Dieu affecte notre gestion?

CHRONOLOGIE
Tout au long de cette série de leçons, nous marquerons un calendrier pour montrer quand le peuple que nous avons étudié vivait et quel etait leur relation Historique à l'autre. Lancez une ligne de temps et marquer le point de départ. Dessinez ou depposer un symbole, comme un arbre, pour représenter Adam et Eve. Sous la ligne, écrire: intendance pour ce que Dieu m'a confié.

Intendance Pour Ce Que Dieu M'a Confié

OPTION D'ACTIVITÉ

INTENDANCE CIBLE

Matériels:

Bibles, une feuille de papier kraft, papier autocollant, marqueurs

Instructions:

1. Divisez la classe en 3 groupes. Si vous avez une classe de moins de 6 élèves, ils peuvent tout simplement travailler ensemble comme un seul groupe.
2. Donnez à chaque groupe un morceau de papier et des marqueurs autocollant.
3. Dessinez un grand cible sur le papier bulle, étiqueté comme indiqué ci-dessous, et l'attacher à la paroi.
4. Attribuez à chaque groupe un passage de la Bible à travailler (voir les références ci-dessous).

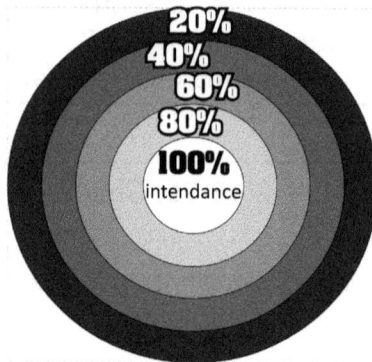

Références suggérées:

I Rois 4:20-34 (Salomon)
II Rois 1:1-18 (Elie)
Genèse 41:37-57 (Joseph)

5. Une fois qu'ils ont identifié la personne sur leur passage, ils doivent écrire le nom de cette personne sur leur papier autocollant.
6. Après avoir discuté de cette personne par rapport à l'intendance, ils devraient décider ou mettre l'autocollant sur la cible, sur la base de ce qu'ils pensent est le niveau de l'intendance de cette personne.
7. Une fois que tous les groupes ont placé leur papier autocollant sur la cible, demandez à chaque groupe d'expliquer pourquoi ils ont donné leur personnage de la Bible la notation, puis discuter des sujets suivants

1. Réfléchissez à votre propre vie. Quels sont certains des talents que vous pensez que Dieu vous a confié?
2. Si vous deviez mettre votre nom sur la cible, où voulez-vous lui mettre?
3. Pourquoi? (Ne demandez pas aux élèves de donner une réponse à haute voix si elles semblent hésitantes. Pour éviter l'embarras, vous pouvez leur permettre d'écrire leurs pensées dans leur journal.)
4. Que pourriez-vous faire pour changer votre note?

Adapté de la source:
Rydberg, Denny. "TrustBuilders" Group Publishing Inc., Loveland, Colorado 1993 p. 38

EXPÉRIENCE!

ACTIVITÉ D'APPRENTISSAGE
Fournir une grande feuille de papier.

Demander aux élèves de dessiner des choses c' est leur responsabilité de prendre soin.

OPTIONS D'ACTIVITÉ

BLOCAGE ET RACONTÉ

Materiels: bandes de cartolina; petits jetons pour le groupe gagnant

Instructions: Divisez les élèves en deux groupes. L'enseignant montrera une bande de cartolina avec un mot brouillé. Tout membre des deux groupes qui connaît la réponse correcte devrait se lever et crier le mot correct ("fixer"). Le groupe qui gagne un point s' il peut aussi "dire" quelque chose sur la parole donnée liée à le passage de l'Écriture de la journée. Le groupe qui gagne le plus de points remporte le prix.

Mots Exemple:

TOOUMN	MOUTON
ETHS	SETH
NRAJDI EENDD'	JARDIN D'EDEN
BRREA ED LA EIV	ARBRE DE LA VIE
GAEL'N	L'ANGE
REEPSTN	SERPENT
ARCTÉNIO	CRÉATION
ROIÈEUPSS	POUSSIÈRE
CDEALMITNOI	MALEDICTION
METPTDE	TEMPTED

*(ajoutez vos propres mots)

INVENTAIRE D'INTENDANCE

Matériels: Intendance Inventaire main sur; crayons/plume; revues d'etudiants

Instructions: Écrivez les questions "intendance d'inventaire" sur la carte pour les étudiants de copier dans leurs revues:

1. Liste des dons et des talents que Dieu vous a donnés. (Ceux-ci peuvent être matériel ou quelque chose que vous êtes particulièrement bon.)

2. Évaluez-vous sur une échelle de 1 à 10 par rapport à votre gestion de ces dons et talents. Que pensez-vous des notes, vous pouvez donner vous-même sur chaque article? Expliquez.

3. Que pouvez-vous faire pour améliorer votre score?

PROJET PROPRE ET VERT

Matériels: matériel de nettoyage, balai collent, pelles, arrosage, etc.

Instructions: Divisez les élèves en deux groupes juste après la discussion de l'étude de la Bible. Dites à chaque groupe de trouver le temps au cours de la semaine pour faire quelque chose autour de l'église ou de la communauté qui montre la bonne intendance de la terre du Seigneur (par ex. Balayant les terrains de l'église pour maintenir la propreté, le désherbage dans le jardin de l'église ou de la réparation des robinets qui fuient à conserver l'eau). Ils devraient faire un rapport de ce qu'ils ont fait lors de la prochaine session d'étude

APPLICATION PERSONNELLE

Diviser en groupes d'action. Décider sur une chose que vous allez faire cette semaine pour soigner la création de Dieu, soit individuellement, soit en tant que groupe (par exemple. Le nettoyage autour de l'Église, l'effacement du canal, la réparation des robinets qui fuient, etc.) Faire des plans pour accomplir votre décision et être prêt pour faire un rapport sur la semaine prochaine.

AFFECTATION

Chaque élève a besoin d'un ordinateur portable pour l'utiliser comme leur journal personnel. garder le Journal aidera à se souvenir et de mettre en pratique ce qu'ils ont étudié, et de fournir un lieu pour eux pour faire les devoirs hebdomadaires.

1. Écrivez le nom de la personne Bible étudiée, la qualité de caractères de leadership ciblé (avec sa définition) et le verset clé dans votre journal.

2. Lisez Romains 5: 18-19. Pensez à la façon de le dire dans votre propre mots d'une manière que même un enfant pourrait comprendre et partager avec quelqu'un cette semaine.

3. Lisez Genèse 4: 1-16.

2 CAIN ET ABEL

RÉVERENCE:
Avoir la bonne attitude du cœur droit vers Dieu et Sa sainteté

ENGAGE!

CULTE
Suggeste Écriture: Psaumes 86:11

Titres suggérés: Tu Es Saint (Prince De La Paix), Un Cœur Pur, Feu De Raffineur,
Mahal na Mahal Kita, Panginoon

ACTIVITÉ DE MOTIVATION
1. Suivi des missions de la semaine dernière. Demander aux élèves de dresser un rapport sur la façon dont ils remplient leur engagement pour prendre soin de la création de Dieu. Demandez-leur aussi de signaler s' ils ont pu partager l'idée de Romains 5: 18-19 avec quelqu'un.

2. Montrez une photo de personnes dans le culte. Discutez des attitudes exprimées sur leurs visages. Lesquels semblent être vraiment adorer le Seigneur? Demander aux élèves de discuter leurs propres attitudes pendant les périodes de culte.

3. Demandez aux élèves de dire à un moment où
   - ils se sentaient jaloux des réalisations de quelqu'un d'autre, ou
   - un parent ou un grand-parent semblaient favoriser les efforts d'un frère ou une sœur, ou
   - quelqu'un d'autre a obtenu un rôle ou la responsabilité qu'ils voulaient vraiment, ou
   - qu'ils ne pourraient jamais sembler plaire au maître, mais d'autres ont été salués.

   Comment sentez-vous avec les autres personnes impliquées?

EXPLOREZ!

ÉCRITURE PASSAGE(S): Genèse 4:1-16

VERSET CLÉ(S): Genèse 4:6-7

ÉTUDE DE LA BIBLE
1. Lisez le passage de l'Écriture et discutez. Versets 2-4: Quelles différences faites- vous sur la façon que Caïn et Abel ont préparé et donné leurs offrandes?

2. Verset 4-5: Comment Dieu a répondu à chacun des offres? Pourquoi pensez-vous que Dieu a répondu comme il le faisait à chacun des frères?

3. Versets 6-7: Donnez vos pensées à propos de ce verset. C'est prendre ultime de Dieu sur ce que Caïn et Abel ont fait. Que dit le passage au sujet du péché? Comment le péché a lié dans l'état de nos cœurs?

4. Versets 8-9: discuter de la réaction de Caïn au jugement de Dieu. Quelle était l'attitude de Caïn envers Dieu? enVers Abel? Discutez la réponse de Caïn à Dieu: Suis-je le gardien de mon frère? Que faut-il nous montrer sur l'attitude de Caïn?

5. Les versets 10 à 16: Rassemblez les pensées sur le plaidoyer de Caïn à propos de sa punition. A-t-il jamais se repentir de son manque de respect, la jalousie, la colère ou assassinat? Comment l'histoire pourrait terminer différemment s'il avait? Dieu a gracieusement épargné la vie de Caïn, mais que disait le v. 16 au sujet de la relation de Caïn avec Dieu de ce point?

CHRONOLOGIE

Ni Cain et ni Abel n'étaient pas en mesure pour contribuer à l'histoire de la Bible. Adam et Ève ont un autre fils, Seth, par l'intermédiaire duquel le plan de Dieu pour le monde a continué. Seth était l'ancêtre de Noé, que nous allons étudier la semaine prochaine.

▶ Préparer un symbole pour représenter la leçon de cette semaine, comme un coeur de papier, moitié noir et à moitié blanc, avec le nom de Caïn sur le côté noir et Abel sur le côté blanc. Attachez-le à la chronologie à côté du symbole d'Adam et Eve.

▶ Dessous de la ligne, écrire: Révérence - vu l'attitude du cœur droit échantillon.

Révérence - Vu L'attitude Du Cœur Droit Échantillon

Intendance Pour Ce Que Dieu M'a Confié

OPTION D'ACTIVITÉ

LUMIÈRES, CAMÉRA, ACTION

Matériels: aucun

Instructions: Divisez les élèves en groupes de quatre. Chaque groupe doit désigner les caractères de l'histoire de la Bible et un narrateur qui va lire le passage sur Caïn et Abel. Si vous souhaitez ajouter de l'intérêt en faisant une concurrence, dire aux élèves que des prix seront décernés pour le meilleur acteur / actrice, Meilleur film, Meilleur Effets sonores, etc. Attendez 5 minutes pour la préparation, puis de laisser chaque groupe de présenter leur drame.

Variante: Choisissez les représentants du groupe pour jouer pour Dieu, Caïn et Abel. Demandez-leur imaginer une discussion face à face qui pourrait s'être produite entre elles comme Dieu leur explique ses attentes et pourquoi il a rejeté l'offrande de Caïn. Demandez aux acteurs en tentant de représenter les attitudes et les émotions des 3 personnages comme ils adoptent cette discussion imaginaire avant que le reste du groupe.

EXPÉRIENCE!

ACTIVITÉ D'APPRENTISSAGE

Choisissez parmi les options suivantes:

1. Partager une histoire pertinente sur comment avoir une bonne attitude fait vraiment une différence (par exemple. De L'histoire de Nick Vujicic) et les étudiants ont réfléchi. Proposez la situation tion de la vie réelle qui traite avec le défi d'avoir la bonne attitude et leur permettre à partager les réponses.

2. Demandez aux élèves agissent sur les situations ci-dessus, ou choisissez de la part des exemples lors de l'activité de motivation 3 #. Agir sur ce qui est arrivé en montrant le

mauvais attitudes, puis agir sur ce qui aurait pu être fait différemment si elles ont répondu avec l'attitude du cœur droit.

DEMANDE PERSONELLE

1. Ecrire (dans votre journal) un psaume qui exprime la repentance et la reconnaissance de Dieu la sainteté et de la souveraineté. Inclure: Ce que je crois à propos de moi-même, ce que je crois au sujet de Dieu, ce que je crois sur la façon dont Dieu se sert d'autres et mes circonstances de m' apprendre et me changer, ou ...

2. Ecrire une chose que vous avez appris de cette leçon qui vous aidera à développer le caractère d'un leader chrétien. Prévoyez comment vous allez mettre ce que vous avez appris en action.

OPTION D'ACTIVITÉ

TOP CINQ

Matériels: Ecrire les matériels, journal

Instructions: Après avoir discuté de la leçon sur le respect, donner aux élèves «un temps calme». Demandez-les de penser à des moments où ils sentent qu'ils ont fait ou dit quelque chose qui ne montrent pas de respect pour Dieu. Demander aux élèves de s' incliner et silencieusement prier pour demander pardon. Alors dites-les d'écrire dans leurs journaux des choses qu'ils peuvent faire à partir de ce moment qui va montrer la révérence à Dieu. Après leur donnant assez de temps, demander à des volontaires de partager une chose de ce qu'ils ont écrit. Dites-les que ce qu'ils ont écrit servira leur promesse de Dieu et qu'ils doivent faire le mieux pour le remplir.

AFFECTION

1. Aller plus loin (en option): Lisez le Psaume 51. David a écrit ce psaume après qu'il a commis les péchés d'adultère et d'assassiner. Comment le coeur de l'attitude de David est différent de celui de Caïn? Ecrivez votre réponse dans votre journal.

2. Pour la semaine prochaine: Lire toute l'histoire de Noé et le Déluge, Genèse 6: 1-9: 17.

3 NOAH

DROITURE:
Faire ce qui st juste, indépendamment de ce que font les autres

ENGAGE!

CULTE
Écriture Suggérée: Psaumes 34:15-22

Suggested Songs: Take Prends ma vie; mon Coeur pleur

ACTIVITÉ DE MOTIVATION
1. Les étudiant qui souhaitent partager le psaume peuvent écrire pour la leçon de la semaine dernière (Ils n'ot pas besoins cela) ou ce qu'ils ont appris à propos de l'attitude de cœur de David par rapport à celui de Caïn.
2. Engager le groupe dans une discussion en posant les questions suivantes:
   - Quels sont les défis auxquels vous faites face en essayant de vivre comme un chrétien? Etes-vous tentés de rejoindre dans les choses que vous connaissez qui ne sont pas agréable à Dieu (boire, fumer, la tricherie, etc.)? Comment gérez-vous cela? Partager une instance lorsque vous tenu bon à faire ce qui est juste.
   - Vos camarades savent que vous êtes un chrétien? Comment réagissez-vous quand d'autres vous pose des questions sur votre foi?
   - Dieu ne nous demande pas de construire une arche, mais ce sont des choses «folles», il pourrait veulent chrétiens à faire aujourd'hui?

EXPLOREZ!

PASSAGE(S) DE L'ÉCRITURE: Genèse 6:5-22, 7:1-5, 8:15-22
VERSET CLÉ(S): Genèse 6:9

OPTION D'ACTIVITÉ ■ ■

MÉTHODE VERSET À MEMORISER (MNEMOTECHNIQUE)

Matériels: Papiers, crayons, gommes à effacer

Instructions: Demandez à l'un des étudiants de lire le passage de l'Écriture à haute voix lentement

Exemple:
1. Lisez Genèse 6: 9 à haute voix.
2. Bien que l'étudiant est en train de lire, les autres participants doivent écrire chaque initiale
3. Lettre des mots dans l'écriture sur leur papier.
4. Chaque étudiant sera alors pratiquer la mémorisation en parlant sur toute l'écriture inguste le pendant que vous lisez le résumé de chaque lettre initiale de l'Écriture que des conseils ou d'indices pour ce qui vient ensuite.
5. Permettre aux élèves de présenter leur verset à mémoriser en face du groupe jusqu'à ce qu'ils memorisent L''écriture ensemble quand ils sont prêts.

(Note à l'instructeur: Comme un moyen de motiver vos élèves, vous voudrez peut-être présenter l'écriture de la mémorisation en utilisant un langage corporel approprié et l'inflexion vocale.)

Références: http://www.onechallenge.org/doh/images/stories/Ministry/Oh200709_PHD.pdf

ETUDE DE LA BIBLE

1. Les versets 6: 5-13 Quels mots voyez-vous dans ces versets qui décrivent les gens de L'époque de Noé? Quelle a été la réaction de Dieu à leur mode de vie? Qu'est-ce que cela vous raconte sur Dieu?

2. Les versets 6: 8-9, 7: 1 Comment Noé était différent des autres? Pourquoi at-il trouvé "grâce aux yeux du Seigneur»?

3. Versets 6: 14-22, 7: 1-5 Imaginez ce que ce serait comme de recevoir ces instructions du Seigneur. C'est une tâche énorme! Comment Noé a répondu à Dieu dans l'affectation difficile qu'Il lui a donné?

4. Les versets 8: 20-22 Qu'est-ce que ce passage implique sur le caractère de Noé? Quelle a été la réponse de Dieu à l'obéissance de Noé?

5. Lisez Hébreux 11: 7. Selon ce verset, où la justice de Noé vient-il?

OPTION D'ACTIVITÉ ■ ■

SNAPSHOT STORY

Matériels: Appareil photo numérique ou telephone portable avec caméra

Instructions:

1. Encouragez les élèves à comparer la situation de Noé avec leur propre. Qu'est ce qui pourrait être une version moderne de la situation de Noé?

2. Résumez la version moderne- du jour en une seule phrase.

3. Utilisez un appareil photo ou un téléphone cellulaire numérique pour prendre une image représentant cette phrase.

EXPRRIMEZ VOS EMOTIONS

Matériels: Bâtons, marqueurs, papiers colorés, ruban ou colle, ciseaux.

Instructions: *Faites «les sentimentsde bâtons"* (Des échantillons sur la page suivante)

1. Découpez les papiers colorés en cercles, environ 10 pouces de diamètre.

2. Demandez aux élèves pensent de différentes expressions faciales, comme heureux, triste, frustré, déprimé, en colère, etc. Laissez-les de dessiner une expression du visage sur chaque cercle de papier.

3. Ruban adhésif ou colle un bâton sur chaque face pour faire une poignée.

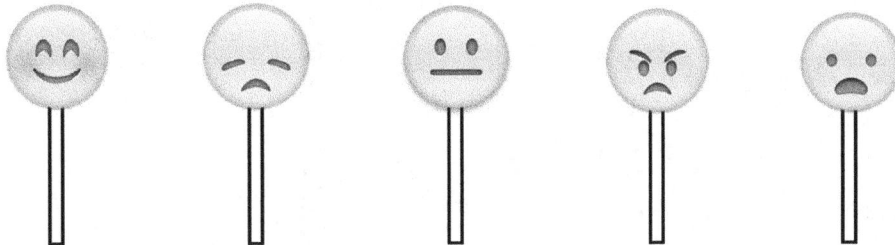

Discussion correcte

■ Demandez aux élèves d'exprimer leurs sentiments à l'aide de "bâtons de sentiment», comme ils examinent l'histoire de Noé. Posez des questions telles que: «Que pensez-vous sur les émotions de Noé et ses membres de la famille avant le déluge? Pourquoi ils étaient en train de construire l'arche? Est-ce que c'est lors de l'inondation? », Etc. Leur Demandez de partager leurs réflexions avec leur groupe.

- ■ Leur Demandez de partager avec leur groupe certains de leurs expériences ave des méprisés ou raillé par les infidèles en raison de leurs croyances (Pensées, le comportement, etc.) Encouragez-les à utiliser leur «sentiment bâtons "pour montrer comment ils se sentaient à l'époque et comment ils se sentent à ce sujet maintenant.

(Note à l'instructeur: Roam autour de la salle comme ils partagent les uns avec les autres afin d'apprendre à connaître et à comprendre vos élèves et leur situation de vie meilleure.)

CHRONOLIGIE

Noé est devenu le père de toute l'humanité à partir de ce moment. Ses trois fils a commencé le processus de repeupler la terre. L'histoire de la Bible continue à travers son fils Sem, qui est devenu l'ancêtre d'Abraham, que nous allons étudier la semaine prochaine.

- ▶ Prépare une petite représentation de l'arche et d'écrire le nom de Noé sur elle. Attachez-le à la chronologie certaine distance du symbole de Caïn et Abel. (Noé vécut environ 1000 ans après qu'ils ont fait.)

- ▶ Dessous de la ligne, à un angle, écrire: Justice - faire ce qui est droit indépendamment de ce que font les autres.

EXPÉRIENCE !

ACTIVITÉS D'APPRENTISSAGE

1. Rôle- jouer façons de maintenir la justice dans un monde méchant. Utilisez une partie de l'exemple donné au cours de l'activité de motivation ou

2. Visionnez un extrait du film Evan Tout-Puissant pour montrer comment il serait difficile pour Noé d'obéir à l'ordre de Dieu de construire une arche de nos jours, ou

3. Jouer un jeu qui reflète la difficulté de l'entreprise debout au milieu des distractions, ou

4. Fournir du papier quadrillé et d'encourager les élèves à créer des dessins à l'échelle de l'arche. Ils devraient comparer la taille de l'arche avec d'autres structures (comme un grand bâtiment dans votre région, un jumbo-jet, ou le Titanic) et avec les plus grands animaux (comme les éléphants ou les dinosaures).

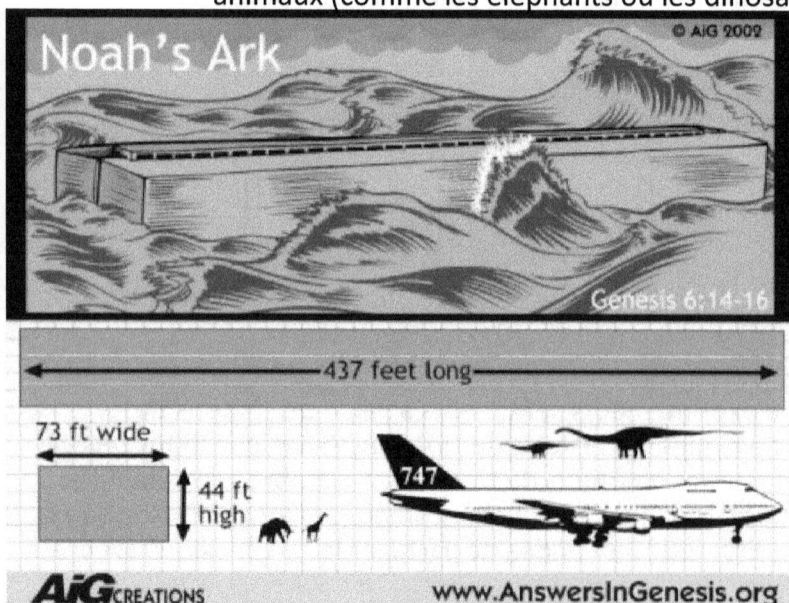

Noah's Ark
© AiG 2002
Genesis 6:14-16

437 feet long
73 ft wide
44 ft high
747

AiG CREATIONS   www.AnswersInGenesis.org

Trouvez l'illustration ci-dessous dans http://www.answersingenesis.org/home/area/overheads/pages/oh20021122_146.asp

Trouvez les faits supplémentaires sur l'arche de Noé dans http://www.christiananswers.net/q-eden/edn-c013.html

APPLICATION PERSONNELLE

1. Diriez-vous que le monde d'aujourd'hui est méchant? Quels sont les personnes que vous connaissez "méchants?"

2. Quels sont les types de méchanceté nous observons dans notre communauté? Où la méchanceté vient-elle? Que pouvons-nous faire à ce sujet?

3. Réfléchir sur la situation de Noé que l' "intrus" parmi son peuple. Avez-vous jamais sentir laissé de côté parce que vous preniez position pour ce qui est juste? Comment vous sentez-vous?

ACTIVITY OPTION

MODERNISATION-JOUR DE NOÉ

Matériels: Papier et stylos Rédaction

Instructions:

1. Divisez les élèves en groupes deux pas plus de cinq.

2. Demandez à chaque groupe de lire l'histoire de Noé et l'arche puis réécrire le passage d'une perspective 2009.

3. Après quelques minutes, demandez à chacun de revenir ensemble et permettre à chaque groupe de présenter leur version au grand groupe. Quand tout le monde a contribué, posez ces questions:

   ■ Pensez-vous que l'humanité est comme un péché aujourd'hui qu'elle était à l'époque de Noé?

   ■ Pensez-vous que Dieu n'aurait jamais détruit toute l'humanité à nouveau par d'autres moyens?

   ■ Dieu a promis à Noé que jamais "les eaux deviendront plus un déluge pour détruire toute vie" (06:15) Quel est le signe de cette promesse?

   ■ Que pensez-vous souligner dans cette histoire le jugement de Dieu ou de la grâce de Dieu?

Exemple:

Les élèves pourraient discuter des types modernes de corruption que Dieu voyait, un jour moderne pou Noé, et le type de bateau que Dieu lui ordonnait de construire.

Références: Faith Connections Sep/Oct/Nov (Kansas city : Wordaction, 2003), P38

AFFECTATION

1. Écrivez le nom de la personne étudiée dans la Bible, la qualité de caractères de leadership ciblée (avec sa définition) et le verset clé dans votre journal.

2. Inscrire «Je Suis mis à part pour Dieu.» Sous ce titre, écrire des choses que vous pouvez commencer à faire comme un leader chrétien qui montrent que vous choisissez justice plus compromis pour le péché.

3. Pensez à quelqu'un que vous savez qui est facilement retiré en faire les mauvaises choses. Priez pour cette personne. Comment pouvez-vous l'aider à résister au mal? Faire un plan et le mettre en action cette semaine. Dire ce qui s'est passé la semaine prochaine.

4. Lisez Genèse 12: 1-9, 13: 1-18, 15 et 18: 1-15 avant la leçon de la semaine prochaine sur Abraham.

4 ABRAM/ABRAHAM

FAITH:
Grandir dans ma confiance en Dieu

ENGAGE!

CULTE

Écriture suggerée: Hébreux 11:1-3

Chansons suggérées: Je marche par la foi; seul Dieu qui vous aime.

ACTIVITÉ DE MOTIVATION

1. Demandez aux élèves de partager les résultats de missions de la semaine dernière. Ont-ils resté ferme en face de la tentation? Étaient-ils en mesure d'aider quelqu'un d'autre le faire?

2. Les élèves doivent lire dans Genèse 12: 1-10 au cours de la semaine. Demandez les d'imaginer ce que cela aurait été comme d'être dans la situation d'Abram quand Dieu lui a dit de se déplacer, mais il ne lui a pas dit où. Qu'auraient-ils fait?

3. Demandez: Quand êtes-vous le plus tendance à dire partager un moment où vous venez de prier et laisser Dieu gérer une situation difficile »Bahala na si Seigneur?": Qu'est-il arrivé? Qu'avez-vous ressenti?

4. Si les étudiants ont eu l'occasion de voir le film Facing the Giants, discuter la foi des différents personnages. Que «géants» (situations difficiles) ne font face à nous? Demandez de les discuter de la difficulté de confier ces situations à Dieu.

OPTIONS D'ACTIVITÉ

OÙ ALLER? (Obstacle Course jeu yeux bandés)

Matériels: Bander les yeux (mouchoir ou tout tissu)

Instructions:

1. Divisez les élèves en deux groupes. Demandez à chaque groupe de choisir un guide. Bandez les yeux le reste de la population dans le groupe.

2. Demandez aux deux guides pour aider à faire deux courses d'obstacles simples. Les cours n' ont pas à être linéaire. Soyez créatif en mettant le point final ou le but dans une direction bizarre. Placez les objets où les étudiants auront besoins de sauter, sauter et bouger beaucoup.

3. Demandez aux groupes de former des lignes aux points de départ. L'objectif c'est que tous les élèves à atteindre leur ligne de fond. Il est jusqu'à le guide se il ou elle aurait les membres du groupe vont l'un après l'autre ou aller tout au en même temps. Le guide ne doit pas toucher les membres tout en les amenant et doit seulement dire la direction ils doivent aller et quoi faire si un obstacle est dans la manière.

4. Après la course, les élèves vont partager ce qui était dans les yeux bandés et d'être dépendant du guide. Demandez le guide au sujet de ses décisions et de la stratégie dans la conduite des membres. Assurez-vous que part des étudiants ce qu'ils pensent de l'incertitude de la direction qu'ils doivent prendre.

Adapté par "Guide Blindfold"
Idées jeunes creatifs idées/blind_guide.html#plus accessible 12 Sepetembre 2009.

CERCLE DE CONFIANCE

Matériels: Aucun

Instructions:

Un joueur est choisi pour être «ça» en premier. Un cercle étroit des joueurs est formé, en alternant les personnes physiquement forts et faibles. La personne choisie pour être «ça» va dans le milieu du cercle et croise les bras sur sa poitrine.

Le «il» raidit et tombe à la renverse. Les joueurs dans le cercle travaillent ensemble pour attraper la personne et de passer lui et vient autour du cercle. Le joueur au milieu doit garder ses pieds ensemble près du centre du cercle pour que cela fonctionne bien, et les joueurs forment le cercle général attraper la personne qui est «il» autour des bras et des épaules. Chaque élève est encouragé à avoir un tour. Après le match, ayez une brève discussion sur ce qui est arrivé.

Demandez au «son» d'abord à ce qu'il a ressenti la première fois qu'ils tombèrent à la renverse:

- ▶ Était-il facile de faire la première chute? Si non, qu'est ce qui a rendu difficile?
- ▶ Avez-vous confiance que les autres pourraient vraiment vous attraper?
- ▶ Qu'avez-vous ressenti lorsque vous étiez comme étant ballotté?

Demandez aux capteurs les suivants:

- ▶ Avez-vous vous inquiétez que vous ne pouvez pas être conforme à attraper le «il»?
- ▶ Étiez-vous peur que vous ou un des autres pourriez ne pas être en mesure de? Quel autres craintes pourraient vous ressenti?

Pour relier l'expérience avec la foi en Dieu, posez la question suivante:

■ Pour les "sons":

- ▶ Pouvez-vous partager un moment où vous avez eu du mal à avoir dans la foi en Dieu de faire ce qu'Il veut?
- ▶ Lisez Hébreux 11: 1-3. Pour la définition de la foi dans le passage, dont une partie, il est difficile de "garder la foi", en particulier dans les moments difficiles?

■ Pour les capteurs:

- ▶ Qu'est ce qui fait de mettre votre foi dans les gens différents de mettre votre la foi en Dieu?

Hohenstein, Mary. Jeux. Mandaluyong, Metro Manille: OMF Publishing, 2008. 142.

EXPLOREZ!

PASSAGE D'ÉCRITURE(S): Genèse 12:1-10, 15:1-6, 16:1-6, 17:1-8; 17:15-22; 21:1-7

VERSET CLÉ(S): Genèse 15:6

ÉTUDE DE LA BIBLE

Attribuer différents individus de lire un passage de l'Écriture et de résumer pour le reste du groupe.

1. Genèse 12: 1-3: Dieu fait une grande promesse à Abram après qu'il lui a dit ce qu'il devait faire. Qu'est-ce que nous apprenons sur Abram de ce passage? Qu'est ce que cela nous a dit sur la foi en Dieu?

2. Genèse 12: 4-6: Comment Abraham a répondu à l'appel de Dieu? Comparer ce passage au verset 1. Est-ce que Abram a fait tout ce que Dieu lui a dit précédemment? Remarquez la situation d'Abraham quand il a quitté. Partager environ une expérience où garder sa foi en Dieu semble difficile à cause de tous les autres facteurs qui "vont de pair" avec elle. Pour vous, ce qui pourrait entraver la fidélité à Dieu?

3. Genèse 12: 7-9: Remarquez comment Dieu donne une promesse après l'autre et le «modèle» des promesses de Dieu et la réponse fidèle d'Abram.

4. Genèse 15: 1-6: Qu'est ce que Dieu a promis à Abram dans ces versets? Discuter de la réponse d'Abram.

5. Genèse 16: 1-6: Comment Abram et Saraï ont essayé de "l'aide de Dieu" Est-ce qu'ils tiennent sa promesse? Est-ce que Dieu a besoin notre aide pour qu'Il garde ses promesses?

6. Genèse 17: 1-8: Quelle était la signification de changer le nom d'Abram en Abraham? (Note à l'enseignant: Abram signifie '' «père exalté.» Abraham signifie «Père d'une multitude.".) que Dieu confirmait sa promesse à Abraham.

7. Genèse 17: 15-22: Quelle fut la réaction d'Abraham à l'annonce de Dieu que Sara aurait un bébé? Pourquoi?

8. Genèse 21: 1-7: Comment a été remplie la promesse de Dieu à Abraham? Est-ce que qu'Abraham a appris de Dieu à travers ses expériences? Dans l'exemple d'Abraham, que pouvons-nous apprendre davantage sur le genre de foi que nous devons avoir?

9. Lisez Hébreux 11: 1-2, 8-16. Quelle est la définition de la foi selon le verset 1? Verset 2 indique que ce genre de foi est agréable à Dieu. Qu'avons-nous appris sur la foi des versets 8-16?

OPTION D'ACTIVITÉ

FOI ET PROMESSE CARTOGRAPHIQUE

Matériels: Tableau et la craie ou paier de Manille et des marqueurs

Instructions: Dessinez un tableau à trois colonnes et de les étiqueter comme tel: (Ajouter la table plus pour plus d'espace)

PROMESSE DIEU/ COMMANDEMENT	RÉPONSE D'ABRAXAM	PROMESSE DE RÉALISATION

Comme la discussion va de pair, des élèves vont remplir le tableau. Il serait plus organisé pour permettre aux élèves de répondre après chaque point de discussion ou de la uestion. Après la discussion, examinez ce que les élèves ont répondu et essayez de discuter un peu plus. Demandez aux élèves d'analyser comment Abraham a grandi dans la foi à travers le panier, ils ont rempli.

CHRONOLOGIE

Abraham est considéré comme le père de la nation d'Israël. Dieu l'a choisipour jouer un rôle très important dans l'histoire. Pourquoi Abraham? Peut-être était À cause, il est comme Noé, Abraham était obeïssant à Dieu, homme juste qui croit Dieu et était prêt à obéir. L'histoire d'Abraham commence par une étape importante de la foi, et nous voyons sa foi en Dieu continue à croître comme il éprouve plus sa foi en Dieu.

▶ Préparez un petit symbole, comme un chameau, pour représenter Abraham et écrirez son nom dessus. Attachez le à certaine distance la chronologie du symbole de Noé (il y avait environ 800 ans entre eux.) Marquez le calendrier 2000 BC

▶ Dessous de la ligne, à un angle, écrivez: Foi de plus en plus ma confiance en Dieu.

EXPÉRIENCE!

ACTIVITÉS

CHUTE DE LA CONFIANCE:
Une table est nécessaire pour cette activité.

Disposez les élèves en deux lignes. Laissez- les face à face. Placez la table en face de la ligne. Laissez reposer un étudiant au dessus de la table, le dos

tourné vers les autres. L'idée est pour l'étudiant sur la table pour lui même laisse tomber et les autres seront lui attrapés. Tous les étudiants se relaient en faisant l'automne. Enseignez aux étudiants comment faire un coffre-fort "armer net» pour attraper une chute.

Alternative: Si les élèves sont trop peu nombreux , ils seraient incapables de soutenir une chute ou si les élèves sont trop incertains pour le faire, il suffit de les diviser par deux. Que l'on soit le receveur, à tomber sur son ou son partenaire. Laissez-les à tour de rôle.

Après l'activité laisser certains élèves à partager ce qu'ils ont ressenti avant, pendant et après qu'ils se laissent tomber. Reliez l'activité et les réflexions à la leçon des étudiants sur la fidélité et son importance pour le caractère chrétien et le leadership.

OPTION D'ACTIVITÉ

HISTOIRE ROND-POINT

Matériels: aucun

Instructions: Demandez aux élèves de former un cercle, soit debout ou assis. Tous les élèves pourront dire collectivement ce qui s'est passé dans l'Ecriture dans le passage de la leçon. L'enseignant commenceront à dire juste un mot et l'élève suivant se poursuivra avec un autre mot. L'idée est que l'histoire sera racontée que chaque élève reçoit son tour d'ajouter un seul mot.

Exemple:

Enseignant: Il

Étudiant 1: était

Étudiant 2: un

Étudiant 3: l'homme

Étudiant 4: nom

Étudiant 5: Abram

Quelques règles à ce jeu peuvent avoir une «punition». La règle est un mot par personne donc n' importe qui peut dit deux ou plus de mots quand ce arrive leur tour, peut être "puni". Un autre est donné quand un étudiant ne peut pas toujours penser à ce qu'il faut dire dans cinq ou dix secondes.

Ce jeu permet de tester la façon dont ils connaissent la séquence de l'histoire et les noms et d'autres détails.

APPLICATION PERSONNELLE

1. Diriez-vous que le monde d'aujourd'hui est méchant? Eest ce que les personnes que vous connaissez sont "méchants?"

2. Quels sont les types de méchanceté nous observons dans notre communauté? Ou quelle méchanceté qu'apporte? Que pouvons-nous faire à ce sujet?

3. Réfléchissez sur la situation de Noé que l' "intrus" parmi son peuple. Avez-vous jamais senti qu'on vous laisse de côté parce que vous preniez position pour ce qui est juste? Comment vous sentez-vous?

AFFECTATION

1. Écrivez le nom de la personne qui a étudié la Bible, la qualité de caractères de leadership ciblée (avec sa définition) et le verset clé dans votre journal.

2. Recherchez une histoire vraie d'une grande foi en Dieu. Il pourrait s' agir d'un membre de la famille, et la connaissance, de l'Internet, ou de toute source de véritables histoires inspirantes. Soyez prêt à partager votre histoire avec le groupe la semaine prochaine, ou

3. Ecrivez un essai de réflexion dans votre journal intitulé «Je mettrai ma foi en Dieu.» Il devrait inclure les défis que vous avez rencontrés, confrontés, ou attendus à faire face et les raisons pour lesquelles vous devriez confier votre vie à Lui.

4. Avant la réunion de la semaine prochaine, lisez Genèse 22: 1-19, 25: 1-11.

5 ABRAHAM

OBEÏSSANCE:
Connaître et faire ce que Dieu veut de moi

ENGAGE!

CULTE
Écriture suggérée: Romains 12:1

Chansons suggérées: Le Cri de mon coeur

ACTIVITÉ DE MOTIVATION
1. Demandez aux élèves de partager les «histoires de foi"s' ils les ont trouvé. Demandez si quelqu'un aimerait partager leur essai sur «Je mettrai ma foi en Dieu." (Peut-être que vous aimeriez suggérer que l'un ou plusieurs d'entre eux à partager leur essai comme un témoignage dans un service de l'église.)
2. Obtenez simplement des pensées sur ce que les élèves pensent premièrement sur le mot «obéissance».
   - Avez-vous choisi les personnes qui vous obéissent ou qui obéissent les choses?
   - Qu'est ce qui rend quelque chose ou quelqu'un du mal à obéir?
   - Est-ce que l'obéissance implique toujours de rigueur?
   - Est-ce que la foi a quelque chose à voir avec l'obéissance?

OPTION D'ACTIVITÉ

REPRENDRE UN DÉBAT
Matériels: Aucun

Instructions: L' instructor divisera la classe en deux groupes. Il Demandera à un des élèves de lire l'histoire ci-dessous:

Histoire:

Vous avez été bien avec un amis garçon / fille pendant une longue période. Récemment vous les deux, vous avez commencé à réaliser que vous aimez vraiment l'autre. Vous êtes à un point où vous souhaitez commencer à commencer formellement la datation. Jusqu'à ce point, vos parents n' ont pas donné leur accord, ce qui est très important pour vous. Ils disent qu'ils veulent vous de montrer votre responsabilité et de maturité dans d'autres parties de la vie comme les amitiés et les études avant qu'ils vous approuveront de sortir avec quelqu'un. Vous avez une forte relatioship avec vos parents et je sais que tous les deux vous respectent et veulent le meilleur pour vous. Enfin, ils disent que c'est correct et qu'ils sont très excités et heureux pour vous. Après un mois. La relation est si bon. Vous avez un bon moment ensemble. Il / elle s'entend si bien avec votre famille et vous pensez que vous tombez en amour. Ce qui est encore mieux, c'est que vos parents sont tellement en faveur de cette relation. Puis, sans donner de raison, vos parents vous demandent de cesser de voir cette personne.

Ils disent qu'ils veulent que vous finissez la relation et ne pas parler à cette personne à nouveau. Que ferez-vous? Allez-vous faire ce que vos parents vous demandent ou non?

Demandez à un groupe de discuter pourquoi ils devraient rompre avec leur copain / copine et ce qu'ils seraient ressenti. Demandez à l'autre groupe de discuter pourquoi ils devraient aller à l'encontre des souhaits de leurs parents et ce qu'ils seraient ressenti. Après les groupes ont discuté avec le temps entre eux alternativement entre les deux groupes, en laissant un de partager à de personne différente une raison ou ne pas suivre leurs parents. Comme les élèves donnent leurs idées, ils les écrivent dans des colonnes séparées sur la carte.

Terminez en posant les deux groupes comment ils se sentiraient dans le milieu de cette situation et comment cela affecterait leur choix.

EXPLOREZ!

ÉCRITURE DU PASSAGE(S): Genèse 22:1-19

VERSET CLÉ(S): Genèse 22:17-18

ÉTUDE DE LA BIBLE

1. Discutez de ce qu' Abraham aurait pensé et ressenti en entendant le commandement de Dieu et alors qu'il allait faire le sacrifice.

2. Lisez Genèse 17: 17-19. Que Dieu avait dit à Abraham à propos de Isaac avant qu'il ne soit né? De quelle manière a été liée l'obéissance d'Abraham à sa foi? (Voir Hébreux 11: 17-19.)

3. Remarquez comment Dieu reconnaît la foi d'Abraham et de l'épreuve de sacrifier son fils. Pourquoi pensez-vous que Dieu a demandé à Abraham de sacrifier son fils? Pensez-vous que Dieu nous jamais demander de faire les choses difficiles pour la même raison? Donnez quelques exemples de votre propre vie.

4. Quel a été le résultat de l'obéissance d'Abraham? Remarquez comment Dieu est heureux avec l'obéissance. (Voir Genèse 22: 17-18)

5. Lisez le Psaume 103: 17, Jean 14:21 et Jean 15:10. Selon ces versets, ce sont les résultats de notre obéissance?

CHRONOLOGIE

Dans notre première leçon, nous avons vu comment la désobéissance a apporté une malédiction sur toute l'humanité. Ici, nous voyons que Dieu promet Abraham, à cause de son obéissance, à travers sa progéniture toutes les nations de la terre seraient bénies! (Genèse 22:18) Dans les semaines et mois à venir, nous allons suivre la descendance d'Abraham et d'essayer de voir comment cette promesse a été remplie.

▶ Préparez un petit symbole, comme un autel de pierre, pour représenter Abraham l'obéissance et l'attacher à la chronologie juste à côté du symbole de la semaine dernière.

▶ Dessous de la ligne, à un angle, écrivez: obéissance en connaissant et en faisant ce que Dieu désirs de moi.

OPTIONS D'ACTIVITÉ

ABRAHAM/ISAAC MELODRAMATIQUE

Matériels: Aucun

Instructions: Choisissez 3-5 étudiants qui seront prêts à jouer l'histoire de la Genèse 22: 1-19.

> *Personnages:* Dieu, Abraham, Isaac, Serviteur 1 (option), Serviteur 2 (option).

Demandez aux élèves de jouer l'histoire d'Abraham qui sacrifie Isaac par la mémoire. Le but de cette leçon c'est d'avoir une meilleure compréhension chez les étudiants du contenu de l'histoire en agissant dehors.

Si les élèves oublient les parties des autres élèves de la classe, ils peuvent leur aider à rappeler l'histoire en ligne.

Après le jeu de l'histoire des élèves, demandez aux autres élèves de dire dans quelle mesure les élèves ont fait en agissant sur l'histoire.

- ▶ Est-ce qu'ils ne manquent aucune pièce? Quelles étaient les parties crédibles?
- ▶ Quelles sont les parties qui ne semblent pas crédibles?
- ▶ Pensez-vous que Dieu veut causer de la douleur ou de blesser à des adultes à des enfants? Pourquoi ou pourquoi pas?

Discutez sur les perceptions de l'appel de Dieu des étudiants pour un parent de tuer son enfant. Les éléments de cette histoire ne fournissent pas un guide ou une justification pour les adultes qui abusent des enfants que l'orientation générale de l'Ecriture montre clairement.

Continuez d'avoir des différents groupes qui agissent sur l'histoire ainsi que des discussions similaires après.

LES SENTIMENTS DE DESSIN D'ACTIVITÉ

Matériels: Fournitures d'art et du papier pour l'stuents, tableau blanc, marqueur tableau blanc

Instructions: Avant la classe ou pendant les studiants lisent le passage de l'Écriture, écrivez ces questions sur le forum:

- ▶ Comment Abraham se sentait au cours de cette histoire?
- ▶ Comment Isaac se sentait au cours de cette histoire?
- ▶ Comment Dieu at-Il senti au cours de cette histoire?
- ▶ Comment pensez-vous à propos de l'histoire?

Demandez aux élèves de répondre à ces questions par le biais de dessin ou toute expression artistique écrite. Après que les élèves ont fait leur part avec le groupe. Les élèves peuvent avoir de difficulté avec Dieu en demandant à Abraham de tuer son fils et avec l'accord d'Abraham, surtout s' ils viennent en situations abusives. Permettez aux élèves d'être ouvert et honnête.

En terminant, demandez aux élèves ce qu'ils sentent que Dieu veut nous enseigner par cette histoire.

EXPÉRIENCE!

ACTIVITÉS D'APPRENTISSAGE

1. Imaginez que vous êtes Isaac. Racontez Considérablement l'histoire de ce qui est arrivé dans la Genèse 22 à partir de votre point de vue (Isaac). (Cela peut être fait par l'enseignant ou un élève doué dans cette forme de communication).

2. Jeu: Les yeux bandés Race

   Laissez aux élèves de choisir un partenaire. L'un aura les yeux bandés, l'autre non. Que celui guide de non-yeux bandés son ou sa partenaire à travers un parcours d'obstacles. Après le match, demandez aux élèves ce qu'ils ont ressenti avec les yeux bandés pendant le jeu. Comment leur expérience se rapportent à Abraham?

OPTIONS D'ACTIVIÉ

CONFIANCE ET OBEÏSSANCE RÔLE DE JEU

Matériels: Aucun

Instructions:

Demandez aux élèves de partager quelque chose que Dieu leur a dit de faire qui était difficile. Utilisez un exemple et développez un jeu de rôle en utilisant les autres élèves de la classe comme divers personnages.

S' ils ne donnent pas une utilisation de cet exemple: un de leurs amis à l'école se moque quelqu'un qui vient de déposer leur déjeuner sur le terrain. Dieu leur dit, au lieu de rire et de se moquer, faites preuve de compassion et de les aider à nettoyer le gâchis.

Demandez aux élèves d'énumérer d'abord les personnages dans le scénario principal (i,e personnage principal, 3 amis, personne qui abandonne la nourriture). Puis attribuez les caractères aux membres de la classe.

Leur Demandez de commencer à agir sur la situation de ce personnage. Dans les différentes parties de l'histoire, arrêtez et demandez aux membres de la classe et les personnages de ce qu'ils pensent et ressentent à ce moment (comme leur personnage), ce qu'ils font, et pourquoi. Mettez l'accent sur la cause et l'effet: s' ils agiraient d'une certaine manière, ce seraient les réactions et les conséquences de chaque caractère.

Enfin, demandez aux élèves comment Dieu montre une bénédiction en raison de leur obéissance dans cette situation. Essayez d'aider les élèves de regarder la création dans la façon dont les bénédictions peuvent être le développement du caractère plutôt que des cadeaux juste externes ou ayez le problème facilement résolu.

SKIT FORMATION ABRAHAM ISAAC-MARIONNETTE

Matériels: Marionnettes ou des chaussettes pour chaque membre du groupe

Instructions:

Voici les instructions pour la classe pour commencer à travailler ensemble sur la façon d'utiliser des marionnettes pour les sketchs bibliques. Ils sont particulièrement de bonnes façons d'utiliser les jeunes pour servir aux enfants dans l'église et la communauté. La classe pratiquera avec le script ci-dessous.

Prenez votre marionnette et allez dans un miroir. Si vous utilisez seulement une chaussette pour un animal de marionnettiste, vous pouvez décorer la chaussette plus tard pour la faire ressembler à un vrai caractère. Ne vous inquiétez pas pour ce sujet maintenant, puisque vous pratiquez les tecniques juste de marionnettes. Utilisez votre pouce pour déplacer le fond de la bouche et vos autres doigts pour la partie supérieure de la bouche. Utilisant votre main gauche c'est habituellement tôt pour manipuler les marionnettes.

Maintenez la marionnette et pratiquez le déplacement de la bouche que vous parlez. Pratiquez le déplacement de votre bras pour faire la marionnette des mouvements de réalistes. Certains exemples ont secoué légèrement le bras pour montrer la peur ou bob la tête de la marionnette de haut en bas pour rire. Souvenez-vous qui la marionnette devrait écouter ou parler à et soyez sûr que les yeux de la marionnette font face à cette direction.

Beaucoup de marionnettistes vont s'asseoir derrière un rideau et maintenez la marionnette-dessus du rideau de parler. Cela rend les marionnettes semble plus réaliste. Pratiquez en tenant la marionnette dessus de votre tête et parlez. C'est beaucoup plus difficile qu'il n'y paraît à la fois pour votre bras et votre main. Se assurer que le public ne peut pas voir votre bras, mais simplement la marionnette. Soyez sûr que votre bouche de marionnette est fermée quand elle ne parle pas. Comme votre bras se fatigue votre marionnette vous allez commencer à s' affaisser, parfois simplement en se reposant le menton (main) sur la barre! Soyez sûr de garder votre animal de compagnie marionnettiste à une hauteur uniforme pour rendre votre marionnette d'aspect réaliste.

Demandez aux élèves de pratiquer en petits groupes. Qu'ils critiquent l'autre et donnent des idées de la façon dont ils peuvent faire mieux.

> *Références:*
> *http://www.puppetville.com/puppet_handling_instructions(accessed 10/11/2009)*
> *Images de:*
> *http://www.dragonsaretooseldom.com/puppet-manipulation.html*

Puppet Script:

Personnages:

▶ Narrateur, Dieu (voix seulement), Abraham, Isaac, moutons (voix seulement); le narrateur peut aussi être seule voixsson.

** Abraham est sur le côté gauche du théâtre de marionnettes.

NARRATEUR: Abraham était un bon homme. Il n'avait pas d'enfants, mais quand Abraham était très vieux Dieu lui a donné un fils, mais alors Dieu l'a mis à l'épreuve.

DIEU: Abraham!

ABRAHAM: Oui, Dieu.

DIEU: Prenez votre fils unique, Isaac, que vous aimez, et allez lui.sacrifier

Abraham sort de l'étape

NARRATEUR: (en parlant aux enfants) Comment sentiriez-vous si Dieu vous a demandé de donner quelque chose vous avez vraiment aimé?

Abraham et Isaac entrent au milieu de la scène et légèrement rebondir de haut en bas comme si la marche.

NARRATEUR: Eh bien, Abraham obéit. Il s'est levé tôt et a commencé à marcher vers le lieu où Dieu lui dit d'aller.

ISAAC: Hey papa. Je vois que nous avons du bois pour le sacrifice, mais où est l'agneau que nous allons sacrifier?

ABRAHAM: Dieu pourvoira pour notre sacrifice, fils. Dieu y pourvoira.

NARRATEUR: Alors, les enfants, comment pensez-vous qu'Abraham se sentait pour sacrifier le fils qu'il aimait? Eh bien, quand ils sont arrivés à la place que Dieu leur dit d'aller, Abraham a mis son fils sur le bois et était sur le point de lui offrir à Dieu quand

Dieu a dit ...

*Isaac se trouvait sur le dos avec Abraham comme il
travaille autour d' Isaac pour préparer le feu.*

DIEU: Abraham!

ABRAHAM; Je suis lá, Dieu.

DIEU: Je sais maintenant que vous obéissez à tout ce que je vous dis, même si cela signifie renoncer à quelque chose que vous aimez beaucoup.. Ne rien faire pour Isaac.

Rendre le son d'un mouton

ABRAHAM; Regardez, Isaac! Un mouton pris dans les buissons. Dieu ne prévoit notre sacrifice!

Isaac á l'étape de sortie

NARRATEUR: Alors Dieu dit à Abraham:

DIEU: Parce que vous étiez prêt à donner la chose la plus importante dans votre vie pour moi, je vais vous donner beaucoup de choses! Quand vous me mettez d'abord, je vais prendre soin de tous vos besoins.

Sortie d'Abraham

NARRATEUR: Abraham et Isaac vécurent heureux pour toujours, l'amour de Dieu.

* Les mots en italique sont des instructions pour les acteurs.

APPLICATION PERSONNELLE

1. Réfléchir dans l'immédiat sur la réponse d'Abraham et «sans poser de questions" caractère. Avez-vous déjà été dans une situation où il semble que vous avez à sacrifice beaucoup pour Dieu? Une bénédiction at-il suivi? Ecrivez dans ce sujet dans votre journal.

2. Demandez aux élèves de partager avec un partenaire un domaine dans lequel ils ont été mal à obéir dans quelque chose qu'ils savent que le Seigneur demande qu'ils fassent. Encouragez-les à prier pour un autre.

AFFECTATION

1. Écrivez le nom de la personne étudiée dans la Bible, la qualité de caractères de leadership ciblée (avec sa définition) et le verset clé dans votre journal.

2. Lisez 1 Jean 3: 21-24. Réfléchissez sur la façon dont notre obéissance affecte notre relation avec le Seigneur. Passez un peu de temps dans la prière en demandant à l'Esprit Saint de vous montrer un domaine dans lequel vous devez obéir. Écrivez dans votre journal ce que vous avez l'intention de faire à la suite de cette leçon.

3. Avant la leçon de la semaine prochaine, lisez Genèse 24 et 26

6 ISAAC

AIMER LA PAIX:
Faire ce que je peux pour entretenir des relations pacifiques

ENGAGE!

CULTE
Écriture Suggérée: Matthieu 5:9 ou Colossiens 3:15

Chansons suggérées: Dieu est le rocher de mon coeur

ACTIVITÉ DE MOTIVATION
Vous pouvez choisir parmi les options suivantes

1. Demandez aux élèves de raconter les expériences qu'ils ont eues avec des gens qui sont dans la paix de l'amour et ceux qui ne sont pas.

2. Voir le clip vidéo de la célèbre discours de Martin Luther King "Je un rêve" au http://video.google.com/googleplayer.swf? docid=-8962372176970376221&hl = ko & fs = true "style =" width: 400px; hauteur: 326px "allowFullScreen =" true "allowScriptAccess =" always "type =" application / x-shockwave-flash ">

3. Demandez aux élèves de réfléchir sur ce qui ressemble à la paix et illustrez dans une fresquence murale.

OPTION D'ACTIVITÉ ■ ■

ETUDE DE CAS PRATIQUE DE LA PAIX
Matériels: Histoire et discussion aux questions de Julia sur le site Web suivant: http://www.goodcharacter.com/dilemma/dilemma4.html.

Instructions: Lisez l'histoire de Julia et ses méchancetés «amis» aux élèves puis utilisez les questions données sur le site pour discuter sur la façon dont une personne devrait réagir dans une telle situation. Adaptez l'histoire et les questions au contexte de vos élèves qui sont dans le besoin.

Note à l'enseignant: Si vous ne parvenez pas à accéder à ce site, peut-être vous pouvez penser à une situation dans laquelle un étudiant est maltraité ou blessé par d'autres encore à l'école qui ne veut pas être mal compris ou rendre les gens en colère contre lui / elle, alors il n'a pas signalé les mauvais traitements infligés à une autorité. Après avoir raconté l'histoire ou expliqué la situation, demandez:

▶ Pourquoi pensez-vous que les gens traitaient lui / elle de cette façon?

▶ Avez-vous déjà eu une expérience similaire?

▶ Lorsque vous voyez ce genre de chose se passe pour les autres, que faites-vous?

▶ Que pensez-vous que vous devriez faire?

Références:
Suggested story and discussion questions are from Situation 4 of "The Daily Dilemma," by Charis Dennison, and may be found at http://www.goodcharacter.com/dilemma/dilemma4.html.

EXPLOREZ!

ÉCRITURE PASSAGE(S): Genèse 26:1-33

VERSET CLÉ(S): Genèse 26:28-31

ÉTUDE DE LA BIBLE

1. Versets 1-6: Pourquoi ce passage semble t- il familier? (Remarquez comment il reflète de nouveau à la promesse de Dieu à Abraham.) Comment comparer la réponse d'Isaac à son père?

2. v. 7-11: Comparez ce passage à Genèse 10: 12-20 et 20: 1-13. Sarah était en faite la demi-sœur d'Abraham, et Rébecca était la cousine d'Isaac, mais leurs intentions étaient de tromper afin de se protéger. Qu'est-ce que cela nous apprend sur les limitations de leur foi?

3. v. 12-22: Expliquez comment vous sentiriez si vous étiez dans la situation de Isaac: les gens ont continué de prendre ce que vous aviez travaillé pour, comme dans le dicton philippin, "Ako ang nagtanim, iba ang Uman ;, ako ang nagsaing, iba ang kumain. "Partagez les pensées et les expériences dans le temps qu'une telle chose qui vous est arrivé. Quelle a été votre première réaction? Parlez des actions d'Isaac pour éviter les conflits.

4. v. 23-25: Réfléchissez sur la pertinence du message de la promesse de Dieu à Isaac dans la situation qu'il était à l'époque. Qu'est-ce que le passage implique à propos de la grâce de Dieu (bénédictions) et nos actions?

5. v. 26-31: Discutez comment Isaac a traité sa confrontation avec Abimélec. Qu'est-ce que cela nous apprend sur les affrontements et les réglements des conflits? Comment cela peut-il appliquer pour être un leader pieux?

6. v. 32-33: revenez aux versets 1-6 et 23-25. Comment sont connectés ces passages? Rétablissement de la paix apporte des bénédictions: discutez sur cette pensée et cela relate dans Matt. 5: 9. (Le mot Shibah en hébreu peut signifier «serment». Consultez en outre dans les dictionnaires bibliques et faites des commentaires au sujet de la parole et discutez sur les implications, pourquoi Isaac a nommé de la façon ainsi.) Discutez de la connexion de «serment» avec la paix.

OPTIONS D'ACTIVITÉ ■ ■

CARACTÈRE D'EVALUATION

Matériels: Aucun

Instructions:

Après la lecture de Genèse 26: 7-11, demandez aux élèves de comparer les situations et les réponses d'Abraham et Isaac ont noté les similitudes et identifiez les différences. Demandez:

► Pensez-vous qu'Abraham et Isaac ont fait la bonne chose dans ces situations?

► Qu'est-ce que leur réponse à la situation vous dire à leur sujet?

► Que pourraient-ils faire différemment?

► Que pensez-vous qui passerait s'ils avaient été parfaitement honnête?

► Dieu semble être intervenu en leur nom, en dépit de leur déception. Pensez-vous que Dieu aurait pu apporté de bons résultats, ils n'avaient pas menti en premier lieu?

APPLICATION AUTO- GUIDÉE

Matériels: Papiers et plumes pour chaque étudiant vous pouvez itilisé Journal aussi.

Instructions:

1. Suite à la lecture de l'Écriture ou leçon de la Bible, l'animateur va utiliser de questionnement pour diriger les étudiants à travers les étapes suivantes:

2. Généralisation - Aidez les élèves a découvrir le (les) principe (es) primaire (es) de la leçon ou de passage. Ecrirvez le (les) sur le graphique (voir ci-dessous).

3. Application variée – Demandez aux élèves de donner des illustrations sur la façon dont le (les) principe (s) pourrait (aient) fonctionner dans la vie réelle. Que faudrait-il ressembler si une personne pratiquait ce principe? Inscrivez les réponses sur le graphique sous forme abrégée.

4. Examen d'une zone sensible - Ce qui semble être un thème récurrent dans leurs illustrations? Où est le principe "Hitting Home"? Posez des questions qui aident à relater l'Écriture à cette question. Remarquez sur le tableau.

5. Décision personnelle - Posez une dernière question qui encourage les élèves à s'engager à agir sur le principe. (Par exemple, Qu'est ce que Dieu vous demande à voir dans cette vérité?)

Principes	Applications Variées	Examiner Sensible Domaines	Décision Personnelle

(Format graphique de la Fig. 18, la page 125 de Laurent et Bredfeldt, Enseignement créatif de la Bible.)

Exemple de questions a utilisé avec la Leçon 6:

1. Généralisation: Nous voyons dans ce passage qu'Isaac a choisi à plusieurs reprises pour être non conflictuelle. Il semble être une personne qui aime de la paix. Que pouvons-nous apprendre d' Isaac et d'autres écritures sur la paix de décision? (Référez-vous aussi à Matt 5:. 9 et Col. 3 :15 il est nécessaire pour obtenir la réponse souhaitée.) Exemple: la paix dans la décision apporte la bénédiction.

2. Applications variées: A quoi ressemblerait aujourd'hui dans notre communauté en faisant la paix? Quelles sont les possibilités les jeunes pourraient avoir à être des artisans de la paix?

3. Examinez dans les zones sensibles: Celles-ci dépendent à les réponses des élèves dans l'étape 2. Les zones sensibles peuvent être possibles suivants:

   ▶ Reportez (pas debout pour vos «droits») un signe de faiblesse?

   ▶ Est-ce que la paix dans la décision signifie que nous devrions laisser les gens de nous profiter?

   ▶ Est-il jamais droit à résister à l'injustice?

   ▶ Qui est notre Defenseur? Pouvons-nous faire confiance à Dieu pour apporter la justice?

   ▶ Bénit un résultat immédiat de la paix de décision?

4. Décision personnelle: Comment pourriez-vous être un artisan de paix cette semaine? Quels sont les droits auriez-vous besoin de donner volontairement?

Resources: Laurent O. Richards et Gary J. Bredfeldt, ensiegnemant Créatif de la Bible , Rev. ed., (1998), 119-126.

CHRONOLOGIE

Bien qu'Abraham avait un autre, fils aîné (Ismaël), l'héritier de la promesse de Dieu à Abraham était Isaac. La Bible n'a pas beaucoup dire sur Isaac lui-même, mais comme le père de Jacob et Esaü, Il joue un grand rôle dans l'histoire biblique. Dieu se réfère plus tard pour lui-même comme "le Dieu d'Abraham, d'Isaac et de Jacob," Il est évident qu'Isaac a effectué la tradition de la foi en Dieu de son père, et le nomme comme l'un des patriarches d'Israël.

▶ Préparez un petit symbole, comme un puits, pour représenter les efforts d'Isaac à la maintien paix et l'attacher à la chronologie à côté du symbole de la semaine dernière.

▶ Dessous de la ligne, à un angle, écrire: épris de paix pour faire ce que je peux pour maintenir des relations pacifiques.

OPTIONS D'ACTIVITÉ

LE MORPION DES FAITS DE LA BIBLE

Matériels: Tableau noir, tableau blanc ou une grande feuille de papier; craie ou un marqueur

Instructions: Dessinez un tic-tac-toe sur le tableau noir, tableau blanc ou une grande feuille de papier accrochée au mur. (Voir l'illustration.) Divisez le groupe en deux équipes, les X et les O. Donnez à chaque équipe un morceau de craie ou un marqueur. Les membres de l'équipe se relaieront répondre aux questions et de remplir dans le panneau tic- tac-toe avec la marque de leur équipe quand ils répondent correctement. Trois X ou O dans une rangée, n'importe quelle direction, gagne. Les équipes adverses doivent essayer de bloquer l'autre tout en déjouant les uns aux autres pour obtenir trois dans une rangée.

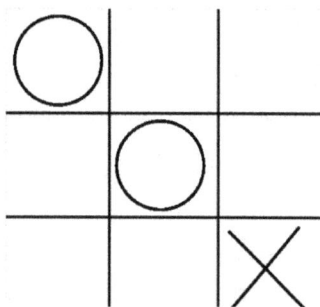

Questions:

1. État d'une promesse que Dieu a donné à Abram dans Genèse 12. (Toute la suivante est acceptable: Je ferai de toi une grande nation, je te bénirai; je rendrai ton nom grand, je bénirai ceux qui te bénit et la malédiction quiconque te maudira; tous les peuples de la terre seront bénies en toi; à ta postérité je donnerai ce pays).

2. Dans Genèse 15, Dieu compare le nombre de descendants avenir d' Abram? (Les étoiles)

3. Quelle a été la solution de Saraï à l'infécondité d'Abram? (Elle a proposé qu'Abram a des enfants à travers Hagar, sa servante.)

4. Pourquoi le nom d'Abram a été changé à Abraham? Qu'est-ce que ce nom signifie? (Père de plusieurs)

5. Qu'est-ce que Dieu a promis dans Genèse 17 concernant Sarai? (Toute la suivante: je la bénirai et en donnant d'elle un fils; elle deviendra la mère des nations; elle enfantera un fils à cette époque de l'année prochaine.)

6. Quelle est la définition de la foi, selon Leçon 4 de notre programme? («La foi se développe dans ma confiance en Dieu." Réponses similaires sont acceptables.)

7. Quelle était notre définition de l'obéissance dans la leçon 5? («L'obéissance est de savoir et de faire ce que Dieu veut de moi.")

8. Décrivez ce que Dieu dit à Abraham de faire dans Genèse 22 afin de tester la foi d'Abraham. (Dieu lui a demandé de prendre son fils, Isaac, dans une montagne de lui sacrifier en holocauste.)

9. Quelle promesse Dieu n'a pas répété à Isaac dans Genèse 26? (Toute la suivante: Pour vous et vos descendants je donnerai cette terre; je rendrai ta descendance aussi nombreuse que les étoiles dans le ciel; par ta descendance toutes les nations de la terre seront bénies.)

10. Quel était le nom du demi-frère aîné d'Isaac? (Ismaël)

11. Donnez un exemple qui illustre qu'Isaac était une personne de paix. (Tous les éléments suivants: Abimélec lui a demandé de s'éloigner, il vient de s' installer, quand les bergers de Guérar confisqué les puits creusés par ses hommes, il a juste les déplacé et les a fait creusé un autre puits, il a fait un traité avec ses ennemis plutôt que des mesures de rétorsion .)

12. Selon la leçon 6, qu'est ce que cela signifie d'être de paix? (Cela signifie faire ce que je peux pour maintenir des relations pacifiques.

Ressources: Lawrence O. Richards and Gary J. Bredfeldt, enseignement de la Bible, Rev. ed., (1998), 119-126.

EXPERIENCE!

ACTIVITÉS D'APPRENTISSAGE

1. Demandez aux élèves de donner des exemples dans le moment où ils devaient choisir la façon de répondre à un traitement injuste ou partager de leurs propres expériences de rétablissement de la paix. Il pourrait agir soit d'éviter un combat en dépit d'être provoqué, ou la médiation entre deux personnes ou parties qui sont en conflit avec l'autre. At-il été difficile de jouer l' artisan de la paix? Vos efforts ont réussi ou non?

2. Demandez de mimer ce qui est arrivé, et ce qui serait arrivé s'ils avaient répondu différemment.

APPLICATION PERSONNELLE

1. Lisez Romains 12: 14-19. Qu'est-ce que ce passage vous a dit? Donnez vos impressions dans votre journal.

2. Pensez- vous à vos relations. Y at-il quelqu'un avec qui vous avez besoin de faire la paix? Faites de votre mieux pour prendre soin de la situation cette semaine et soyez prêt à partager ce qui arrivera la semaine prochaine.

OPTION D'ACTIVITÉ

PRACTIQUER LA PAIX

Matériels: Situations d'exemples sur les bouts de papier séparées (voir ci-dessous).

Instructions: Discutez avec les élèves comment le langage du corps affecte la communication. Quelles sont les différentes positions du corps ou les gestes qui signifient pour les autres? Comment le ton de la voix peut changer le sens des mots? Donnez des exemples en démontrant et demandez aux élèves pour les exemples et les démonstrations. Ensuite, divisez le groupe en trois ou quatre équipes. Donnez à chaque équipe l'une des situations énumérée ci-dessous (ou vous créez). Demandez-leur d'agir dans le même (pas de mots) pour les autres équipes qui sont sur le papier et comment ils peuvent résoudre la situation. Les autres équipes seront ensuite discutées de ce qui s'est passé et données des suggestions pour d'autres moyens de résoudre pacifiquement la situation.

Situations Suggérées:

▶ Deux de vos amis sont en colère contre l'autre. Vous n' avez aucune idée pourquoi, mais ils ne parlent pas les uns aux autres. Que ferez-vous?

▶ Un groupe dans votre école a été rendu dans votre vie misérable, prendre vos biens et dire des choses qu'ils savent qui peuvent vous mettre en colère. Que ferez-vous?

▶ Vous et votre frère (ou une sœur) avez- vous l'habitude d'argumenter beaucoup plus petites choses. Vous souhaitez rompre le cycle mais il / elle à plusieurs reprises vous irritez. Que ferez-vous?

▶ Votre tante vous a élevé pendant plusieurs années, tandis que votre mère travaillait l'étranger. Maintenant, votre maman est de retour mais elle et votre tante n'arrivent pas à s' entendre. Il semble y avoir confusion sur ce qui est responsable de vous et qui rend les règles que vous vivez. Il semble y avoir une concurrence et le ressentiment entre eux. Que ferez-vous?

A F F E C T A T I O N

1. Écrivez le nom de la personne a étudié dans la Bible, la direction ciblée de qualité de caractère ciblée (avec sa définition) et le verset clé dans votre journal.

2. Avant la réunion de la semaine prochaine, lisez Genèse 37.

7 JACOB

TRANSFORMED:
A changé par mes expériences avec Dieu

ENGAGE!

CULTE

Écriture suggérée: Romains 12: 2 ou 2 Corinthiens 3:18

Chansons suggérées: Il Me Change

ACTIVITÉ DE MOTIVATION

1. Demandez aux élèves de partager leurs expériences de rétablissement de la paix (l'affectation de la semaine dernière)ou partagez d'autres expériences qu'ils ont eu avec des relations tendues dans le passé et la difficulté de réparer ces relations. Encouragez le jeu de rôle.

2. Demandez-leur de dire ce qu'ils ont appris à propos de Jacob à la lecture de Genèse 37 cette semaine passé.

OPTION D'ACTIVITÉ

JEU EN LIGNE

Matériels: Ruban coloré

Instructions:

1. Divisez la classe en deux à l'aide de la bande sur le sol.

2. Demandez aux élèves de se tenir le long des deux côtés de la classe et leur demandez d'écouter attentivement les instructions.

3. Expliquez la règle simple de cette activité: Si l'étudiant pense que la déclaration donnée s'applique à lui-même ou elle-même, il ou elle doit se déplacer près de la ligne. Sinon, ils doivent rester là où ils sont.

4. Encouragez-les à prêter attention à leurs propres sentiments ainsi que d'être attentif aux réactions des autres. Il est préférable de commencer avec de simples déclarations, plus légers avant de passer à d'autres plus difficiles.

Exemples

▶ J'ai un secret que je n'ai jamais dit à personne, même mes parents.

▶ J'avais l'habitude d'être un fauteur de troubles.

▶ Je lutte avec un problème lié à mon frère ou une sœur

▶ Je n'ai jamais changé de comparer avant ma vie. Ma vie est maintenant beaucoup différente de ce qu'elle était avant.

▶ Il ya eu des moments que j'ai détesté mon frère ou une sœur ou même un ami.

* L'instructeur peut ajouter des instructions appropriées pour le contexte.

Références: Hilary Swank, Freedom Writers. réalisé par Richard LaGravenese et Hilary Swank. 122 min. Paramount Pictures, 2007. DVD.

EXPLOREZ!

PASSAGE DE L'ÉCRITURE(S): Genèse 28:10-22, Genèse 32:1 - 33:15

VERSET CLÉ(S): Gen. 32:30

ÉTUDE LA BIBLE

1. Ch. 28: 10-15: Notez le "rétablissement" de la promesse de Dieu qu'Il fait avec Abraham et Isaac, maintenant avec Jacob. Qu'est ce que cela nous dit à propos de la fidélité de Dieu?

2. Est – ce que Jacob Ne manque pas la prémisse de "dupé" son chemin dans la bénédiction. Pourquoi Dieu a offrert une si grande promesse à un séducteur comme Jacob? Qu'est ce que cela nous dit à propos de la grâce de Dieu?

3. v. 16-22: Comment Jacob at-il réagi au message de Dieu? Remarquez comment Jacob a fait son propre alliance pour répondre à Dieu.

4. Ch. 32: 1-8: Qu'est-ce que la préparation de Jacob pour répondre Ésaü dit à propos de la gravité de la situation que lui -même en mis? Partagez un moment où vous allez essayer de se réconcilier avec quelqu'un et ces "préparations" vous avez fait pour elle. Qu'est-ce qui vous a décidé à réconcilier? Quels sont les risques qui ont été impliqués? Pensiez-vous que vos efforts porteraient leurs fruits? Quelles pensées avez-vous alors dans le processus d'atteindre les reconciliation?

5. v. 9-12: Discutez la prière de Jacob. Qu'est-ce que cela nous dit sur «transformé» l'attitude de Jacob?

6. Ch. 32: 22-32: Qu'est-ce que cette lutte avec Dieu représente pour Jacob? Qu'est-ce que le nom de Jacob évolution implique? Que peut-on appris de la persistance de Jacob en demandant la bénédiction de Dieu?

7. Ch. 33: 1-11: discutez de la façon de la réunion de Jacob et Esaü s'en alla. Remarquez comment Jacob et Esaü échangent des mots humbles et affectueux.

   ■ Parlez sur chacun de l'attitude du frère vers le pardon: comment Esaü a fait de ne pas exiger des offrandes matérielles de paix, et comment Jacob a insisté sur leur donnant.

   ■ Qu'est-ce que cela nous dit sur la bonne approche à la réconciliation? Laissez les élèves à partager des expériences de "donner des offrandes de paix".

8. v. 12-16: Notez l'humilité de Jacob dans la lutte contre Esaü. Qu'est-ce que cela nous dit sur nos propres attitudes en essayant de faire amende honorable? Focus sur v. 15: ce qui peut être appris. Quelle est la réponse de Jacob à l'offre d'Ésaü? Qu'est-ce que cela nous dit sur la motivation de Jacob pour réconcilier avec son frère?

9. Lisez Romains 12: 2 et 2 Cor 3:18. Qu'est-ce que ces versets nous disent sur comment la transformation a lieu?

OPTIONS D'ACTIVITÉ

LE BON, LE MAUVAIS ET LE LAID

Matériels: Tableau noir, tableau blanc, ou feuilles mobiles

Instructions:

1. Sur un tableau noir, tableau blanc, ou flip chart, écrivez le mot «bon» vers le haut à gauche, "mauvais" à peu près au milieu, et "Laid" vers le bas.

2. Dites aux élèves que c'est une échelle qui représente la vie et les actions des gens.

3. Demandez-leur d'appeler les noms de certaines personnes célèbres et des personnes des enseignements de la Bible et de suggérer où ils seraient placés sous ces

catégories. Pour les aider à démarrer, donner quelques exemples bien connus, tels que Mère Theresa ou Jose Rizal près du sommet et le général Hirohito ou Adolf Hitler près du fond.

4. Après ils ont donné une douzaine de réponses, leur demander pourquoi ils ont décidé de mettre les gens là où ils l'ont fait.

5. Demandez aux élèves sur Jacob. Où seraient-ils le mettre et pourquoi? Était-il un bon caractère ou non? At-il subi un processus de transformation?

6. Tout en haut de la carte, au-dessus du mot «bon», écrire le mot "parfait" et le nom de Jésus-Christ à côté de lui. Soulignez même les meilleurs gens qui ne peuvent pas se comparer à Jésus.

Références: connexions Faith mars / avril / mai (Kansas city: WordAction, 2004), P46

PRÉPARATION POUR RÉCONCILIATION
Matériels: Papiers, crayons de couleur

Instructions:

1. Demandez aux élèves de partager avec un partenaire un moment où ils ont essayé de se réconcilier avec quelqu'un. Quels sont les "préparations" ont-ils fait pour elle? Qu'est ce qui les ont amenés à concilier? Quels sont les risques qui ont été impliqués? Ont-ils pensé que leurs efforts porteraient leurs fruits? Quelles pensées ont-ils eu tandis que dans le processus d'atteindre de reconcilier?

2. Demandez-leur d'écrire le nom de la personne sur un morceau de papier et attachymètre à la poitrine de son partenaire en utilisant la bande.

3. Demandez-leur de s'exercer en disant, "Je suis désolé ...." À leur partenaire comme s' il ou elle était cette personne. Le partenaire doit simplement écouter attentivement.

4. L'orateur et l'auditeur doivent changer de rôle et de répéter l'activité.

5. Par la suite, donnez le temps de partager des commentaires avec le reste de la classe. Il peut être approprié de clôturer cette activité avec la prière pour qu'une véritable réconciliation puisse avoir lieu.

CHRONOLOGIE
La Bible décrit Jacob, une personne manipulatrice trompeur tôt dans sa vie, encore avant même qu'il a été transformé, Dieu l'avait choisi pour père les 12 tribus d'Israël qui est devenu le point focal du reste de l'histoire de l'Ancien Testament.

▶ Préparez un petit symbole, comme une pierre, pour représenter Jacob et l'attacher à le calendrier à côté du symbole de la semaine dernière.

▶ Dessous de la ligne, à un angle, écrivez: Transformé - être changé par mon

▶ expériences avec Dieu.

EXPÉRIENCE!

ACTIVITÉS D'APPRENTISSAGE

Choisissez parmi les options suivantes:

1. Dans votre journal, faites un tableau en divisant la page avec une ligne verticale au milieu. En haut de la colonne de gauche écrivez avant et en haut de la colonne de droite écrivez après. Sur le côté gauche, la liste des mots qui décrivent ce que vous étiez comme avant Jésus-Christ vous transformé (avant de devenir un disciple du Christ) et sur les mots droits, la liste qui décrit comment vous avez changé.

2. Invitez quelqu'un qui a été en prison ou dans un centre de réadaptation (ou toute autre personne que vous connaissez) à part un témoignage sur la façon dont ils ont été transformés.

APPLICATION PERSONNELLE

1. La transformation est un processus difficil qui comprend la lutte. Partagez vos propres luttes des problèmes personnels en général. Que faites-vous dans ces situations?

2. Réfléchissez dans votre journal sur l'importance de la transformation dans la vie d'un chef. Quelles sont les conséquences probables de "faire sembler?

OPTION D'ACTIVITÉ

TRANSFORMATION GRAPHIQUE

Matériels: Papiers, Crayons de couleur

Instructions:

1. Demandez aux élèves de décrire leur vie en créant un "graphe de vie" sur le papier.

2. Après quelques minutes, les élèves ont des paires pour faire face et partager leurs graphiques. Cela accompli deux choses. Tout d'abord, il va commencer à construire une communauté dans votre groupe. Deuxièmement, il permettra à vos élèves à explorer combien Dieu les a transformé au fil du temps.

Exemple:

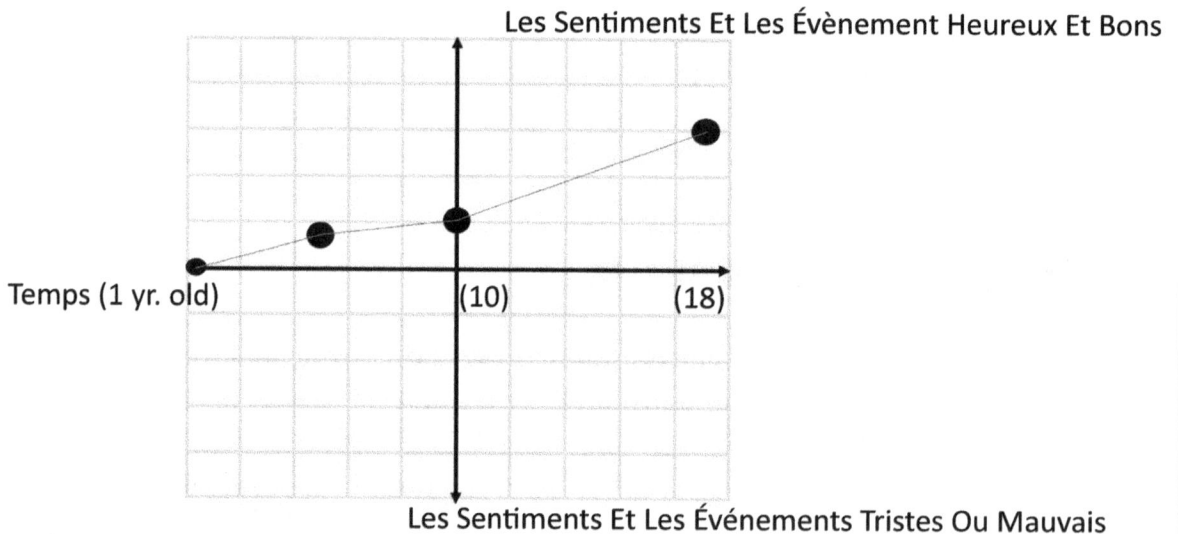

Les Sentiments Et Les Évènement Heureux Et Bons

Temps (1 yr. old)   (10)   (18)

Les Sentiments Et Les Événements Tristes Ou Mauvais

AFFECTATION

1. Écrivez le nom de la personne a étudié dans la Bible, la qualité de caractères de leadership ciblée (avec sa définition) et le verset clé dans votre journal.

2. Au cours de la semaine, visitez un orphelinat, maison de soins infirmiers, région défavorisée ou un abri. Trouvez un moyen d'aider les gens là-bas. (Enseignants: le but ici est de contester l'auto-centrée de l'étudiant, "maka-Sariling" les attitudes en les aidant à vivre les besoins de ceux qui les entourent.)

3. Avant la réunion de la semaine prochaine, lisez Genèse 37 sur le profond de la vie de Joseph.

8 JOSEPH-PARTIE 1

INTÉGRITÉ:
Maintenir le plus haut niveau de la maîtrise de soi dans les moments de tentation

ENGAGE!

CULTE
Écriture Suggée: 1 Corinthiens 10:13

Chansons suggérées: La bataille appartient au Seigneur

ACTIVITÉ DE MOTIVATION
1. Jouez le jeu "Chérie, si tu m'aimes, souriez." Le but du jeu est pour le membre du groupe de dire: «Chérie, si tu m'aimes, souriez," et faites tout ce qu'il peut pour "tenter" un autre membre du groupe de sourire. Cette personne doit résister à la tentation de sourire, le maintien d'un "visage impassible." Si le «tentateur» est en mesure de faire l'autre personne sourire, cette personne devient le «tentateur». Sinon, il / elle essaie d'obtenir un different membre du groupe de sourire.

2. Demandez aux élèves de partager ce qu'ils ont appris au sujet de Joseph de la Genèse 37.

EXPLOREZ!

ÉCRITURE DE PASSAGE(S): Genèse 39

VERSET CLÉ(S): Gen. 39:9

ÉTUDE DE LA BIBLE
1. v. 1-6: Du passage, quelles sont les raisons pour lesquelles Joseph a été reconnu comme un responsable? Qu'est ce qui a fait Joseph donc digne de confiance?

2. v. 6-10: Pourquoi la femme de Potiphar a été attiré à Joseph autant? Dans cette ligne, discutez d'autres situations dans lesquelles celui qui détient une position distinct ou la responsabilité est en cours de tenter et d'abuser de ses privilèges. (Exemple: le président d'un organisme scolaire est tenté de fonds de l'organisation de corruption, etc.)

   ■ Mettez l'accent sur le verset 9: Quelle leçon peut-on tirer de la réponse de La femme de Potiphar à Joseph? À qui Il était responsable s'il cède à la tentation? Discutez dans l'implication de la façon dont on est responsable devant Dieu et aux autres (exemple conseiller SBO, un organisme scolaire ensemble, pasteur, etc.) ont fait sa responsabilité avec intégrité.

   ■ Partagez les réflexions sur comment Joseph a enduré constamment quand il est tenté.

3. v. 11-20: discutez sur la situation de Joseph. Y at-il un moment où vous étiez "noir posté" qui vous avez poussé dans une situation pour vous faire mal paraître? Comment avez-vous gérer une telle situation?

4. v. 20-23: Remarquez comment Joseph était bien traité dans toute la situation qu'il a été mis. Pourquoi le Seigneur a continué avec Joseph? Qu'est ce que Dieu a fait pour Joseph? Qu'est-ce que cette histoire raconte au sujet de la fidélité de Dieu aux fidèles?

OPTIONS D'ACTIVITÉ

INTÉGRITÉ

Matériels: marqueurs de papier manille/crayons

Instructions: Après avoir discuté dans la leçon sur l'intégrité à travers la vie de Joseph, donnez aux élèves la possibilité d'évaluer le «niveau d'intégrité» de certains personnages de la Bible. Dessinez une "ligne de l'intégrité" de la carte (voir illustration). À Partir d'une liste donnée de personnages de la Bible (voir les suggestions ci-dessous), encouragez les jeunes à choisir un nom et le mettre où il / elle pense qu'' devrait être sur la ligne. Dites-leur d'être prêt à partager la raison de leur «jugement».

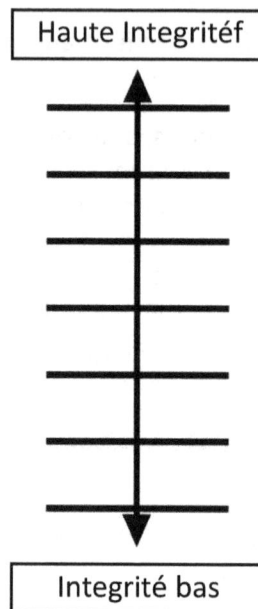

Haute Integritéf

↑
———
———
———
———
———
———
———
↓

Integrité bas

CHAPITRE DE LA BIBLE SUGGÉRÉE:

Guéhazi	Josié	David
Daniel	Salomon	Abraham
Aaron	Pièrre	Paul

S'EXPRIMER!

Matériels: Des copies de dessins de situations significatives relatives à la vie de Joseph
(voir ci-dessous pour les illustrations proposées).

Crayons ou stylos à bille pour chaque élève.

Instructions: Remplissez les ballons avec parole de chaque personnage au cours de chaque situation donnée.

Situations Simples:

1. Joseph "harcelés" par la femme de Potiphar
2. Joseph interprète les rêves de majordome et échanson du roi
3. Joseph se fait connaître à ses frères, en demandant pourquoi il leur pardonne.

http://www.oneil.com.au/lds/pictures/joseph_resist.jpg

http://lavistachurchofchrist.org/Pictures/Patriarichal%20Age/target7.html

http://lavistachurchofchrist.org/Pictures/Patriarichal%20Age/target9.html

CHRONOLOGIE

Joseph était le 11ème fils de Jacob (Israël), mais la Bible donne plus d'attention à lui que pour l'un de ses frères. La Bible ne cherche pas à cacher les qualités négatives de ses «héros», montrant à la fois les aspects positifs et les aspects négatifs de leur caractère. Cependant, on nous dit presque rien de négatif au sujet de Joseph. Il était vraiment un homme intègre.

- Préparez un petit symbole, comme une robe multicolore, pour représenter Joseph et l'attacher à la chronologie à côté du symbole de la semaine dernière. Marquez le calendrier 1700 BC, la date approximative que Joseph se rendit en Egypte.

- Dessous de la ligne, à un angle, écrivez: Intégrité - maintenir le plus haut standard de normes de contrôle de soi dans les temps de tentation.

EXPÉRIENCE!

ACTIVITÉS D'APPRENTISSAGE

Sur une feuille de papier bulle ou sur le tableau, les élèves vont créer une liste des choses pertinentes qu'ils considèrent réels aux tentations dans leur propre vie et la vie des jeunes d'aujourd'hui. Si possible les diviser en groupes et laisser quelqu'un de donner une brève explication sur les résultats de leurs travaux. (Cela va sans doute conduire à l'article # 1 dans la demande personnelle.)

OPTIONS D'ACTIVITÉ

LIFELINE

Matériels: bondpapers, marqueurs ou des crayons

Instructions: Racontez l'histoire d'un héros biblique (ex. Joseph) Informez les élèves à créer "la bouée de sauvetage" de Joseph en traçant des lignes continues pour représenter le moment important dans sa vie. La ligne de vie peut inclure des lignes droites, des lignes courbes, des spirales, des virages serrés, des cercles, et les autres étudiants de n'importe quoi peut penser de Symboles, mots et couleurs différentes qui peuvent être utilisés pour indiquer des événements spécifiques ou des sentiments. La seule exigence d'une bouée de sauvetage, c'est que elle doit avoir un début (représentant la naissance de la personne) et de fin (la mort de la personne).

Donnez aux jeunes de 10 à 15 minutes pour dessiner la ligne de vie. Puis formez de petits groupes deux pas plus de cinq ans et avoir des membres décrivant la ligne de vie et à tour de rôle en répondant aux questions de discussion.44

Discussion:

▶ Qu'est ce que cela nous dit à propos de la vie de Joseph?

▶ Tout au long de la ligne de vie de Joseph voyez-vous que Dieu a oeuvré dans sa vie?

▶ Comment était cette expérience pour lui, positive ou négative?

▶ Dans quelle partie de la ligne de vie de Joseph pouvez-vous trouver la ressemblance dans la vôtre?

▶ À travers la vie de Joseph, qu'avez-vous appris sur Dieu, sur la vie, en soi et les autres?

▶ Dans quel aspect de la vie de Joseph voulez-vous / ou vous ne voulez pas imiter?

Adapté à la source:

Rydberg,Denny."TrustBuilders" Group Publishing Inc.,Loveland, Colorado 1993 p. 70

INTERIEUR OU EXTERIEUR?

Matériels: Craie de couleur (Si le sol est carrelé, vous pouvez utiliser du ruban de masquage de couleur pour le marquage.)

Instructions: Après avoir discuté de la vie de Joseph, tous les jeunes se sont levés. L'enseignant doit dessiner une case en face de chaque. Dites-leur que vous allez nommer quelques-uns des personnages de la Bible et ils doivent sauter dans la case si la personne a montré l'intégrité et de sauter hors de la boîte s'il n'a pas fait. Chacun doit être prêt à donner une raison pour sa réponse, s'il / elle ne peut pas donner une raison, les jeunes seront "déhors". L'enseignant va continuer à donner des noms jusqu'à ce qu'il ne reste qu'un seul gagnant.

Exemple Des Personnages De La Bible:

Roi David	Jacob
Roi Salomon	Abraham
Pièrre	Matthieu
Jude	Roi Saül
Elie	Samuel

APPLICATION PERSONNELLE

1. Laissez les instances étudiants de partager quand ils ont été constamment tentés de faire le mal. Ont-ils donné ou sont restés fermes? Quelles étaient les raisons de leurs décisions? Partagez des pensées sur des moments où Dieu a fait une façon de vous aider à sortir ou "faire bien" de la mauvaise situation que vous avez été mis . (Reportez-vous à 1 Cor. 10:13)

2. Partagez les idées sur les difficultés de maintien de l'intégrité. Laissez les élèves de partager les frustrations sur les temps lorsque vous faites ce qui est juste qui leurs ennuis. Comme de leaders chrétiens, qu'est-ce que Dieu attend de nous? Donnez vos idées dans votre journal.

AFFECTATION

1. Écrivez le nom de la personne a étudié dans la Bible, la direction de la qualité de caractères ciblée (avec sa définition) et le verset clé dans votre journal.

2. Demandez à Dieu de vous révéler un moyen de résister à la tentation Actuellement, vous êtes confrontés. Écrivez dans votre journal ce que vous faites.

3. Lisez Genèse 40 et 41 avant la réunion de la semaine prochaine.

9 JOSEPH-PARTIE 2

DISCERNEMENT:
Reconnaissant la main de Dieu à l'œuvre même dans des circonstances négatives.

ENGAGEZ!

CULTE
Écriture Suggérée: Psa. 119:124-125, Prov. 3:21-24, Prov. 18:15

Chansons suggérées: Dieu fera un chemin

ACTIVITÉ DE MOTIVATION
- Discutez sur les diseurs de bonne aventure (manghuhula). Quelle est la source de leurs capacités? Que dit la Bible sur la divinité (divinité)? Voir Deut. 18: 9-13. Quelle exposition ou expérience avez-vous eu avec ceux qui prétendent être fiable pour prédire l'avenir?

OPTION D'ACTIVITÉ

DIEU FERA UNE FAÇON
Matériels: Cassette / CD ou lecteur MP3, haut-parleurs, feuille de chanson pour "Dieu fera une Way"

Instructions:
1. Divisez en deux ou trois groupes (selon la taille de la classe) pour cette activité.
2. Permettez aux élèves d'écouter la musique pendant un certain temps.
3. Demandez à un élève de lire les mots "Dieu fera une route" à haute voix.
4. Prévoyez du temps pour les groupes à venir avec la chorégraphie créative pour cette chanson selon les mots. (Dans l'intérêt du temps, Puissiez vous de souhaiter les limites au chœur seulement.)
5. Permettez à chaque groupe de présenter leur chorégraphie.

TÉLÉPHONE DE DIEU
Matériels: Téléphone cellulaire

Instructions:
1. Apportez un téléphone cellulaire à la classe avec vous. Remettez à un étudiant en répétant ce qui suit:
   - * Imaginez si nous avions un téléphone nous pourrions chercher à tout moment et trouver Dieu à l'autre extrémité de la ligne d'attente pour nous parler! Voulez-vous utiliser le téléphone? Quand?
   - * Est- que cela affecterait la façon dont vous vivez?
   - * Quelles questions voudriez-vous lui demander?
   - * Que voulez-vous lui dire?

2. Dites, si nous ne pouvons pas parler à Dieu comme on parle à un ami au téléphone, nous n'avons aucune ligne directe disponible pour Dieu par l'Esprit Saint, et nous pouvons Lui parler n'importe quand!

Références: Adapté de Connexions Faith juin / juillet / août (Kansas city: WordAction, 2003), P12

EXPLOREZ!

ECRITURE DE PASSAGE(S): Genèse 40, 41, 42:6-9

VERSET CLÉ(S): Gen. 41:37-38

ÉTUDE DE LA BIBLE

1. Ch. 40: 1-8: Même pendant qu'il était en prison, Joseph a reconnu que Dieu l'a placé pour une raison. On lui a donné un poste de responsabilité et a été préoccupé par les besoins de ceux qui sont sous sa garde. Que pouvons-nous apprendre dans l'exemple de Joseph?

   - Discutez comment Joseph a répondu quand les gens lui apportaient leurs problèmes.
   - À qui Joseph a été donné crédit dans ce qu'il faisait (pouvoir d'interpréter les rêves)? (Ch.40: 8, 41:16) Qu'est-ce que cela nous dit sur la bonne attitude quand les gens reconnaissent nos capacités?
   - Ch 40: 20-23: Partager les expériences de fois lorsque vous faites un inconditionnel, bien faveur intentionné pour quelqu'un a méconnu ou même oublié par la personne à qui vous avez fait preuve de gentillesse. Comment avez-vous ressenti? Qu'as-tu fait?
   - De passage globale, qu'est ce qui peut être appris sur l'attitude de Joseph vers la responsabilité?Ch. 41: 37-40: A qui Pharaon at-il donné le crédit pour le discernement de Joseph? Qui est la source de vrai discernement? Qu'est-ce que ce passage indique sur l'importance de discernement pour le leadership?

2. Ch. 42: 5-9 (Résumez brièvement le plan de Joseph pour ses frères)

   - Relisez Gen 37: 1-11. Racontez cela avec le passage. Lorsque Joseph vit ses Frères, il incline devant eux, je me suis souvenu des rêves que j'avais eu Quand j'étais un petit garçon. Lisez Genèse 45: 4-7. Qu'est que Joseph avait discerné Soudainement sur la situation?
   - Que pouvons-nous apprendre des expériences de Joseph? Quelle devrait être notre attitude vers les circonstances négatives? Laissez les élèves à partager les situations lorsqu'ils sont à la recherche de la volonté de Dieu et l'expérience d' essayer à travailler pendant un temps difficile.Est ce qu'Ils étaient capables de comprendre ce que Dieu faisait à l'époque, ou seulement avec le recul?

OPTIONS D'ACTIVITÉ ■ ■

ANALYSE D'I STOIRE

Matériels: Cartes de couleur de texte, marqueurs, ruban adhésif, tableau blanc ou du papier kraft

Instructions:

1. Après qu'ils ont terminé l'étude de la Bible de la leçon 9 introduissez l'activité en donnant à chaque élève une carte de couleur.
2. Demandez aux élèves de choisir un mot qui vient à l'esprit en fonction de ce qu'ils ont lu et appris sur la situation et les réponses de Joseph dans la leçon et d'écrire sur la carte.

Exemples:

| La Main de Dieu | Oublié | La Prison |

| L'interprétation | Sage | La Responsabilité |

3. Pendant queles étudiants font cela, tracez le tableau suivant sur un morceau de papier bulle sur le mur.

La Situation De Joseph	La Reponse De Joseph

4. Les étudiants seront ensuite une alimentation avant de mettre leurs cartes de mots sur la carte, en les plaçant dans la catégorie Où le meilleur ajustement. Autorisez le processus à travers la discussion.

5. Demandez aux élèves quelle réaction de discernement Joseph a montré.

CHRONOLOGIE

Joseph a joué un rôle très important dans l'accomplissement de la promesse de Dieu à Abraham, Isaac et Jacob. Genèse 45: 7 montrez comment Dieu a utilisé des expériences traumatisantes de Joseph pour sauver les descendants d'Abraham à partir d'une terrible famine. Pas de symbole supplémentaire nécessaire pour la leçon de cette semaine, mais ajoutez à la chronologie de la qualité de discernement et sa définition caractère.

EXPERIENCE !

ACTIVITÉS D'APPRENTISSAGE

Maintenant discutez sur la différence entre la divinité et la capacité de Joseph d'interpréter les rêves. (Quelle est la source de l'information? Qui obtient le crédit pour cela?) Pensez-vous que Dieu rêve d'utiliser les gens pour communiquer aujourd'hui? (Enseignant: Puissiez-vous souhaiter de regarder les témoignages de la façon dont Dieu a parlé à des gens à travers les rêves et les visions de l'histoire récente, en particulier dans le monde arabe.)

APPLICATION PERSONNELLE

Il n'est pas vrai de discerner en dehors de l'Esprit Saint. Pour être un leader discerner, il faut regarder l'Esprit Saint pour la vérité. Passez un peu de temps dans la prière en demandant à l'Esprit Saint de vous donner un cœur qui peut discerner le bien du mal et la vérité du mensonge. Écrivez dans votre journal ce que soit les réponses indisponibles pour la leçon ou que ce soit ce que le Saint-Esprit apporte à l'esprit qui concerne les circonstances négatives que vous rencontrez.

OPTIONS D'ACTIVITÉ

DIVINATOIRES DE COMPARAISON ET INTERPRÉTATION

Matériels: Tableau blanc et des marqueurs ou une grande feuille de papier et un marqueur pour chaque groupe

Instructions:

1. Cette activité peut se faire sur la carte comme un grand groupe ou le groupe peut être divisé en petits groupes de discussion. Si ce dernier, a fourni un papier et un marqueur pour chaque groupe.

2. Expliquez: Le diagramme de Venn est créé en dessinant un cercle pour chaque élément ou groupe d'éléments à étudier. Les cercles se chevauchent dans une certaine mesure, mais pas complètement. (Dessinez deux grands cercles qui se chevauchent sur la carte.)

3. Demandez aux élèves de remplir la section de chevauchement avec des similitudes entre l'habilité et la capacité de Joseph d'interpréter les rêves, puis comparez les expatriés en utilisant les sections non-chevauchement. Certains recherches peuvent être nécessaires, de sorte qu'ils peuvent être bon de fournir un dictionnaire biblique ou autre ressourse.

   Exemples:
   - Les caracteristiques ou attributs de divination sont répertoriés dans le cercle gauche.
   - Les caracteristiques ou attributs de l'hablilité de Joseph sont répertoriés dans le cercle droit.
   - Les similitudes entre la divinatio et l'habilité de Joseph sont répertoriés au milieu, dans la section de chevauchement.

   Autre méthode: Divisez le groupe en deux petits groupes. Demandez à un groupe de rechercher et Décrir la divination et l'autre la recherche et Décrir l'interprétation biblique des rêves. Lorsque leur travail est terminé, utilisez un diagramme de Venn pour analyser les résultats.

   Références: http://www.louisianavoices.org/Unit8/edu_unit8_venn_diagrams.html Ac- transformés le 8 Août 2007

AFFECTATION

1. Écrivez le nom de la personne a étudié dans la Bible, la qualité de caractères de leadership ciblée (avec sa définition) et l'aspect clé dans votre journal.

2. En préparation de la leçon de la semaine prochaine, lisez Genèse 42-44.

10 JOSEPH-PARTIE 3

LE PARDON:

Extension de la grâce de Dieu à ceux qui me ont blessé.

ENGAGE!

CULTE

ÉcritureSuggérée: Matthieu. 6:9-15

Chanson Suggérée: Purifier Mon coeur

ACTIVITÉ DE MOTIVATION

Demandez aux élèves de s'asseoir sur le sol. Disposez-vous dans un cercle. Demandez aux élèves de fermer leurs yeux. Laissez-les de prendre quelques respirations profondes. Dites-leur de se détendre et de se concentrer, et d'écouter votre voix seulement. Dites ce qui suit:

Essayez de vider votre esprit sur des choses qui vous préoccupent aujourd'hui. Imaginez un espace blanc et vide autour de vous. Maintenant, pensez à une personne qui vous a fait du mal dans le passé ou au présent. Imaginez lui en face de vous. Essayez de vous rappeler la chose ou des choses que j'ai fait ou elle. Quand vous regardez le visage de la personne en face, posez des questions à l'origine:

- Ai-je vraiment pardonné? Ai-je même essayé vous pardonner?
- Sommes-nous en bons termes maintenant? Si non, alors pourquoi?
- Qu'est-ce que je me sens vraiment ce qui s'est passé maintenant?
- Pourrais-je jamais vraiment vous pardonner?

Prenez de grandes respirations de nouveau, et comme je compte de un à cinq, puis ouvrez lentement les yeux. (COMPTE) laissez les étudiants de partager ceux qu'ils ont ressenti pendant l'exercice. Pour ceux qui sont prêts, laissez-les partager leurs réponses aux questions de réflexion dans l'exercice.

OPTION D'ACTIVITÉ ■ ■

IMAGE MANQUANTE

Matériels:

Histoire des photos de l'histoire de Joseph, comme couverts dans les leçons 1 et 2

-images pourrait être imprimé Soit en(photo recyclé aide ou de photos copies depuis un livre de comptes) ou ceux établis.

Écosse ou tout adhésives / punaises (pour coller les images sur la carte)

Instructions:

Préparez plusieurs photos qui montrent une série d'événements dans la vie de Joseph avant Genèse 50:15. Accrochez ou postez les photos sur un mur ou un tableau noir; les images doivent être dans l'ordre selon les Écritures. Prendrez un chemin quelques photos de l'histoire, peuvent créer des «trous» dans la séquence. Certains étudiants, en faisant l'activité eux-mêmes, choisissent le scénario qui pourrait les aider à compléter. Donnez les photos manquantes aux élèves et laissez-les choisir. placez leur image de l'histoire avec son bon endroit dans la séquence. Laissez les autres étudiants (qui n' avaient pas choisi.) aidez les pour remplir l'ordinateur par la séquence de l'histoire. Après avoir terminé tout l'ordinateur, ayez un bref aperçu sur l'histoire de Joseph.

EXPLOREZ!

ÉCRITURE DE PASSAGE(S): Genèse 45, 50:15-21

VERSET CLÉ(S): Gen. 50:20-21

ÉTUDE DE LA BIBLE

1. Ch. 45: 1-4: Que révèle le passage sur les sentiments de Joseph envers ses frère à nouveau? Encouragez les élèves de partager Leurs sentiments ou les actions initiales quand ils voient la personne qui a fait des choses horribles avec eux dans le passé.

2. v. 5-15: Si quelqu'un avait le droit de tenir une rancune, c'était Joseph. Mais cette scène nous montre une étonnante démonstration de pardon.

   - Qu'est-ce que le passage implique du point de vue de Joseph sur ce qui lui est arrivé en Egypte?

   - Quel que soit le résultat positif, Joseph aurait encore pu sévèrement pour punir ses frères pour ce qu'ils avaient fait. Comment le pardon de Joseph reflète t- il la grâce de Dieu?

   - Qu'est ce que cela nous dit sur nos propres attitudes envers ceux qui ont fait de mal à nous? Quelle est la façon qu'un chrétien peut pardonner? (Voir Matthieu 18: 21-22. Et le col. 03:13)

3. v. 16-28: Discutez des actions de Joseph et comment il est allé au-delà du pardon de bénédiction à ses frères.

   - Laissez les élèves parlent sur la façon "radicale" Joseph était en termes de donner la plus grande réponse inattendue à ce que ses frères ont fait . Est-il possible pour nous de suivre l'exemple de Joseph?

4. Ch 50: 15-21.

   - v. 15-17: Demandez aux étudiants de partager un moment où ils ont Reçu le pardon inattendu d'une personne. les frères de Joseph ont-ils senti aussi sceptique apparemment ? Pourquoi Joseph ne pleurez?

   - v. 19-21: Discutez sur la réponse de Joseph dans le passage. Qui signifie Joseph Quand j'ai dit: «Suis-je à la place de Dieu?" (Voir Romains 12:19) Quels sont les mots et les actions qui sont Accompagnés le pardon de Joseph qui aurait dû mettre les craintes de ses frères pour se reposer?

   - Dans un monde où les gens sont censés être complaisant, que pouvez-vous faire pour montrer le vrai pardon désintéressé à ceux qui ont fait du tort à vous?

OPTION D'ACTIVITÉ

PARDON CARTE

Matériels:

Tableau noir et craie / Tableau blanc et marquer

Instructions:

1. Faites une carte conceptuelle sur le pardon du flux de travail. Dessinez un schéma de départ à laquelle les élèves vont ajouter leurs idées.

Ce qui suit est un échantillon:

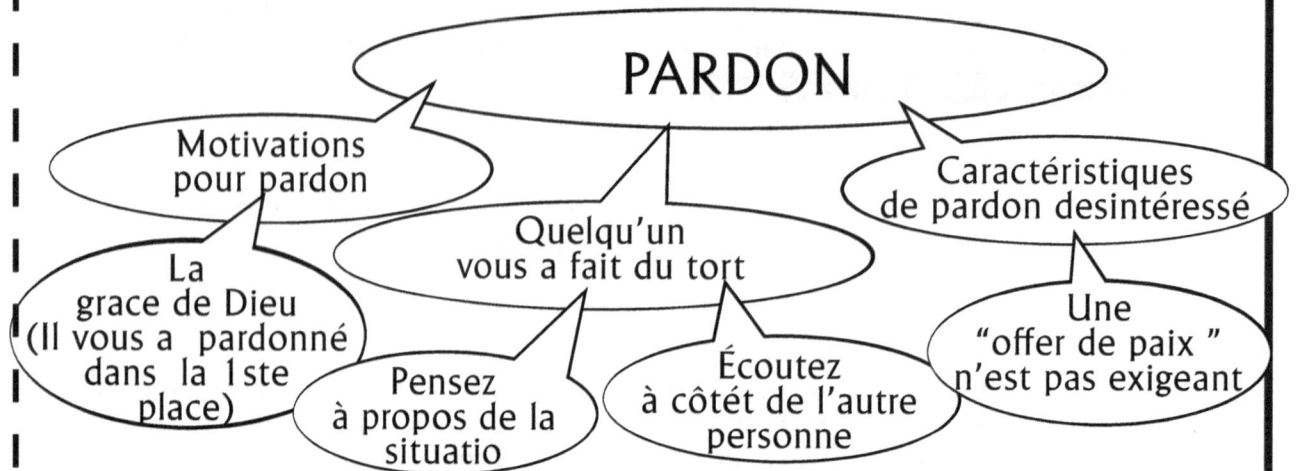

2. Demandez aux étudiants de continuer à ajouter des idées.

* S'il sera utilisé pour étudier la Bible, tracez le diagramme avant de commencer la discussion et remplir les détails que le groupe se déplace à travers les questions de leçon. Informez les élèves à ne pas oublier que, comme ils discutent, ils devraient être remplis les détails dans les diagrammes et ajouter leurs propres. Les étudiants pourraient être ceux qui d'écrire sur le tableau ou l'animateur ou chef de groupe qui peut faire pour eux.

* S' il aura utilisé comme une activité d'apprentissage, tracez le diagramme et demander aux élèves de le remplir après l'ensemble de discussion.

Pour mieux comprendre la notion d'une carte conceptuelle, consultez les sites Web suivants: http://www. mc.maricopa.edu/dept/d43/glg/Study_Aids/concept_maps/conceptmaps.html

Novak, J. D. & A. J. Cañas. La théorie sous-jacente cartes conceptuelles et comment les construire, Rapport technique IHMC CmapTools 2006-01. Florida Institute for Human Cognition et MACHINE, 2006, disponible à: http://cmap.ihmc.us/Publications/ResearchPapers/TheoryUnderlyingConceptMaps.pdf. 4.

Références:

Hatcher, Rovina. Méthodes d'enseignement, de présentation et de conférences. Taytay: Asie-Pacifique Nazaréen Theological Seminary, 2009.

CHRONOLOGIE

Cette leçon se termine dans notre attention sur Joseph. À travers les 12 fils de Jacob (Ismaël), les 12 tribus de la nation d'Israël sont nés. Le nom de Joseph, mais il, nous avons l'habitude qui n'est pas répertorié comme l'un des douze tribus d'Israël. Parce que, juste avant de mourir, Joseph a adopté deux fils de Jacob, Éphraïm et Manassé, comme le sien, bénissant sur chacun d'eux que j'ai fait sur ses autres fils. (Voir Gen 48: 5) Leur progéniture est devenu le "demi-tribus» d'Ephraïm et de Manassé. Ajoutez le pardon et Sa définition de la chronologie.

EXPÉRIENCE!

ACTIVITÉS D'APPRENTISSAGE

L'activité, «Le pardon de carte" peut être fait comme une activité d'apprentissage après étude de la Bible

APPLICATION PERSONNELLE

1. Le pardon est un moyen important de refléter la grâce et le pardon de Dieu pour les autres. Pour représenter le Christ est une partie essentielle d'être un leader chrétien. Demandez à Dieu d' évoquer ceux que vous avez besoin pour pardonner. écrivez Leurs noms dans votre journal et planifiez la façon dont vous pouvez démontrer le pardon pour eux. (Rappelez-vous, le pardon va au-delà des mots.)

2. Acceptez le pardon est important aussi. Vous avez peut-être offensé ou blessé quelqu'un et même s'il peut vous pardonner, vous vous sentez toujours honte ou de coupable, les frères de Joseph l'ont fait, et ont évité d'être autour d'eux. Que pouvez-vous faire pour rétablir la relation? Faites un plan et l'exécutez.

OPTIONS D'ACTIVITÉ

INDULGENT ET ÊTRE PARDONNÉ

Instructions:

Préparation:

Préparez plusieurs Situaciones qui permettraient aux élèves de réfléchir sur ceux qui pardonne et les côtés pardonnés. Une situation d'exemple peut être:

▶ Personne A et la personne B sont les meilleurs amis. Tout en parlant et riant de bon cœur à la légère, la personne A sur quelque chose que je plaisante ou elle sait est très sensible à la personne B; mais il est trop tard pour prendre la plaisanterie en arrière. La Personne B a réagit instantanément à coup en se taisant. Après un certain silence gêné, les deux séparés sans un mot.

La situation doit toujours participer deux personnes principales. Ce serait formidable de présenter les jeunes ceux qui peuvent vraiment identifier. Le but est d'avoir le Ils discuteront de la façon dont les étudiants donnent la réponse dans une situation donnée soit comme un pardon.

Activité Encours:

Divisez la classe aussi égale que possible en deux groupes. Un groupe discuterait sur la situation de personne et les sentiments de A, tandis que l'autre groupe peut prendre la personne B. Ils peuvent passer à sympathiser avec les personnes pour les différentes situations qui seront présentées.

AFFECTATION

1. Écrivez le nom de la personne a étudié dans la Bible, la qualité de caractères de leadership ciblée (avec sa définition) et l'aspect clé dans votre journal.

2. Partagez au moins une personne que vous avez appris sur le pardon de la vie de Joseph.

3. Avant la réunion de la semaine prochaine lisez Exode 1-3.

11 MOÏSE-PARTIE 1

HUMILITÉ:
Sachant que mes capacités sont donnés par Dieu pour Sa gloire.

ENGAGE!

CULTE
Écriture Suggérée: Jean 13:1-17

Chanson Suggérée: Mieux vaut une journée; Michée 6: 8

ACTIVITÉ DE MOTIVATION
Imaginez être demandé d'aller à la présidente des Philippines en personne pour demander une certaine inversion de la politique. Comment vous sentiriez-vous? Quelles sont les difficultés, internes qu'externes, auriez-vous pu en approcher le président?

EXPLOREZ!

ÉCRITURE DU PASSAGE(S): Exode 2:11-15, 4:10-17

VERSET CLÉ(S): Nombre 12:3

ÉTUDE DE LA BIBLE
1. Ex. 2: 11-15: orientez les élèves au sujet de l'état général des Israélites en Egypte Pendant l'époque de Moïse. Discutez des questions suivantes:
   - Qu'est ce qui a provoqué Moïse à agir de cette façon? Qu'est-ce que son action dit sur Ses condamnations à l'époque? (Certes, Moïse a été motivé par la compassion pour son peuple qui était maltraité par les Egyptiens, mais la façon dont j'ai essayé de devenir leur sauveur par ses méthodes de résistance et de fierté propre indique un problème.)
   - Parlez de moments où l'on utilise de "mauvais moyens pour de bonnes fins» et discutez ces instances parallèles au passage de l'Ecriture.
2. Revoiyez le devoir de lecture, en particulier les chapitres 2 et 3. Si tous n' étaient pas fiables Assigné à lire le passage, laissez ceux qui lisent (avec l'aide de l'enseignant) donne un résumé de l'histoire.
3. Ch 04:10 Lire l'apparence et de discutez:
   - Laissez les étudiants de partager des moments où ils ont refusé de tâche ou responsabilité parce qu' ills estimaient insuffisante pour cela. Demandez-leur de partager leurs insécurités de leadership. (Exemples: l'école secondaire et les étudiants des collèges de partager sur Pourraient demander d'être un leader de groupe, ou de l'organisation responsable, etc. Élèves Pourraient plus âgés de partager la difficulté de faire face à des entretiens d'embauche, ou n'a pas même appliqué suite à une tentative Ils ont estimé non qualifié)
4. Est que avoir une faible estimation de soi qui équivale être humble? Discutez quelles différences qui Peuvent être tout en renvoyant au passage dans le chapitre trois.
   - L'acte de Moïse d'enleve ses souliers devant Dieu: l'humilité ou de faible estime de soi
   - En disant des tonnes d'excuses et expressions d'insuffisance: l'humilité ou faible estime
   - (Pensez à d'autres choses qui peuvent être comparées qui, ou de transformer en un jeu amusant de «qui est qui»)

5. Ch. 4: 11-12: discutez des implicaciones de la réponse de Dieu à Moïse. Pourquoi Dieu at-il répondu en posant des questions? Qu'est-ce que l'être de Dieu "Le Créateur" ont à voir avec les insécurités de Moïse?

6. Ch. 4: 13-17: Discutez sur "la colère" de Dieu et Sa relation avec Sa réponse à Moïse dans le passage.

- Dieu donna à Moïse ce dont j'ai bésoin pour mener bien la tâche donnée.

- En étant de 14, il est dit que Dieu enverra Son compagnon et Aaron comme porte-parole et j'étais sur son chemin pour le rencontrer. Discutez comment Dieu a déjà donné ou manière planifiée et avance, ce qui ou qui Moïse aurait besoin pour le travail.

- Réfléchissez sur des cas où Dieu a pourvu les gens ou «arrangé» certaines situations qui ont grandement vous a aidé à accomplir une tâche difficile. Pouvez-vous lui faire confiance pour le faire à l'avenir?

7. Regardez en arrière au chapitre 2 du chapitre 3 et 4. Discutez des changements d'attitude que Moïse a subi. Qu'est ce qui rend Moïse humble?

- De toute la leçon, c'est l'humilité d'ensemble et la distinction entre avoir une faible estime de soi? Lequel ne favorise Dieu?

8. Moïse est devenu un grand, mais humble, leader (voir Nombres 12: 3). Expliquez comment l'expérience de buisson ardent a contribué à Son leadership éventuelle des Israélites. Quel est donc, est ce que c'est l'humilité devant Dieu au sujet?

OPTIONS D'ACTIVITÉ

MOÏSE/ ATTITUDE D'IDENTIFICATION

Instructions: Avoir la liste de films des étudiants dans laquelle ils ont vu un personnage était facteur d'une situation similaire à celle de Moïse. Demandez-leur de donner un bref historique de la scène et d'expliquer pourquoi ils pensent que le caractère est semblable à Moïse. Encouragez-les à décrire comment Moïse et le caractère a ressenti Pendant une partie du passage Exode 2-3.

ILLUSTRATIONS FILS

Matériels: Feuilles de papier, marqueurs

Instructions:

1. Divisez la classe en groupe de trois élèves et leur faire prendre une Écriture (à partir du 3 ci-dessous) et faites un dessin de cet article. S' il ya une grande classe, Puissiez-vous souhaiter avoir plus d'un groupe par passage de l'Écriture.

   ▶ Écriture de Passages: Ex 2: 11-15, 4: 10-17, Deut 31: 1-8

2. Après qu'ils ont terminé cela, rassemblez les groupes pour partager leurs photos et avoir analysé l'attitude (s) de Moïse sur la base de ce qu'ils ont lu dans les Écritures. Demandez aux élèves d'expliquer pourquoi ils sont venus à Leurs conclusions basées sur ce qu'ils ont lu dans les Écritures.

3. discutez ensemble comment les attitudes et le caractère de Moïse a changé et pourquoi il a fait ou n'a pas changé.

CHRONOLOGIE

Pendant les années que les descendants de Jacob (maintenant appelés Hébreux ou Israélites) ont vécu en Egypte, ils ont grandement augmenté en nombre, mais sont Considérés favorablement à devenir les esclaves des Egyptiens. Moïse était le choix de

Dieu spécialement équipé pour mener les Hébreux de l'esclavage dans la Terre Promise que Dieu a promis à leurs ancêtres. Une fois Moïse reconnu Dieu comme la source de son influence, j'étais fiable pour conduire le peuple hors d'Egypte.

- Préparez un petit symbole: comme une image de deux tablettes de pierre Représentant les 10 commandements de Moïse et écrit sur elle. Attachez-le à une courte distance de Joseph et marquez le calendrier 1400 avant JC, l'heure approximative les Israélites quittèrent l'Egypte.
- Dessous de la ligne, à un angle, écrire humilité et sa définition.

EXPÉRIENCE!

ACTIVITÉ D'APPRENTISSAGE

Si possible, amenez les élèves à un endroit où ils peuvent avoir un avant-goû tdisponible c'est que ça fait de se débarrasser de leur fierté et de servir les autres. Par exemple, si vous êtes en quelque part près de la rue de la ville et avons connu des enfants des rues de là, laissez les jeunes apportent des collations pour eux, ou trouvez une autre opportunité de service projet rapide pour cette journée.

APPLICATION PERSONNELLE

1. Demandez aux élèves de réfléchir et discuter sur leurs forces et leurs propres faiblesses. Nous opérons sur nos propres forces et dans nos employés pour éviter la vulnérabilité de nos faiblesses. Lisez 2 Cor. 12: 7-10. Que veut dire Paul de cela «quand je suis faible, alors je suis fort?" Comment Dieu pourrait utiliser nos faiblesses? Qu'arrive-il lorsque nous permettons à Dieu d'utiliser nos faiblesses?

2. Passez du temps dans la prière personnelle. Demandez à Dieu de vous aider à voir votre attitude de coeur: fier, faible estime de soi ou humble. Si c'est votre désir, lui demandez de vous donner un cœur humble de service pour Sa gloire.

OPTIONS D'ACTIVITÉ ■ ■

HUMBLE COEUR ACTIVITÉ DE RÉFLECTION

Matériels: Ustensiles d'écriture, papier, lecteur de musique (facultatif)

Instructions: Offrez un morceau de papier à les étudiants (ou les élèves peuvent utiliser leur journal) et leur faire prendre le temps de prier, réfléchissez et ensuite un des exemples d'écriture dans leur vie où ils Soient lutter lutter avec fierté ou avec un faible estime de soi. Les élèves doivent suivre l'exemple de Moïse, demandez aux élèves pour qu'ils puissent demander à Dieu de les aider à penser d'une manière spécifique dans laquelle Dieu leur demande de ne répondre pas (avec des amis, ou famille, etc.) pour être vraiment humble, non avec fierté ou de faible estime de soi. Ils doivent prier aussi pour que Dieu les guide pour les changements qu'ils ont besoin pour prendre en toute Leur vie dans ces zones. Demandez aux élèves d'énumérer les éléments sur le papier ou dans leur leur journal.

Donnez du temps pour la réflexion et la prière. Peut-être, laissez la musique de jouer pour rendre une atmosphère contemplative ou peut-être les laisser partir dans la zone d'enseignement à penser et à prier.

Quand le groupe retourne, les étudiants peuvent trouver des moyens par ce que Dieu leur a permis de comprendre et de vouloir changer leur vie. Cela peut être réaliser en divisant le groupe en paire ou en petits groupes, en permettant aux individus de prêts à partager avec tout le groupe. Choisissez la méthode qui convient le mieux à votre classe. Si le groupe est en paire, demandez-leur de prier pour un autre particulier.

Cherchez les façons dont les membres spécifiques de la classe, des amis, ou vous que l'instructeur peuvent être intentionnelle au suivi Avec le changement de comportement de l'élève.

APPRENTISSAGE DES VOISINS DEHORS

Instructions:

1. Ayez le groupe divisé en paires (ou groupes de trois ou plus si c' est plus approprié). Dites-leur le but de cette leçon à écouter les autres autour d'eux avec un cœur comme le Christ.

2. Donnez aux étudiants les conseils suivants pour guider leurs interactions avec les gens qu'ils rencontrent.

Conseils pour bien écouter:

■ Le but de poser des questions est non seulement de trouver une réponse, mais pour vraiment comprendre ce que cette personne connaît, pense et de sent.

■ Gardez le contact avec les yeux quand une personne parle, afin qu'ils sachent ce qu'ils partagent avec vous est important.

■ Laissez les gens parlent, ne les interrompt pas.

■ Cherchez des moyens d'encourager ou de soutenir les gens que vous rencontrez.

Conseils pour guider la conversation:

■ Présentez-vous.

■ Demandez ce qu'ils pensent à travers les choses, ou ce que les choses les concernent.

■ Si vous pourriez demander de prier pour eux.

Conseils pour votre attitude:

■ Sortez avec foi que Dieu travaille déjà dans la vie du peuple vous pourrez rencontrer et approcher les gens et les maisons en toute confiance.

■ Vous allez prier sans cesse. Dieu va devant vous!

■ Attendez à l'inattendu.

■ Attendez des gens qu'ils veulent partager sur leur vie.

C'est bien si les gens ne veulent pas parler. Respectez une personne s'ils ne veulent pas répondre ou sont méchants. Si les gens ne veulent parler d'être prêt à écouter. Leurs paroles sont la chose la plus importante!

Lorsque les groupes reviennent de leurs groupes et d'assembler en un seul, leur faire partager sur Leurs expériences, comment ils se sentaient, et ce qu'ils ont appris. Priez ensemble pour un coeur humble qui se soucie des gens.

Référence: http://www1.salvationarmy.org/ihq/www_sa.nsf/766d2187c97e6bf180256cf4005d2284/ fdb5578e5e1a3c9280256f0e004aed0e/$FILE/mission_in_community-lr.pdf

AFFECTATION

1. Écrivez le nom de la personne a étudié dans la Bible, la direction de la qualité de caractères

2. ciblée (avec sa définition) et le verset clé dans votre journal.

3. prendrez l'occasion pour donner tout au Seigneur pour servir les autres d'une manière nouvelle cette semaine.

4. Lisez Exode 16-18 en préparation pour la semaine prochaine.

12   MOÏSE-PARTIE 2

ENDURANCE:

Fidelité à la tache que Dieu m'a donné quelle soit la dificulté.

ENGAGEZ!

CULTE

Écriture Suggérée: Luc 21:19, Rom. 5:3-4, Rom. 15:4, 2 Cor. 6:4, Col. 1:11, Héb. 10:36, Heb. 12:1, Rev. 2:2, 3:10, 13:10.

Chansons suggérées: Jésus, Agneau de Dieu

ACTIVITÉ DE MOTIVATION

Choisissez l'une des options suivantes:

- Montrez une photo de quelqu'un "multi-tâches" ou décrit un berger ou d'autre personne Qui a beaucoup de responsabilités: mari, père, Responsabilités de l'église, responsabilités de travail, responsabilités de la communauté, etc. Imaginez comment je ressent. Connaissez-vous quelqu'un comme lui? Avez-vous des conseils pour lui?

- Demandez aux élèves de dramatiser un événement de la lecture Assignée dans l'Exode 16-18.

OPTION D'ACTIVITÉ

FORUM MULTI- TÂCHES

Matériels: Dessin animé ou photographie ou autre similaire, illustrations, élargie ou dupliqués multi-tâches.

Photos exemples
http://www.ineedmotivation.com/blog/2009/07/essential-habits-for-tackling-multitasking ou les cherche sur Google " Multi demandé"

Instructions:

1. Montrez aux élèves un élargissement de la bande dessinée ou la photographie.
2. Demandez l'une des questions suivantes pour commencr a obtenir la discussion:
   - ► Que faut-il essayer de faire pour comparaître les différentes tâches de cet homme?
   - ► Si vous étiez ce gars-là, que penseriez-vous?

> ► En quoi vous faites la multi-tâche?

> ► Quelles sont vos pensées sur les multi-tâches? Est-elle bonne ou mauvaise?

> ► À votre avis, quels sont les avantages et les inconvénients de multi-tâches?

> ► Quelles pourraient être les effets à long terme de multi-tâches?

> ► Est que les multi-tâches ont une compétence importante pour un dirigeant chrétien? Expliquez votre réponse.

> ► Quelle abilité (s) pourrait être la plus importante que les multi-tâches en vertu dans Certaines circonstances?

Références: R Gregory Summers Official Website, Too Many Fires, 19 October 2013 à l'adresse http://rgregorysummers.com/tag/multitasking/

EXPLOREZ!

ÉCRITURE DE PASSAGE(S): Exorde 18:13-26, 32, Nombres 12, Deuteronome 31:1-8

VERSET CLÉ(S): Exorde 32:11-14

ÉTUDE DE LA BIBLE

1. Demandez aux élèves de résumer brièvement ce qu'ils ont appris de leurs lectures affectées. Focus sur Exode 18: 13-26: stratégie pour l'endurance Qu'est-ce que Moïse a Suggéré le père-frère? Comment pouvons-nous appliquer à notre propre rôle en tant que leaders?

2. Ex. 32: lecture à travers le passage à familiariser tout le monde avec l'histoire.

   ■ Temps de rappel lorsque, comme un chef de groupe, vos membres ont fait le contraire de ce que vous attendiez d'eux.

   ■ Discutez sur l'endurance fidèle de la Loi de Moïse et le fardeau pour les Israélites malgré leur état de péché devant Dieu.

   ■ Si vous étiez Moïse, que feriez-vous ressenti quand vous avez vu les atrocité que vos gens faisaient. Avez-vous déjà ressenti un fardeau Parmi vos amis ou vos proches vivant que vous voyez vie destructrices? Avez-vous faire quelque chose? Quels sont les efforts avez-vous fait pour les aider?

   ■ Partagez le moment où vous êtes venu à l'aide de Dieu et priez "en faveur" d'un ami ou un proche.

3. Nombres 12:. Lisez-à travers le passage ou de résumer et familiariser tout le monde avec l'histoire.

   ■ Laissez les étudiants de partager de temps quand ils ont estimé être "Opposé" par Leurs proches sur Leur foi ou les convictions.

   ■ Comment se sent Quand les gens vous semblent repousser Lorsque vous essayez les aider?

   ■ Mise au point 13: Discutez la plaidoirie de Moïse pour Miriam. Est-ce que vous pouvez faire le même que Moïse?

4. Rappelez-vous les histoires et discutez comment on peut sentir encore plus s' il est immergé dans de telles circonstances.

   ■ Leadership implique fidèle endurance en dépit de l'opposition de ceux nous menons. Quelles valeurs peuvent être prises à partir de l'exemple que Moïse a discuté dans les histoires?

■ Parlez de la pertinence de l'émission, "ni par la force ni par la force, mais par mon Esprit dit le Seigneur "(Zacharie 4: 6). Fidèle à l'endurance. Qu'est-ce que la foi en Dieu a à voir avec être fiable pour supporter les défis d'une responsabilité?

5. Deut. 31: 1-8: Moïse avait maintenant enduré 40 années comme le leader des Israélites. Une grande partie de ce temps, j'avais un jeune aide ou un apprenti: Josué. Parlez de l'importance d'avoir un «partenaire» sur être un leader.

■ Un bon leader est un bon mentor. Un bon mentor "se termine bien» et laisse une bon exemple pour les autres à suivre. Discutez cela.

■ Parlez pourquoi Moïse a dû passer son leadership à Josué.

■ En tant que leader chrétien, Comment est-il important pour des disciples d'activer quelqu'un d'autre?

OPTION D'ACTIVITÉ

ORGANIGRAMMME

Matériels: Manille papier, plumes, marqueuers

Instructions:

1. MontreZ aux élèves Les exemples d'organigrammes.

2. Divisez les élèves en groupes de deux ou trois.

3. Dans la lecture Assigné dans L' Exode 18, chaque groupe de créer un organigramme montrant le plan de Jethro pour pouvoir les Israélites. Demandez aux groupes de finition aussi que dessiner d'abord un graphique montrant ancienne méthode de Moïse de leadership.

4. Demandez aux groupes de partager leurs cartes avec le groupe entier.

5. DemandeZ comment les structeurs de direction de Jethro et Moïse de comparer avec la structure de direction du groupe de l'église ou de la jeunesse. Qu'est ce qu'ils peuvent apprendre sur le leadership du plan de Jethro?

* Google organigramme, ou demandez une copie de votre église un tableau organisationnel pour les échantillons.

LA QUESTION DE WEB

Matériels: Tableau noir, tableau blanc ou grande feuille de papier; instruments d'écriture.

Instructions: Dessinez un grand cercle au centre de la carte ou du papier. Dans le cercle écrivez la question: Pour quelle Raison Jethro conseille à Moïse de changer Sa méthode le leadership?

Tracez des lignes rayonnant à partir du cercle. Demandez la réponse des étudiants dans leurs propres mots et les écrivent sur les lignes.

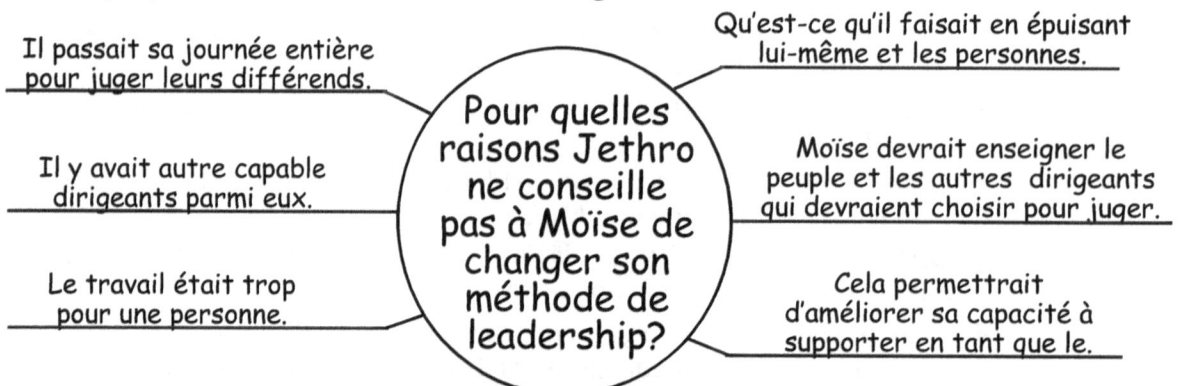

Il passait sa journée entière pour juger leurs différends.

Qu'est-ce qu'il faisait en épuisant lui-même et les personnes.

Pour quelles raisons Jethro ne conseille pas à Moïse de changer son méthode de leadership?

Il y avait autre capable dirigeants parmi eux.

Moïse devrait enseigner le peuple et les autres dirigeants qui devraient choisir pour juger.

Le travail était trop pour une personne.

Cela permettrait d'améliorer sa capacité à supporter en tant que le.

Références: Debbie Miller, lecture de sens: enseignement de Compréhension dans les classes de primaire (Portland, Maine: Stenhouse Publishers, 2002), 131.

CHRONOLOGIE

Pendant les 40 ans que Moïse a conduit le peuple d'Israël, il étais l'agent de liaison (intermédiaire) entre Dieu et le peuple. Dieu a donné Sa Loi et les instructions pour un nouveau mode de vie directement à Moïse, après il a transmis fidèlement cette information aux personnes. Les réponses positives des personnes étaient toujours à court et bientôt Longévité de la vie, ils murmuraient ou désobéissaient à nouveau. Moïse a enduré Jusqu'à ce que Dieu a terminé sa mission et il a transféré Son leadership à Josué.

▶ Ajoutez la qualité et la définition de caractère d'aujourd'hui sur la chronologie.

EXPÉRIENCE!

ACTIVITÉS D'APPRENTISSAGE

Si les jeunes sont impliqués dans les présents responsabilités dans l'église, à l'école ou même à la maison, demandez-leur de lister les problèmes réels et les défis auxquels ils sont confrontés et leur permettre de partager les moyens de surmonter, l'utilisation ou l'application des principes appris de l'expérience de Moïse. (Si le temps est limité, permettez à des volontiers de partager les idées, ou imitez les participants à un certain nombre .) Prévoyez du temps pour qu'ils prient pour l'autre.

APPLICATION PERSONNELLE

1. Dans votre journal, écrivez toutes les responsabilités que vous avez. Quels sont vos charges et vos contraintes? Avez-vous appris des stratégies pour l'endurance que vous "pouvez appliquer à votre situation?

2. Lorsque les choses se corsent, de nombreux dirigeants abandonnent. Ils trouvent un autre groupe pour mener, en espérantque les choses vont mieux, ou Ils sortent des rôles de leadership. Qu'avez-vous appris de l'exemple de ce que «Moïse peut appliquer à votre propre vie? Ecrivez à ce sujet dans votre journal.

OPTIONS D'ACTIVITÉ

EXPOSITION MOÏSE

Matériels: Variété en fonction du choix des étudiants: fournitures d'art, appareil photo, costumes, matériel d'écriture, etc.

Instructions: Les étudiants travaillent individuelmente, en couples ou en petits groupes en fonction de leurs intérêts. Permettez-leur de choisir parmi les suggestions suivantes ou inventent leurs propres moyens de démontrer ce qu'ils ont appris dans le développement sur Moïse comme un chef de file. Leurs projets doivent montrer la progression dans la croissance en tant que leader ou la perception des étudiants sur Moïse au cours des deux leçons.

▶ Créyez une série de dessins ou de peintures.

▶ Prendrez une série "Avant et Après" instantanés en utilisant une caméra et les camarades de classe en costumes pour dépeindre Moïse dans les situaciones. Sa croissance en tant que leader.

▶ Écrivez un poème ou une chanson sur Moïse.

▶ Écrivez un court essai qui montre comment vos pensées sur Moïse qui a changé ou élargi comme vous avez appris plus sur lui.

Encouragez les élèves à partager leurs projets avec l'autre et de la famille de l'église.

PRIÈRE D'INTERVENTION

Instructions: Permettez aux élèves le temps de partager des requêtes de prière spécifiques liés à leurs ministères et de la croissance en tant que leaders. Inscrivez-les sur la carte. Demandez à chaque étudiant de prier pour quelqu'un d'autre. Ensuite, demandez-leur de partager leurs préoccupations pour les amis et membres de la famille qui ont des vies qui vivent ou destructrices que les chrétiens apportent la honte pour le nom de Jésus par leur comportement. Liste originale ainsi, mais n'oubliez pas de discuter sur l'importance de la confidentialité dans le groupe et la bonne attitude devrait avoir intercédé. (Remarque d'exemple d'humilité de Moïse.) Cette fois vous prié chacun à haute voix à la personne (s) ils ont mentionné Eux-mêmes.

Note à l'enseignant:

Il peut sembler temps plus confortable ou efficace de permettre aux étudiants de prier en silence ou «style coréen" (tout en priant à haute voix à la fois) mais il ya un grand avantage à apprendre de prier à haute voix dans un groupe et d'encourager en audience et les autres prient pour vous . C'est une bonne occasion d'apprentissage par les pairs et la croissance, afin d'enncourager une période prolongée dans la prière de l'entreprise.

AFFECTATION

1. Écrivez le nom de la personne a étudié dans la Bible, la direction de goudron de la qualité de caractères (avec sa définition) et l'aspect clé dans votre journal.

2. Recherchez une occasion d'encourager quelqu'un dans le domaine de l'endurance cette semaine.

3. Lisez Nombres 13 et 14 en préparation pour la semaine prochaine.

13 CALEB

OPTIMISME:

Confiez dans la bonté de Dieu en dépit des circonstances négatives.

ENGAGE!

CULTE

Écritures Suggérées: Psaumes 27:1-3

Chanson Suggérée: La bataille appartient au Seigneur

ACTIVITÉ DE MOTIVATION

Proposez quelques mauvaises circonstances qui peuvent produire dans la vie de l'un et sollicitez des réponses à les étudiants sur comment y faire face (donnez au moins trois exemples). Discutez des réponses de l'élève par rapport à la qualité de «l'optimisme», comme un moyen d'introduire le sujet à discuter.

OPTIONS D'ACTIVITÉ

UNE TOUCHÉE D'OPTIMISME

Matériels: Puto-Seco polvorón ou plusieurs pièces ou packs, Selon la façon dont beaucoup de joueurs participeront.

Instructions:

1. Divisez les élèves au moins en 2 groupes concurrents. Demandez à chaque équipe de choisir parmi leurs membres qui est le plus optimiste (en général). Ne révélez pas encore le produit alimentaire.

2. Demandez aux représentants choisis de tenir devant leurs coéquipiers et donnez à chacun d'entre eux de cinq à dix morceaux de polvoron ou port sec.

3. Dites-leur que l'objectif est de mettre une pièce dans leur bouche et mâcher (mais pas avaler) pour un peu tout en criant "Nous sommes les meilleurs Parmi le reste!" Après ils l'ont fait, dites leur d'ajouter un autre morceau du casse-croûte, toujours sans l'avaler, et essayez à nouveau à crier les mots.

4. Demandez aux représentants combien de collations qu''ils pensent qu'ils peuvent garder dans leur bouche et être toujours fiable pour crier la déclaration.

5. Dites-leur d'ajouter une autre pièce du casse-croûte à chaque fois avec succès qu'ils crient la déclaration. Le représentant avec le plus collations dans sa bouche tout en disant fiable pour audible "Nous sommes le meilleur parmi le reste!" gagne.

Discussion:

- Demandez aux membres du groupe d'abord pourquoi ils ont choisi Leurs respectifs représentant tants. Pourquoi pensent-ils que la personne est optimiste?

- Demandez aux représentants sur comment ils ressentaient lorsque le défi étaitPrésenté. Est-ce qu'ils étaient positifs qu'ils pourraient gagner?

- Comme les représentants nouveau sur leurs réflexions initiales sur combien collations qu'ils mettent dans leur bouche et pourraient comparer au nombre de collations qui étaient fiable à manipuler.

■ Présentez la leçon en disant que l'optimisme est dans un avis d'attitude positive pour faire face à des tâches apparemment difficiles.

Référence: Adapté sur "je suis le meilleur" jeu sur http://games4youthgroups.com/ jeu de concours/I-am-the-best.html

IMAGES DE L'ESPOIR ET DE LA PEUR

Matériels:

Plusieurs images qui sont en contact, en inspirant l'espoir ou dépeignant en quelque sorte
Plusieurs images qui ont l'air sombre, triste et désespéré

■ Ceux-ci peuvent être prises à partir d'Internet ou de publications d'impression: comme les journaux et les magazins. Par exemple:

▶ un magnifique coucher de soleil / paysage paisible de recherche

▶ Au cours d'une opération de sauvetage d'un accident ou d'une catastrophe naturelle.

▶ personnes réconforté à l'autre

▶ une ville déchirée par la guerre où tout est fait sauter, avec des cadavres et les pleurs des personnes et des soldats partout, et d'autres images était

▶ images du pouvoir du peuple (le tout premier)

▶ une personne sur un lit d'hôpital, l'air très malade ou grièvement blessé (Peut être une personne seule avec un parent ou à proximité)

▶ un athlète ,: comme un coureur dans le milieu d'une course à la recherche ou est déterminée de fatigue, mais toujours en cours.

▶ images d'un lieu ravagé par des catastrophes naturelles comme les typhons,tremblements de terre, etc.

Instructions:

1. Mélangez les images afin que les images d'espoir et de désespoir ne montera en séquence.

2. Pour chaque image, obtenez des réactions et des réflexions initiales de l'élève. Demandez-leur ce que l'image fait sentir.

   • Pour les photos de guerre, de catastrophe, et de maladie, demandez «pensez-vous qu'il ya de l'espoir pour cette personne / peuple"

3. Après que toutes les photos ont été montré, demandez s' ils pensent que Dieu travaille toujours dans le milieu de désespoir et dans la situation tion plus difficile.

4. Demandez aux étudiants la situation dans laquelle ils se trouvent le plus facile de faire confiance à Dieu pendant les périodes difficiles ou de bons moments.

EXPLOREZ!

ÉCRITURE DE PASSAGE(S): Nombres 13:25-14:10; Josué 14:6-14

VERSET CLÉ(S): Nombres 14:6-9

ÉTUDE DE LA BIBLE

1. Nombres 13: 26-30: Notez l'encouragement 30 personnes par Calerbe. J'ai vu cela a obligé les bonnes choses des autres espions qui avait déjà dit plus tôt dans le passage.

   Le contexte du passage est le moment où les Israélites étaient dans la revendication de la Terre Promise (les élèves devraient avoir lu cela avant la classe.) Discutez comment les Israélites auraient pu avoir des sentiments mitigés d'excitation et de peur. Ils étaient excités finalement d'entrer dans la Terre Promise, et pourtant ils ont peur actuellement parce que la terre a été habitée par des hommes forts.

- ■ Laissez les élèves à partager à propos d'une tâche très difficile qui semblerais accomplir, et les gens étaient un peu sceptiques dans la continuité à travers elle. Comment avez-vous répondu à la situation? Avez-vous exprimé vos doutes, ou essayez d'être plus encourageant?
- ■ parlez des moyens d'encourager et de racontez des histoires sur eux.

2. Nombres 13: 31-14: 4: Discutez combien fois les Israélites ont réagi après qu'ils connaissent les Cananéens.
    - ■ Parlez de l'effet de "bancaire" pensées négatives en période de grande préssurer ou de stress. Qu'advient-il du moral du groupe lorsque Tout le monde parle sur le côté négatif d'une situation?
    - ■ Laissez étudiants partagent quand ils pensaient «Vais-je / nous sommes capable de passer à travers cela?"

3. Num 14: 5-10: Même Moïse et Aaron rejoignent les Israélites dans l'expression de la douleur de la situation. Malgré la consternation des dirigeants, Josué et Caleb ont resté positif.
    - ■ Remarquez ce que Josué et Caleb ont fait avant de parler au peuple. Pourquoi ils doivent arracher leurs vêtements avant de parler? Qu'est-ce que cela montre?
    - ■ Mettre l'accent sur les versets 8-9: Parlez de ce que les versets disent par rapport à l'optimisme. Quelle devrait être la source ou la motivation d'optimisme? Partagez les idées sur les versets.
    - ■ Pourquoi les gens ne pensent pas pour lapidé Josué et Caleb Malgré l'encouragemen ils ont donné?
    - ■ Qu'est-ce que Dieu veut que les gens réalisent dans le verset 11?

4. Josué 14: 6-8: Remarquez comment Caleb était différent du reste des Israélites. Remarquez que j'ai rapporté selon Ses propres convictions. Je n'ai pas signalé de manière positive pour le bien tout simplement de rendre les gens se sentent bien. Discutez comment le Seigneur de tout cœur à liée à l'optimisme.

5. Josué 14: 8-10: Quel a été le résultat de l'optimisme de Caleb et l'obéissance sans réserve? Discutez plus sur la connexion entre l'optimisme, la foi et l'obéissance du bon cœur.

6. Comment aider à diriger l'optimisme? Parlez sur l'importance de l'optimisme dans le leadership Chretien.

CHRONOLOGIE

Même si Caleb et Josué a apporté un bon rapport et ils ont encouragé le peuple à obéir à Dieu, ils ont encore souffert certaines conséquences au nom de leurs compatriotes. Oui, Leur récompense était seul qu'ils étaient autorisés la la génération à entrer dans la terre promise, mais c'était après 40 ans de "Errant dans le désert"! Pendant ce temps, la foule a désobéit à mort et la jeune génération est arrivée à échéance. "La formation de désert» de Dieu a payé quand il était temps d'entrer dans la Terre promise une seconde fois. Cette génération a eu ses leçons apprises et était prêt à prendre la lourde tâche de conquérir les peuples occupant.

- ■ Préparez un petit symbole pour représenter Caleb: comme une grappe de raisin, et attachez à côté du symbole de Moïse.
- ■ Dessous de la ligne, écrivez optimisme et sa définition.

EXPÉRIENCE!

ACTIVITÉS D'APPRENTISSAGE

Préparez un certain nombre de déclarations (Ils pourraient communément entendre des choses) en lisant à haute voix. Demandez aux élèves d'identifier l'identité s'ils reflètent une attitude de pessimisme ou d'optimisme. Comment les déclarations d'optimistes peuvent être faites?

(Vous faites ceci ou choisissez parmi d'autres options de l'activité)

OPTIONS D'ACTIVITÉ

LE CÔTÉ BRIQUET

Instructions:

Préparez une liste de Situaciones négatives qui requièrent l'optimisme. Le suivant peut être utilisé:

- Votre téléphone cellulaire a vu arraché juste après le chargement Avec 300 gourdes.
- Votre copain / copine a rompu avec vous pour une autre personne.
- La vacance prévue de longue date prévue et elle a été annulée pour une raison de tempête.
- Votre professeur a donné un projet de grand groupe pour vous aider à passer. Divisez en groupes de 5. Dans le train de faire le projet, trois membres de votre chair malades de la grippe. Vous avez quelques jours disponibles seulement à gauche avant la date limite.
- Votre allocation doit être réduite En raison de la situation financière de votre famille.
- Vous venez de transférer une nouvelle école, ou juste commencé dans un nouveau emploi et vous ne sentez pas comme vous ne appartenez pas.

Écriez les scénarios de bandes de papier et les plier. Mettez-les dans un récipient où les étudiants peuvent dessiner plus tard.

Activité actuelle:

1. Passez le récipient dans les bandes de papier et laissez chacun à dessiner un glissement.
2. Laissez aux élèves de lire la situation qu'ils ont attiré et laissez-les penser pendant un certain temps.
3. Demandez à chaque élève à propos comment il ou elle peut faire face à la situation avec l'optimisme, et laissez-les penser à ce côté le plus léger qu'il pourrait être.

PESSIMISME - ÉCHELLE OPTIMISME

Matériels:

<u>Pour la version détaillée:</u>

Papier couleur ou des couleurs contrastées de brisol -- 2: comme le noir et blanc, rouge et bleu, jaune et rouge, etc.; Coller ou de la colle; Cutter

Pour la version déttaillée:

Craie et tableau; ou un tableau blanc et un marqueur.

Instructions:

Préparation:

Pour l'échelle detaillée:

1. Coupez les morceaux de bristol dans les formes suivantes:
    ▶ Deux cercles, une lumière et l'autre de couleur foncée.
    ▶ Une longue bande (environ 24 pouces de long, un pouce ou deux pouces d'épaisseur)
    ▶ Un petit rectangle

les rapports des formes sont les suivants: *(ce n'est pas la taille réelle, mais il ne montre comment la taille des formes des uns compare aux autres)*

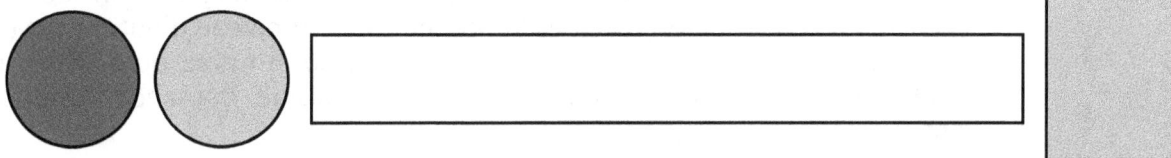

2. Dessinez un smiley sur le cercle de couleur claire et un visage triste sur le cercle de couleur sombre.
3. Mettez les lignes et les numéros sur la bande pour la mesure, comme celle d'un souverain. Elle peut être de 1 à 10, fonction de la longueur de la bande.
4. À l'aide d'un couteau, coupez deux fentes parallèles sur le petit rectangle, comme ceci:

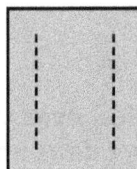

5. Insérez la bande dans les fentes, comme flambage d'une ceinture. De cette façon, le rectangle peut se déplacer le long de la bande.
6. Collez ou collez le cercle de smiley sur l'extrémité droite de l'échelle; le cercle triste à l'autre extrémité.

    Voilà ce que qu'il pourrait ressembler:

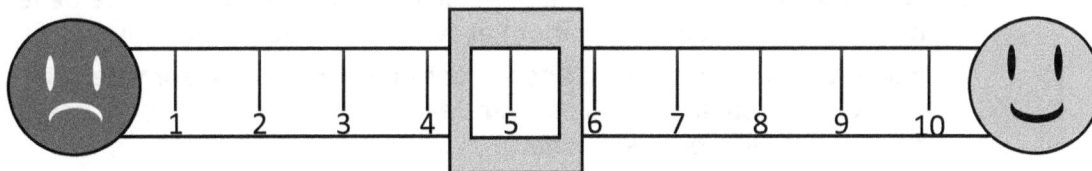

    * Si il n'y a pas de temps pour faire cela, ou pas de ressources disponibles, juste attirez l'échelle sur la carte.

7. Liste de plusieurs domaines de la vie de chaque adolescent dans lequel ils peuvent mesurer leur niveau personnel d'optimisme, en fonction de leur état actuel les domaines Suivants qui sont suggérés:.
    • La vie spirituelle
    • Les relations avec la famille (ce qui peut être plus détaillées, comme la mère, père, sœur, frère, etc.)

- Relation avec des amis
- L'avenir, ou pour les choses à venir dans les prochaines années
  - Comme la vie après l'école secondaire, après le collège, l'avenir de votre carrière, etc.

Activité réelle:

1. Affichez l'échelle ou dessinez sur le tableau et expliquez le visage triste qui signifie pessimisme, tandis que le smiley est l'optimisme. Dites-leur qu'il est une échelle qu'ils vont utiliser pour mesurer leur niveau d'optimisme ou de pessimisme sur certains domaines de leur vie à l'heure actuelle.

2. Utilisez la liste préparée et évaluez sur une certaine zone dans la vie de chaque élève. S' il ya beaucoup d'étudiants, vous pouvez choisir plusieurs à participer et à partager pourquoi ils se sont classés comme tels.

3. Après avoir parcouru la liste, laissez l'étudiant au sujet d'un certain souci ou problème qu' ils sont confrontés et évalués honnêtement leur niveau d'optimisme (les choses vont passer bien par la suite) à l'heure actuelle. Après notez, qu'ils disent pourquoi ils sont dans un tel niveau d'optimisme ou de pessimisme. Demandez-leur pourquoi ils ont évalué de cette façon.

4. Terminez l'activité en lisant et en discutant Romains 8:28, 31, ce qui représente à propos de la promesse de Dieu concernant l'avenir de chaque chrétien.

   * Si le temps est très limité, vous pouvez concentrer sur leur optimisme ou de pessimisme au sujet de leur avenir, alors tout se rapporte au verset mentionné.

APPLICATION PERSONNELLE

Pensez à vos circonstances actuelles. Avez-vous eu le sentiment Négatif sur eux ou quelque chose que vous devez faire dans un avenir proche? Lisez Rom. 08:28, 31. Posez les questions originales et écrivez les réponses dans votre journal: Qui a vraiment contrôle de la situation? Qu'est ce que Dieu peut apporter pour elle? Est - elle une opportunité pour la croissance? Comment puis-je coopérer avec ce que Dieu fait?

AFFECTATION

1. Écrivez le nom de la personne a étudié dans la Bible, le caractère de leadership la qualité ciblée (avec sa définition) et le verset clé dans votre journal.

2. Recherchez une occasion d'encourager une personne pessimiste cette semaine. Lis-dix Avec compassion, mais essayer de les aider "voir le bon côté des choses» et faire confiance à Dieu pour son aide.

3. Lisez Josué 1 et 3 comme arrière-plan de la leçon de la semaine prochaine.

14 JOSUÉ

FIDELITÉ:
Le respect des engagements à mon Dieu et les autres.

ENGAGE!

CULTE
Écritures Suggérées: 1 Jean 2:15-17
Titres Suggérées: Prends Ma Vie

ACTIVITÉ DE MOTIVATION
Poste ou écriture (en grosses lettres) le mot «katapatan". Demandez aux élèves comment ils voulaient

définir le mot. Ils pourraient utiliser des exemples ou des histoires à expliquer.

OPTIONS D'ACTIVITÉ ■ ■

MAIGRE SUR MOI

Instructions: Demandez à chaque personne de trouver un partenaire et de présenter un peu plus que la longueur d'un bras face à l'autre en dehors. Demandez aux jeunes de se dégourdir les bras devant eux avec leurs paumes vers l'avant. Tout en gardant Leurs corps aussi droit que possible et leurs pieds en place, ils tombent en avant, rattrapez de l'autre par les paumes de leurs mains. Maintenez des paires dans cette position pendant un moment, puis une poussée hors, donc ils retournent à la position debout. L'enseignant doit volontairement rendre les paires. Maintenez cette position pendant un certain temps, par exemple, jusqu'à 5 minutes pour voir dans quels paires qui donne et dure le plus longtemps.

Après l'activité, posez les questions de discussion suivantes:

1. Que fait le plus longue paire durable pour réussir?
2. Comment avez-vous le sentiment que vous penchz vers votre partenaire?
3. Qu'avez-vous appris de cette activité ?

Adapté de la source:
Rydberg,Denny."TrustBuilders." Group Publishing Inc.,Loveland, Colorado 1993 p.38

MON HÉROS

Matériels: Écriture et colorier outils, papier

Instructions: Après avoir discuté avec les élèves sur la vie de Josué, Soulignez la qualité de caractère de la fidélité, chaque élève pense à un héros biblique qui a montré que la vie de Josué est illustré par la fidélité. Laissez-les de faire au moins un poème 2-strophe ou une chanson. Laissez les écrire sur le papier obligatoire et faire des dessins à ilustrer ou décorer.

EXPLOREZ!

ÉCRITURE DE PASSAGE(S): Josué 23, 24:14-16

VERSET CLÉ(S): Josué 24:15-16

ÉTUDE DE LA BIBLE

1. Comme toile de fond, lisez Deutéronome 31: 7-9 Moïse passe le relais de leadership à Josué, en lui commandant de conduire le peuple. Discutez en profondeur de la lecture de la leçon cette semaine (Josué 1 et 3). Quel était l'immensité et l'intimidité de Cette tâche que josué avait devant les Israélites? Quelle a été répétée l'encouragement de Dieu à Josué au chapitre 1? (Soyez forts et courageux)

2. Lisez Josué 23: 1-8: Josué a maintenant accompli la tâche que Dieu lui avait fidèlement donné à faire, et Dieu a est fidèle dans sa promesse de donner la terre. Or Josué parle au peuple. Discutez de ce versets 6-8 parlez su la fidélité. Qu'est-ce que cela signifie être fidèle à Dieu? (Voir le Verset clé:. Josué 24: 15-16)

   ■ Aujourd'hui, les gens sont friands de trouver «zones grises» en tout. Partagez les pensées à propos de cette vision du monde, que c'est correct de rester dans le milieu du bien et du mal, qu'il n'y a vraiment aucun côté absolu.

   ■ Qu'est ce qui peut conduire à trop de compromis? Pensez-vous que la fidélité a toujours commencer par les gens d'aujourd'hui?

   ■ Quelle est la vision chrétienne du monde quand il s'agit de la fidélité? Est-ce que notre foi Encourage le compromis avec le monde? Voir 1 Jean 2: 15-17.

3. Josué 23: 9-14: Pourquoi Josué a dû rappeler aux gens ce que Dieu avait fait pour eux? Qu'est ce que cela nous dit sur la fidélité de Dieu?

   ■ Nous devons répondre à la fidélité de Dieu par notre fidélité:

   ■ Essayez de pesager la fidelité la plus fidèle entre vous et Dieu. Discutez

   ■ comment notre fidélité doit être notre réponse à la fidélité de Dieu.

   ■ Remarquez comment Josué était apparemment essayé de convaincre les gens à se tenir à Dieu n'importe quoi. Pourquoi était-il si concerné?

   ■ En quoi l'exemple de Josué montre t-il une caractéristique importante d'un Leader chrétien?

4. Demandez et discutez: Ikaw ba ay isang isang Taong mai salon? (Êtes-vous une personne qui croit à votre parole?)

   ■ Parlez de ce que vous avez commis ou attendu à engager. Comment affichez ou exprimez votre engagement?

   ■ Comment la fidélité est importante dans les relations? Quelles relations exigent dans le plus haut degré de la fidélité?

CHRONOLOGIE

Josué était un grand leader. , Même s'il y avait onze ans trompés en compromettant dans l'un des groupes qui peuplent la terre (Jos. 9), il a toujours fait de son mieux pour obéir aux commandements du Seigneur et de garder les engagements qu'il avait fait. La semaine prochaine, nous verrons dans la leçon sur la façon dont Josué a gardé Rahab un autre engagement.

▶ Préparez un petit symbole ,: tel que la corne d'un bélier, pour représenter Josué et la place juste à côté du symbole de Caleb,

▶ Ecrivez la fidélité et sa définition en dessous du seuil.

EXPÉRIENCE!

ACTIVITÉ D'APPRENTISSAGE

Remue-méninges avec la classe: en utilisant Josué comme un exemple, comment pouvez-vous appliquer la fidélité dans l'accomplissement de vos responsabilidades ou conduisant les ministères de l'église? Nom des membres de l'église ou d'autres que vous avez observé que les dirigeants et les travailleurs fidèles de l'église. Lequel est un bon exemple pour vous de suivre?

OPTION D'ACTIVITÉ

FIDÈLE JUSQU'À LA FIN

Matériels:

> paille (pour attacher)
> bouteilles de boissons gazeuses
> bandeaux
> petits jetons en guise de prix

Instructions: Laissez les élèves à choisir un partenaire. Un étudiant devrait être les yeux bandés (aveugles) et les jambes de l'autre devraient être liés ensemble (boiteux). Ils Doivent entraider d'aller autour d'une chaise et de retour à la ligne de départ sans tourner sur les bouteilles qui servent comme des obstacles. Toutes les paires devraient faire la tanément de la course qui mettent l'accent, mais le but n'est pas d'être le premier à terminer mais pour aider l'autre à finir la course en dépit des obstacles. Le «boiteux» Faut-il servir de «aveugle» les yeux, et l' "aveugle" Si l'un à soutenir l'autre "boiteux" avec ses pieds forts. Tous ceux qui sont fiables pour terminer devraient recevoir un prix.

Questions de discussion:

1. Selon vous, quelle est le plus difficile: trouver votre chemin et terminer la course par vous-même, en dépit de votre handicap ou terminer la course avec une autre personne handicapée?

2. At-il été difficile d'imaginer pour terminer la course? Pourquoi?

3. Dans la vraie vie, il fut un temps vous avez manqué de soumettre une de votre promesse ?

4. Est-ce queVous avez eu un moment où quelque chose que vous avez promis à Dieu et vous n'avez pas à le remplir?

5. Que pouvez-vous faire pour rendre à cette personne ou à Dieu?

SOURCE: Adapté de la source:
Rydberg, Denny. "Publishing Group Inc.« constructeurs de fiducie, Loveland, Colorado 1993.

APPLICATION PERSONNELLE

Pensez à une personne dans votre église qui est un bon exemple pour vous de suivre. Si vous n'avez pas déjà un menteur, considérez cette personne en demandant de vous diriger dans son domaine du ministère.

AFFECTATION

1. Écrivez le nom de la personne a étudié dans la Bible, la direction de la qualité de caractères ciblée (avec sa définition) et le verset clé dans votre journal.

2. Lisez Josué 2 et 6 en préparation de la leçon de la semaine prochaine.

15 RAHAB

PRENDRE DE RISQUES:

Volonté de risquer à dangers terrestres pour des récompenses éternelles.

ENGAGE!

CULTE

Écritures Suggérée: 1 Thes. 2:1-4

Chanson Suggérée: Je Commence Avec Ma Douleur

ACTIVITÉ DE MOTIVATION

Dites aux élèves l'histoire de ce qui est arrivé avant les États-Unis a chuté de la bombe nucléaire sur Hiroshima: Le jour avant l'attentat prévu, les Etats-Unis ont distribué des milliers de notices d'avertissement des gens sur la destruction à venir et qu'ils doivent quitter la ville. Malheureusement, très peu ont pris au sérieux les avis. Le reste est mort dans l'explosion ou de la radiothérapie.

■ Imaginez vous avez vécu à Hiroshima et étiez le seul dans votre quartier pour recevoir l'un des avis. Que feriez-vous?

■ Si vous, en tant que leader chrétien, avez des informations importantes, sauver la vie de votre famille, des voisins ou d'une nation, que feriez-vous?

OPTIONS D'ACTIVITÉ ■ ■

SKIT DE MOTIVATION

Instructions:

1. Préparez l'introduction de l'activité avec deux étudiants qui sont qualifiés dans l'action. L'un reviendra dans la salle de classe, de fason urgente vous allez essayer de converser entre vous et la classe tous ce que vous avez besoin pour laisser un endroit plus sûr sur la base des informations contenues dans l'avis imprimé. L'autre sera très sceptique sur les nouvelles et la nécessité de faire quelque chose. Voyez l'exemple de script:

Étudiant A: (Rushes à entrer dans la salle de classe en toute urgence): Maître! Maître! Devinez quoi!J'ai entendu que super-typhon frappera Manille (ou de la zone locale) demain!

Enseignant: Vraiment? j'ai Aussi entendu parler sur de nombreuses personnes nouvelles hier.

Étudiant B: Vous plaisantez? Ce n'est pas vrai. Ne le croyez pas.

Étudiant A: Non, c'est vrai! Regardez cet (avertissement de spectacle imprimé). Il existe de nombreux avertissements de ce genre en dehors. Nous devons aller à un endroit sûr ce soir!

Étudiant B: Ne me faites pas rire! Voici à Manille, nous sommes en sécurité. Nous n' avons pas besoin de se déplacer à un autre endroit. Où irions-nous, de toute façon? Imaginez, tout le monde à Manille ...

Enseignant (se tourne vers la classe): OK, qu'est ce que vous pensez sur cela? Que pensez-vous que nous devrions faire.

2. Demandez au reste de la classe pour montrer leur décision, soit en se tenant debout avec Étudiant A ou B.

3. Lorsqu'illes ont fait un stand avec un ou l'autre, leur demander pourquoi ils ont choisi comme ils le faisaient et discutez de ce que cela signifie être un preneur de risque.

4. Permettez-leur de retourner à leur place, puis racontez la vraie histoire de ce qui est arrivé avant les États-Unis a jeté la bombe nucléaire sur Hiroshima que l'on trouve ci-dessus dans l'activité de motivation originale.

EXPLOREZ!

ÉCRITURE DE PASSAGE(S): Josué 2, 6:22-25

VERSET CLÉ(S): Hébreux 11:31

ÉTUDE DE LA BIBLE

1. Josué 2: 1-7: Rahab a préféré d'aider les Israélites Malgré cela pourrait lui causer de danger. Discutez sur quel "dangers" de Risques ou vous avez eu à prendre pour suivre Dieu. Partagez un moment où le choix de la voie de Dieu signifierait la difficulté de votre part.

2. Josué 2: 8-11: C'est le témoignage de la reconnaissance de Rahab de sa foi dans le seul vrai Dieu. Selon He. 11 :31 et Jacques 2: 25-26, ce qui a sauvé Rahab? (Voir Objectif 1 ci-dessus.)

   ■ Réfléchissez et partagez: Quelle était la raison pour laquelle vous avez choisi de suivre Dieu et acceptez son concept d'offre de salut?

   ■ Donnez un exemple où vous exclamez de vous, «Seigneur, Tu es vraiment reèl!"

3. Josué 2: 12-24: confiance Rahab a confiance que Dieu pourrait sauver sa famille. Il faut beaucoup de confiance pour prendre de risque dans quelque chose . Qu'est que Rahab pourrait donner sa confiance? En qui elle a mis sa confiance?

4. Rahab risquait beaucoup quand elle a aidé les espions, mais elle a estimé qu'il était un plus grand risque de ne pas les aider. Si le Dieu des Israélites n'aurait pas pitié d'elle, Vouliez-vous dire espoir. Parlez des risques que vous «pensez la majorité des jeunes chrétiens font face. Partagez des histoires personnelles si possible.

5. Pourquoi le choix de suivre Dieu présente des risques? Quels risques "pieux" sont inévitables dans la vie chrétienne, et qu'est ce qui les rend utile dans la croissance spirituelle de celui-ci? Voir Ces Écritures dans Rom. 5: 2b-4 et 2 Cor. 1: 8-11, Jacques 1: 2-4.

OPTION D'ACTIVITÉ

L'OUTIL RÉSOLUTION DE PROBLÈMES

Matériels: Des copies de la feuille de résolution de problèmes pour chaque apprenant (voir ci-dessous).

Instructions: Enseignez les apprenants à utiliser l'outil de résolution de problèmes en reproduisant le tableau sur la carte ou un morceau de papier bulle et de travailler ensemble comme une classe pour appliquer au cas de Rahab. Ensuite, fournissez à chaque apprenant une copie afin de pouvoir appliquer l'outil à leur propre problème.

Le Problème:			
Option A		Option B	
Force	Faiblesses	Force	Faiblesses
1.	1.	1.	1.
2.	2.	2.	2.
3.	3.	3.	3.
4.	4.	4.	4.

1. Donnez une brève description du problème (ou le titre de problème) en haut du tableau.
2. Identifiez les options disponibles pour résoudre le problème et de les écrire que les options A et B.
3. Analysez des options A et B en énumérant les points forts et les faiblesses de chacun, puis utilisez le tableau suivant pour identifier d'autres motifs d'identité et les facteurs inhibant.
4. Encouragez les élèves à travailler avec un partenaire pour découvrir des solutions plus objectives et créatives à leurs propres problèmes.

Option de Solutions A et B			
Si Je Choisis L'option A…		Si Je Choisis L'option B…	
Priorités	Obstacles	Priorités	Obstacles
1.	1.	1.	1.
2.	2.	2.	2.
3.	3.	3.	3.
4.	4.	4.	4.

Chronologie

Lisez Matt. 1: 5. Quel est le nom Dont vous trouvez dans la généalogie de Jésus? Ici nous voyons des preuves de la grâce étonnante de Dieu. Rahab était une prostituée, un membre d'un peuple perverste que Dieu a demandé à Josué d'éliminer, mais Dieu avait pitié de lui et il a été adopté la nation d'Israël. Dieu lui a permis de devenir le grand, grand-mère du roi David, l'ancêtre de Jésus!

- Préparez un petit symbole ,: comme une fenêtre avec une corde suspendue à ce réseau, pour représenter Rahab. Attachez-la à la chronologie juste à côté de Josué.
- Sous la timeline écriture preneur de risque et sa définition.

EXPÉRIENCE!

Activités d'apprentissage

Donnez aux élèves les informations suivantes pour un sketch: Deux chrétiens missionnaires à court terme arrivent à votre maison dans un village du Mindanao musulman pour la proposer la recherche. Soudainement vous parlez avec eux lorsque votre frère (ou sœur) se heurte à la maison en disant qu'un grand groupe de personnes est à la recherche pour eux. Que feriez-vous? Concevoir une fin et dramatiser l'événement.

Application Personnelle

Qui vous connaissez qui n'a pas d'espoir parce qu'ils ont pas encore mis leur foi en Jésus? Comment pourriez-vous être fiable pour partager l'espérance du salut avec eux? Êtes-vous prêt à risquer le ridicule ou le rejet dans un effort pour gagner cette personne à Christ?

Options d'activité

Le Côté Briquet

Matérials: Papier pour écrire, stylos à bille

Instructions:

1. Le slogan Chrétien WWJD (Qu'est que Jésus voulait faire?) C'était populaire pendant un certain temps. Si vous avez des articles WWJD, montrez à vos élèves un exemple.

2. Permettez aux élèves de penser à une situation qui pourrait venir ,: comme l'oprotinité infinie de tricher à l'école quand personne ne regarde.

3. Donnez aux élèves la situation ci-dessus (expérience! Activité d'apprentissage A) sur les deux missionnaires chrétiens à court terme à votre maison dans un village musulman Mindanao. Demandez-leur d'écrire une réponse à la question «Que feriez-vous?"

4. Ensuite, changez un peu le slogan. Au lieu de demander "Que ferait Jésus?" Nous allons demander, "Qu'est-ce que Jésus a fait?" Passez l'appel de classe sur les différents types de ministère ,: comme la guérison et l'enseignement que Jésus a fait sur terre.

Référence: connexions foi de décembre / janvier / février (Kansas city: WordAction, 2002-3), P35

DOCUMENT DE RÉFLEXION

Matériels: Papier, Stylos

Instructions: L'avenir peut être une chose effrayante pour les adolescents. Une des façons dont nous pouvons faire confiance à Dieu est de lui confier notre avenir.

- Lisez Hébreux 11: 1: «Or la foi est une ferme assurance des choses qu'on espère, et une demonstration de celles qu'on ne voit pas."
- Puis lisez le grand chapitre de la foi des Hébreux 11. Ce chapitre parle des gens qui ne savent pas toujours ce qui était dans leur avenir, mais ils faisaient assez confiance à Dieu pour les diriger. J'ai prouvé la fidèlité dans tous les cas.
- Écrivez votre réflexion sur le papier.
- Concluez en demandant aux élèves de réfléchir sur cette séance à leur avenir et d'offrir à Dieu pour modele comme Il le désire. Comme Hébreux 11 spectacles, faites confiance à Dieu dans notre avenir n'est jamais une mauvaise décision.
- Leur demandez de prier en silence qu'ils trouveraient le courage et la foi à placer toute leur vie entre les mains expertes et l'amour de Dieu.

AFFECTATION

1. Écrivez le nom de la personne a étudié dans la Bible, le caractère de leadership de la qualité ciblée (avec sa définition) et le verset clé dans votre journal.
2. Prenez un risque: cherchez une occasion de partager avec un incroyant pourquoi vous avez choisi de suivre Dieu et d'accepter son offre de salut.
3. Lisez Juges 2 et 4 comme plan arrière pour la leçon de la semaine prochaine.

16   DEBORAH

CONFIANCE

Sachant que Dieu m'a habilitée à la tâche qu'Il m' a donné.

ENGAGE!

CULTE

Écritures Suggérées: 2 Pière1:3-8

Titres Suggées: Soyez Audacieux, Être Fort

ACTIVITÉ DE MOTIVATION

- Regardez un bon programme conduit par une femme ou avec une femme courageuse. Discutez du programme par rapport à la confiance. A t-il confiance en soi ou la confiance en Dieu?
- Demandez à deux élèves de démontrer la confiance dans la persuasion (par exemple la vente d'un bon produit ou la promotion de leur propre église).

OPTION D'ACTIVITÉ

PROMOTION DE BLAGUE

Matériels: Caméra vidéo

-Il Serait mieux s'il ya des équipements pour une couverture vidéo complète: tels que les feux, un trépied, broches micro (revers), etc.

Instructions:

Scénario: Le blague est de prétendre que les étudiants seront mis en place pour promouvoir un à un certain ministère de la jeunesse. L'histoire est que l'enseignant ou l'animateur a eu des contacts avec une organisation de missions qui est prêt à donner des commandites et d'autres formes d'assistance à votre église. Vous avez un ami qui est membre de l'organisation et j'ai expliqué que j'ai besoin de témoignages de la jeunesse. Chaque étudiant doit promouvoir en quelque sorte Leur ministère de l'église pour parler et son impact sur la vie des gens et leurs employés. Le hic, c' est les témoignages qui doivent être de vidéo immédiat parce que l'ami missionnaire doit aller dans leur bureau Central dans un pays lointain tout de suite.

Remarque: Ne laissez pas les élèves deviennent trop émotionnel, cependant. Ils pourraient y avoir des personnes sensibles qui ne prendraient pas la trop bien. Laissez-les se concentrent sur la promotion de leur ministère.

Préparation:

Mettez en place une caméra vidéo dans la salle ou dans le lieu de réunion. Placez une chaise en face de la caméra. S'il est disponible, mettez un fond de quelque sorte derrière la chaise pour un effet supplémentaire qui est la couverture du vidéo réelle. Soyez sûr de manger tôt pour le lieu de rencontre avec votre ami 'missionnaire' de sorte que les élèves seront plus curieux quand ils arrivent.

Farce Propre

- Informez les élèves sur le scénario de farce. Donnez aux élèves environ 5 minutes pour préparer leurs témoignage. Réitérez l'importance du support possible de la mission de l'organisation à l'Intérieur votre ministère. Ajoutez la Pression aux élèves alors qu'ils se préparaient pour leurs tours. Demandes à chaque élève de faire un tour de rôle devant la caméra pour donner Leur témoigne de fonds. Après chaque élève a parlé, révélez la blague.

■ Pour la discussion, laissez les étudiants parlent sur comment ils se sentaient tout en préparant leur tour et alors qu'ils étaient déjà en face de la caméra. Orientez la discussion vers la confiance.

EXPLORE!

ÉCRITURE DE PASSAGE(S): Juges 4 et 5

VERSET CLÉ(S): Juges 4:14

ÉTUDE DE LA BIBLE

1. Discutez sur la compréhension commune de la confiance entre les gens d'aujourd'hui. Partagez sur les images typiques et les notions de «confiance» qu'ils ont à l'esprit.

2. Entrez Deborah et donnez quelques informations au sujet de juges . Demandez ce qu'ils ont appris dans leur devoir de lecture.

■ Ch. 4:4-5: Parlez de ce genre de personne Deborah doit être. Qu'est ce qui qui a fait quelqu'un de ses gens allait partout en Israël pour obtenir des conseils?

■ Nom des personnalités célèbres aujourd'hui que les gens semblent faire confiance et demander conseil à partir. (par exemple Oprah, Dr. Phil, d'autres hôtes émission de télevision, présentateurs, animateurs de jeu télévisez, etc.) Faisiez-vous confiance avec les personnes d'origine pour vous donner des conseils? Pourquoi ou pourquoi pas?

■ La Bible se réfère à de nombreux prophétesses mais Deborah est la seule femme Juge mentionnée. Qu'est-ce que juges 02 :16 a Indiqué à propos la position de leadership de Deborah? Que pensez-vous acerca femmes dans des postes de direction? Quelle femme savez-vous que Dieu a appelé à un endroit élevé de leadership?

3. Ch. 4:6-16: parlez de la réponse de Barak sur le message de Dieu à Deborah:

■ Face à une tâche qui semble assez lourde, voyez le dangereux, quelles sont vos premières de réflexions et réactions? Partagez les expériences si possible. Qu'est-ce que Barak sa première perdre en raison de manque de confiance?

■ Remarquez comment la confiance Deborah a affiché en allant à la bataille avec Barak. Elle était certaine que Dieu était avec eux qu'Il serait capable de leur permettre à gagner la bataille.

■ Reliez, la prise de risque de confiance et optimisme. Chaque source peut trouver en pleine foi dans la souveraineté de Dieu (l'autorité sur tout) et de la puissance.

■ Ch 4:14. Remarquez comment Deborah Donne un "pep talk" à Barak avant la bataille. Discutez comment la confiance peut être contagieuse. Rappelons quand une personne était fiable pour vous donner confiance à travers sa propre confiance.

4. Ch 4:17-21: Discutez le contraste entre Barak et Jaël. (Il pourrait aider à l'écrire sur un tableau noir et de laisser les élèves à écrire leurs pensées à ce sujet.)

5. Si Deborah n'a pas la confiance, Barack ne pouvait avoir aucun pratique de l'armée de Sisera. Partagez les idées sur l'importancede conduire la confiance Dieu sur le leader chrétien dans le navire de leader. Quand ce genre de confiance est –il nécessaire?

OPTION D'ACTIVITÉ

IL A DIT, ELLE A PARLER DE L'EMISSION DE RADIO: CARACTERISTIQUE DE JAEL ET BARAK

Matérels: Feuilles de papier ou des fiches (à utiliser pour les cartes de repère pour le script ou le guide)

Instructions:

Préparation:

Préparer plusieurs questions pour l'émission de télévision et de les écrire sur des fiches ou sur des feuilles de papier. Les questions devraient avoir quelque chose à voir avec les différentes façons dont Jaël et Barak sont dans leurs réponses aux Situaciones qu'ils étaient. Si possible, préparez les moments bibliques les plus costumes pour un amusement d'activité.

Avant le discours lui-même, les étudiants grouper en deux. Un groupe discutera sur Jaël, l'autre groupe sur Barak. Demandez aux élèves d'écrire leurs pensées et leurs descriptions de la personne qui leur sont assignées. Laissez chaque groupe de choisir une personne qui agira à titre de personne qu' ils ont discuté et donné la liste des pensées avec lui ou elle scomme une référence pour répondre à des questions plus tard. Placez deux chaises sur un côté pour Barak et Jaël et un sur l'autre côté, pour l'hôte.

Activité:

L'enseignant agira comme Deborah, l'animateur du l'émission de telivision. Entrez chacun des invités comme leur personnage, et de les appeler à la «scène». Posez les questions préparées et donnez le temps à chaque élève de répondre à la question, comme si c''est le personnage qui parle.

Discutez ensuite sur Leurs idées a propos Jaël et Barak.

CHRONOLOGIE

Pour une période d'environ 400 ans après son entrée dans la Terre Promise, le Israélites étaient vaguement gouvernés par une série de juges plutôt "peu orthodoxes". Ces juges ont été plus nommé comme Dieu «combattants de la liberté» qui ont conduit les Israélites dans les soulèvements contre l'oppression de leurs ennemis. Bien que certains d'entre eux, comme Deborah, ils sont réglés aussi les conflits, Ils ont principalement connu pour leurs campagnes militaires. Grâce à eux, Dieu a sauvé les Israélites à plusieurs reprises contre les conséquences de leur péché, mais le syndicat a été une spirale de sauvetage de cycle baissier. Le dernier verset en juges (21:25) Ce que vous décrivez était tombé sur l'anarchie d' Israël: Dans les ventas d'Israël il n'a pas un roi; tout le monde a fait qui me semblait bon.

▶ Préparez un petit symbole pour représenter Deborah ,: comme un palmier ou maillet et mettez le nom de Deborah sur elle. Attachez-le à une courte distance de Rahab et étiquetez l'an 1300 av.

▶ Dessous de la ligne de confiance d'écriture et sa définition.

OPTIONS D'ACTIVITÉ

JUGES Q'EST CE QUI EST UN GRAPHIQUE

Matériels: Préparez des copies imprimées de la carte pour chaque élève. laissez également une autre option peut être les élèves peuvent écrire dans leur journal.

Instructions: (Une copie reproductible de la carte est à la dernière page de cette leçon, page 73.)

Si les exemplaires imprimés du tableau sont disponibles, remettez- les aux étudiants. Vous pouvez choisir différentes façons pour avoir les élèves de remplir l'information. Voici quelques idées:

- Donnez des informations vierges sur une colonne entière de votre choix.

- Sortez les informations provenant de différentes catégories.

Une fois que le tableau est rempli, discutez sur les rôles généraux des juges. Les points suivants peuvent être discutés en plus de ce qui était déjà dans la description chronologique de l'histoire:

▶ Décrivez le gouvernement d'Israël: nationale et anciens prêtres des tribaux. Aucun roi, aucun gouverneur, juste obéissance aux lois de Dieu.

▶ Parce que Dieu était le souverain d'Israël,Il les a punis quand ils ont désobéi. Il a autorisé d'autres pays à régner sur eux.

▶ Quand Israël se est repenti et a appelé le Seigneur, Il a envoyé des Leaders (juges) à libérer et les aider à rester fidèle à Dieu.

▶ Les juges étaient de différents tribus en Israël. Certains prophètes étaient ainsi. Tous les juges n' étaient Pas de bonne personne –parfois ils ont été: les dirigeants politiques et militaires parfois sont utilisés par Dieu pour accomplir un but. Pour revenir à la leçon, discutez de la façon dont Deborah est différente du reste des juges. Mettez l'accent sur les questions révolutionnaires ou novatrices qui tournent autour du sexe de Deborah et son statut en tant que juge, prophétesse, et chef militaire.

Références: Type de colonne de juge (sauf Samson, Eli et Samuel) à partir de: Boadt, Lawrence. Lecture de l'Ancien Testament: Introduction. New York: Paulist Press, 1984. 200.

Tableau des juges et des points de discussion de supplément de: Haynes, Betty Belue. Early y compris les juges Deborah. http://www.ebibleteacher.com/ des enfants / leçons / OT / juges / deborah.htm; Consulté le 21 Septembre de 2009.

EXPÉRIENCE!

ACTIVITÉS D'APPRENTISSAGE

Choisissez parmi les options suivantes:

1. Demandez à chaque élève de reposer et dites le groupe les qualités positives de la personne sur leur droit en toute confiance.

2. Donnez aux élèves, en particulier les filles, l'occasion de parler avec confiance Avant Leurs compagnons du groupe, au rayonnement de l'église ou de la communauté. Aidez-les à choisir un sujet approprié pour 5 min. discours.

APPLICATION PERSONNELLE

Regardez dans le miroir. Dites, "Dieu m'a choisi pour être un leader influent pour les autres vers la piété de chef de file. Dans votre journal, écrivez les moyens que Dieu vous a équipés pour cette tâche. Pensez aux choses que votre membre du groupe dit de vous pendant l'activité d'apprentissage. Comment pouvez-vous utiliser ces qualités en tant que leader chrétien?

AFFECTATION

▶ Écrivez le nom de la personne a étudié dans la Bible, la direction de la qualité de caractères ciblé (avec sa définition) et le verset clé dans votre journal.

▶ Cherchez un moyen de renforcer la confiance de quelqu'un cette semaine.

▶ Lisez Juges 6, 7, 13 et 14 comme arrière-plan de la leçon de la semaine prochaine.

LES JUGES QUI SONT DES GRAPHIQUES

Juge	Type de Juge	Description/ Accomplishment	Ennemi	Écriture
Othoniel	Juge Majeur	Neveu de Caleb	Cananéens & Mesopotamiens	Juges 1:11-13; 3:7-11
Ehud	Juge Majeur	Utilize un poignard pour tuer Roi Eglon	Moabites (Roi Eglon)	Juges 3:12-30
Shamgar	Juge Majeur	Utilize un aiguillon pour tuer 600 hommes	Philistins	Juges 3:31;5:6
Deborah	Juge Majeur	prophetisé à propos de Barak et Jaël	Roi Jabin de Hazor	Juges 4-5
Gédeon	Juge Majeur	A conqueris Madian avec 300 hommes	Midianites	Juges 6-8
Abimelech	Usurparteur et Tyran	Fils corrompu de Gideon	(La geurre civil en Israël)	Juges 8:33-9:57
Tola	Juge Mineur	De la tribu de Issacar	pas mentionné	Juges 10:1-2
Jair	Juge Mineur	a eu 30 fils et 30 villes	Pas mentionné	Juges 10:3-5
Jephté	Juge Mineur	promisd la vie de sa fille	Ammonites	Juges 11:1-12:7
Ibtsan	Juge Mineur	de Bethlehéem	Pas mentionné	Juges 12:8-10
Elon	Juge Mineur	de Zabulon	pas mentionné	Juges 12:11-12
Abdon	Juge Mineur	a eu 40 fils, 30 petits-fils	Pas mentionné	Juges 12:13-15
Samson	Juge Majeur	Nazaréen fort	Philistins	Juges 13-16
Eli	Prêtre	grand prête	Philistins	1 Samuel 1:1-4:1
Samuel	Prophète/Prêtre	prophète et prête, Roi qui a été oint	Philistins	1 Samuel 4:1-7:17

17 GEDÉON ET SAMSON

DÉPENDANCE

Vivre ma vie dans la dépendance complète de Dieu.

ENGAGE!

CULTE

Écritures Suggérées: 2 Samuel 22:26-30

Titres Suggérés: Jésus, Agneau De Dieu (Tu Es Mon Tout En Tout)

ACTIVITÉ DE MOTIVATION

■ Discutez: Sur qui ou qu'est-ce que vous dépensez pour vos différents besoins (abris, nourriture, études, communication, etc.) Vous sentez fixer avec les gens et les choses dont vous dépendez?

OPTION D'ACTIVITÉ ■ ■

VOUS COMPTER SUR QUI?

Matériels: 6 feuilles de papier, l'un des suivants, imprimés sur chaque: parents, amis, frères ou sœurs, Maître, Pasteur, personne

Instructions:

▶ Commencez par dire à la classe, "nous avons tous deux de bonnes et de mauvaises choses qui nous arrivent dans la vie. Quelles sont les personnes que nous rendons à l'origine des choses? "laissez les réponses aux étudiants. Vous Puissiez souhaiter utiliser leurs réponses comme titres des journaux plutôt que ces donnés ci-dessus.

▶ Branchez les 6 feuilles de papier dans différentes parties de la pièce, puis un mot à dire: «Je vais donner quelques Situaciones et je veux que vous marchez sur le papier dans ces listes que vous iriez en premier à parler de la situation cette personne. "Quand vous donnez la situation, choisissez 1-2 étudiants et demandez pourquoi ils ont choisi cette personne (s).

Situations Exemples:

▶ Les gens de votre quartier vous appellent dans vos noms.

▶ Vous obtenez un «A» sur une dure épreuve.

▶ Vous avez du mal à faire votre devoir de maths.

▶ Vous êtes élue à un conseil église / étudiant.

▶ Votre ami veut que vous tentez de tricher sur un test.

▶ Vous voulez aller au collège

▶ Vous voyez quelqu'un qui se battre.

▶ Vous obtenez très en colère avec vos frères ou soeurs.

CONFIANCE D'AUTOMNE

Matériels: aucun

Instructions: Dites aux élèves qu'ils vont participer à une «chute de confiance." Un étudiant se tiendra sur une chaise. Ils doivent traverser Leurs bras sur la poitrine et se replier. Lorsque ils retombent ils doivent tenir complètement leur genoux verrouillé. Leur corps doit être droit comme une planche. C'est difficile à faire parce nos réflexes veulent que nos genoux fléchissent et essaient de nous empêcher de tomber. Il est bon aussi de fermer les yeux.

Les autres élèves se tiendront derrière les étudiants qui tombent. Ils se tiendront en face du bras de l'autre et rejoindre. Quand ils ont une autre benne les poignets rejoignent et non les mains. Demandez aux élèves de se tenir très près de l'autre et la position la tête Eux mêmes, le dos et les jambes de la personne sera quand ils échouent.

EXPLOREZ !

ÉCRITURE DE PASSAGE(S) :   Juges 6:11-24, 33-40; Chappitre 7:1-22;
                          Chapitres 13, 15 et 16

VERSET CLÉ(S) :   Exode 32:11-14

ÉTUDE DE LA BIBLE

1. Ch 6: 11-24: Parcourez et discutez sur les questions que Gédéon avaient quand il est venu à l'estime de soi et ce que Dieu voulait de lui:

   ■ Les versets 13 et 15: Gédéon Semble être très pessimiste au début de sa conversation avec Dieu. Partagez les expériences lorsqu'ils sont dans une situation difficile qui provoque à regarder la plupart du temps sur le côté négatif des choses. Comparez la réponse de Gédéon à Moïse «quand Dieu l'appela comme leader.

   ■ Avez-vous déjà trouvé vous-même l'interrogatoire ou doutez si Dieu fait vraiment quelque chose pour vous aider?

   ■ Laissez les élèves à partager sur une grande insécurité qui les empêche de prendre une Responsabilité ou faire ce qu'on attend d'eux

   ■ Avez-vous déjà senti que vous »avez été chargés de quelque chose que vous« ne ne méritent pas?

2. Ch. 6: 16-24: Ce que Dieu a dit à Gédéon? Qu'est-ce que cela implique pour traiter avec insécurité personnelle?

   ■ Partagez les pensées à propos de l'assurance de Dieu "avec vous" à travers une tâche que j'ai donné. (Voir Matthieu 28: 19-20.)

3. Ch.6: 33-40: Expliquez pourquoi Gédéon n'arrêtait pas de demander des signes de Dieu. Est-il approprié?

   ■ Avez-vous essayé de demander à Dieu un signe quand vous êtes incertain ou craint de prendre une responsabilité Difficile? Partagez les expériences.

4. Ch. 7: lecture à travers l'histoire et réflexion:

   ■ Remarquez comment Dieu a guidé Gédéon à chaque étape de la manière de Préparation et l'ennemi. Quelles restrictions Dieu impose sur l'armée de Gédéon pour s'assurer qu'ils dépendent de lui pour la victoire? Quelle assurance qu'il a donné qui ne pouvait dépendre de Lui?

   ■ Lisez Proverbes 3: 5-6. La dépendance de Dieu cherche la direction et moyens en appuyant sur lui pour ce qui est nécessaire à faire sa volonté. Discutez comment cela se voit dans l'histoire de Gédéon.

5. Ch 15 et 16. Discutez de ce que vous avez appris dans à propos de Samson dans votre lecture d'assignation de (chapitres 13 et 14.) Qu'est ce qui était spécial à propos de lui? Lisez et résumez les chapitres 15 et 16. discutez sur quelle dépendance du roi d à la différence de Gideon.

■ La force de Samson a été donnée par Dieu pour accomplir ses desseins. Ce qui était faux Parfois, combien Samson: a utilisé son don?

■ Parfois, Samson est devenu son propre dépendance de la force et a fait des choses de sa manière, de mettre dans le pétrin. Quelle a été la conséquence d'être trop auto-dépendante, comme on le voit dans le chapitre 16?

6. Comparez et contrastez Gédéon et Samson. Quelles étaient leurs forces et leurs faiblesses? (Par la force de Dieu, Gédéon à la hauteur de la description du puissant guerrier. Il était un leader inspirant. Samson, d'autre part, a principalement travaillé seul. Il était passionné pour détruire les ennemis des Israélites et était fiable pour éffacer un grand nombre d'entre eux seul, mais il semble qu'il n'avais pas de très bonnes aptitudes en relations humaines!)

7. Que peut-on apprendre d'eux à propos de dépendance Chrétienne? Quels résultats attendez-vous de l'auto-dépendance dans le ministère?

OPTION D'ACTIVITÉ

JUMPSEAT QUIZZING

Matériels: 4-8 chaises, selon le nombre d'étudiants

Instructions:

1. Disposez deux équipes de cinq (quatre quizzers, une substitution), ils doivent assis tous dans une rangée. La taille des équipes peut varier en fonction de la taille de la classe.

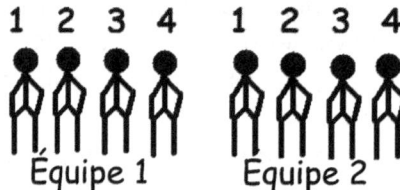

1 2 3 4   1 2 3 4

Équipe 1   Équipe 2

2. Vous aurez besoin d'un Quiz-maître pour poser des questions et un observateur (juge de saut) pour surveiller la première personne à sauter de répondre à la question. Si le groupe est petit, il peut être la même personne.

Observateur   Quiz-maître

▶ 20 questions seront demandé, l'équipe qui a le plus de points à la fin gagne.

▶ La première à sauter répond à la question

▶ S'ils ont sauté avant la question Ils doivent terminer Correctement avec la question et donner la bonne réponse

Système de points:

▶ Ils sont corrects si l'équipe reçoit 20 points

▶ Ils sont incorrectes si l'équique ne reçoit pas de points

▶ La personne dans la même position dans l'autre équipe arrive à essayer de répondre; si ils sont de bonne équipe ils obtiennent 10 points, si elles sont mauvaises, ils n'obtiennent pas de points.

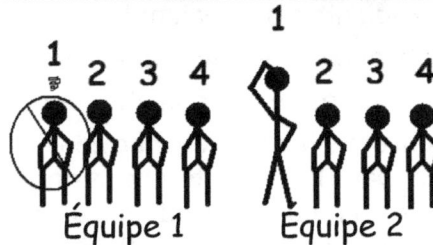

▶ Si un joueur obtient quatre bonnes questions en un seul tour l'équipe obtient 10 points de bonus et que cette personne a «interrogé sur 'et ne peut pas répondre à toutes les questions tions plus ce tour.

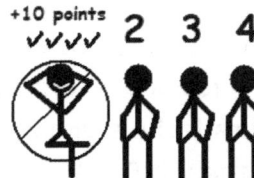

▶ Si un joueur obtient 3 questions incorrectes a un tour l'équipe perd 10 points et que cette personne a « a fait une erreur dehors» et ne peut pas répondre à d'autres questions de ce tour.

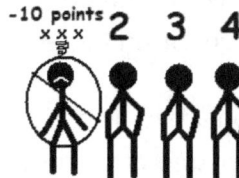

▶ Lorsque trois membres d'une équipe au moins répondent à une question correctement, l'équipe obtient un bonus de 10 points

▶ Quand un 4ème membre d'une équipe répond correctement à une question 10 points En plus sont accordés à l'équipe.

▶ Quand un 5e membre d'une équipe répond correctement aux questions 10 points en plus sont accordés à l'équipe.

Questions:

▶ Où l'Ange du Seigneur trouve t-il Gideon?

   • Au pressoir (06:11)

▶ Qui Gédéon craignait?

   • Madian (6:11, 14)

▶ Vrai ou faux, Gedéon était d'une famille célèbre et il était le chef de sa maison.

   • Faux, il était de? Le moins familiale en Manassé, et il était? Le moins dans son ménage. (06:15)

▶ Pourquoi Gedéon était une toison?

   • Pour tester si Dieu sauve Israël en Madian dans Leur bataille. (06:37)

▶ Combien de fois Gedéon n'était pas sur la toison?

   • Deux fois (16: 37-40)

▶ L'armée d'Israël a commencé avec 22 000 personnes. Combien hommes qui étaient restés après Dieu a envoyé à la maison?

   • 300. (7: 8)

▶ Comment savez-vous que Gedéon avait peur d'aller seul au camp de Madian?

   • Parce que Dieu dit que s' il avait peur d'aller seul pour prendre avec lui son serviteur, et il l'a pris. (7: 9-11)

▶ Combien les Madianites qui avaient la Bible?

• comme beaucoup de sauterelles, comme le sable sur la plage. (07:12)

▶ Comment les hommes de Gedéon attaquent les Madianites?

• Ils ont encerclé le camp et chacun avait une torche caché par un pot et une trompette. Dans le même temps ils ont cassé les pots et fait sauter les cornes et criaient. Cela a rendu les Madianites à penser plus d'ennemis qu'il y avait peur et ils ont tué un de l'autre. (7: 19-23)

▶ Quel fut le résultat de la bataille?

• Israël a remporté, Madian se retira, et les princes de Madian a été capturé et tué. (7: 24-25)

▶ Que fait Samson pour les Philistins en utilisant les renards?

• Il a attaché à leurs queues torches et feu Septembre à grain et vergers. (15: 4)

▶ Lorsque Samson a été attaché et emmené au Philistins sur ce qui est arrivé à lui?

• L'Esprit du Seigneur (15:14)

▶ Après Samson a battu les Philistins 1000 avec seulement une mâchoire d'âne Il a eu soif. Comment Dieu at-il donné pour lui?

• Dieu a fendit ouvrir un lieu et de l'eau creuse de la chair dehors pour lui. (15:19)

▶ Qu'est-ce que Samson à fait à Gaza?

• Il a couché avec une prostituée. Il a échappé à la ville en prenant les portes et les poteaux de la ville et s'en alla avec eux! (16: 1-3)

▶ Qu'est-ce que les Philistins ont demandé Delilah de faire?

• Pour le séduire et de trouver sa puissance qu'il était tellement où ils pourraient s'emparer de lui. (16: 4-5)

▶ Delilah a demandé Samson où est la viande de sa force et il lui a menti trois fois. C'était un de ces mensonges?

• Si Il n'aurait pas la force: 1) Il devait avoir avec sept cordes fraîches, qui ont moyenne des utilisateurs séchés, 2) il a été lié avec des cordes neuves qui avaient utilisé moyenne des utilisateurs, 3) si sept tresses de sa tête étaient fixés avec une broche . (16: 7-14)

▶ Quel était le secret de la force de Samson?

• Le nazaréen selon son alliance qui ne devrait jamais être rasé la tête. (16:17)

▶ Qu'est-ce que les Philistins font quand ils l'ont capturé?

• Ils crevèrent les yeux et l'ont mis en prison (16: 21-22)

▶ Pourquoi les Philistins n'ont pas célébrer à la disposition de leur dieu Dagon?

• Pour le remercier de les aider à capturer Samson. (16:23)

▶ Comment l'histoire s'arrête t- elle?

• Samson a prié pour le pardon et la force à nouveau et il s'est cassé les piliers de la place et il se est effondré en tuant tout le monde sur lui. (16: 28-30)

CHRONOLOGIE

Dans l'histoire de Gédéon et Samson et d'autres que nous avons étudiés, nous pouvons voir que Dieu utilise les différents types de personnes, en dépit de leurs défauts, il a accompli ses divers fins. La semaine prochaine, nous allons nous concentrer sur une femme vertueuse, qui , même si elle n'était pas un leader, elle occupe une place importante dans l'histoire de la Bible.

- ■   Préparez un petit symbole pour représenter Gedéon: comme une trompette ou une torche, et joint à la chronologie du côté de Deborah. (Si vous choisissez d'inclure Samson, fixez Son symbole à courte distance en laissant un espace pour un symbole.)
- ■   Dessous de la ligne, sous le symbole de Gédéon, écrivez la dépendance et sa définition.

EXPÉRIENCE!

ACTIVITÉS D'APPRENTISSAGE

Divisez les élèves en deux groupes. Les deux groupes donnent la même tâche à accomplir; Cependant, le groupe A va travailler sur la tâche ensemble, tandis que les membres du groupe B seront travailler individuellement. Après l'activité, tous les temps étudiants vont à partager leurs sentiments à ce sujet.

APPLICATION PERSONNELLE

Réfléchissez à votre propre profondeur de dépendance de Dieu. Quel personnage de la Bible qui ressemble le plus à : Deborah, Gedéon ou Samson? Comment avez-vous démontré votre dépendance de Dieu dernièrement? Ecrivez à ce sujet dans votre journal.

OPTION D'ACTIVITÉ

SKIT DÉPENDANCE DE CRÉATION

Matériels: Papier et l'écriture d'ustensile pour chaque élève

Instructions: Demandez aux élèves de travailler ensemble pour écrire un sketch qui utilise le thème de la dépendance qu'ils ont vu dans les histoires de Gédéon et Samson. Les sketchs devraient être fondés sur une situation qu'ils rencontrent dans leur école, la famille, ou avec des amis. Les sketchs qui devraient mettre en évidence les jeunes à faire des choix et comment Leur dépendance sur eux-mêmes, leurs amis, leurs familles, et / ou l'impact de Dieu dans les choix originaux.

Dependant de la taille de la classe brisez les groupes qu' il y aura donc au maximum la participation et l'engagement.

AFFECTATION

1. Écrivez le nom de la personne a étudié dans la Bible, la qualité de caractères de leadership ciblé (avec sa définition) et l'aspect clé dans votre journal.
2. Lisez le livre entier de Ruth avant notre prochaine leçon.

18 RUTH

FIDELITÉ:
Dieu m'a appelé à servir avec la fidélité

ENGAGE!

CULTE
Écritures Suggérées: Psaumes 100
Chanson Suggérée: Étape Par Étape

ACTIVITÉ DE MOTIVATION

■ Les élèves racontent l'histoire de Ruth de peu à peut ainsi qu'ils peuvent souvenir de leur lecture affectée. Demandez à un élève de commencer l'histoire, puis un arrêt avec lui / elle dans quelque endroit aléatoire et point à un autre élève de continuer à partir de là. Essayez de diviser en segments assez pour que chaque élève puisse participer.

Si quelques-uns des étudiants ont achevé leur lecture attribuée, cela peut être utilisé comme un examen d'activité après l'étude de la Bible. Voir Option d'activité "Dites Le Relais De L'histoire".

OPTIONS D'ACTIVITÉ ■ ■

CHAT ET SOURIS

Matériels: 2 bandeaux, espace ouvert avec deux chaises ou une table pour indiquer les trous de souris.

Instructions: *Ce jeu est destiné à être une introduction amusante à la notion de loyauté. La souris et le formateur doivent être loyaux les uns aux autres et le plan qu'ils ont créé afin de réussir. De même, le chat et son entraîneur doivent être loyaux les uns aux autres et de leur système de codes S'ils réussiront.*

■ Choisissez une personne pour être la souris, la souris pour être un formateur, un à être le seul à être chat et le formateur de chat. Le chat et la souris seront cécité pliés et les formateurs doivent les guider.

■ La souris et le formateur travaillent sur un système de sons qui sera utilisé pour guider la souris à partir du chat pour le trou de souris (claps, boutons-pression, etc.). Le chat et le chat formateur développent également un système de sons pour guider le chat à attraper la souris avant qu'il s' échappe à travers le trou de la souris.

■ Le chat et la souris sont bandé les yeux et mis dans des endroits opposés dans l'espace de jeu. Ils ne devraient savoir où est le trou de lasouris.

■ En utilisant le système de sons, les formateurs guideront le chat et la souris jusqu'à ce que la souris s'échappe à travers le "trou" ou est capté.

Références: www.games4youthgroups.com/trust-games/cat-and-mouse.html

QUE FEREZ-VOUS?

Instructions:

Choisissez plusieurs des scénarios suivants qui semblent le plus pertinent pour votre groupe ou creyez votre propre. Lisez à haute voix et plusieurs étudiants vont répondre à la question, "Que ferez-vous?"

- ■ Votre maman est malade. Elle a besoin de vous pour aller au marché et faire le dîner ce soir. Vous aviez prévu d'étudier à la maison d'un ami jusqu'au dîner. Que ferez-vous?

- ■ Vous et vos amis portent tous le même jeans de marque populaires. Vous aimez la façon qu'ils regardent et les vôtres sont si confortables, mais ils sont usés et trop petit. Vous avez besoin d'une nouvelle paire, mais votre famille a un budget très soigneux pour couvrir les dépenses de base. Que ferez-vous?

- ■ Vous et Dennis ont été amis depuis à l'école primaire. Dennis a été Gravement accidenté qu'on l'a mis à l'hôpital pendant une longue période et maintenant il ne peut plus jouer au basket avec vous et vos amis. Vous savez qu'il est solitaire et tristedans son handicap, mais vous aimez jouer au basket que vous obtenez toutes les chances. Que ferez-vous?

- ■ Votre frère cadet est très ludique et déteste de faire ses devoirs. Il a plusieurs missions de maquillage à faire en mathématiques. Il a dit: S' ils ne sont pas activés dans cette semaine, il va probablement échouer dans ce sujet. Il vous demande de faire certaines de ses missions pour lui. Que ferez-vous?

- ■ L'une de vos camarades de classe est récemment devenue une chrétienne. elle a été rejeté par son ancien groupe d'amis Parce qu'elle ne sera plus dans la fête avec eux, mais ils n'ont pas vraiment dans d'autre cercle d'amis. Il n' a pas dans ce genre de personne que vous auriez normalement sorti avec vos amis et ne qui ne l'aime pas. Que ferez-vous?

- ■ Votre papa boit fréquemment avec sa bande pendant les week-ends. Récemment vous connaissez qu' il vous invite à se joindre avec eux. Vous aimez le fait qu'il prête attention avec vous et vous considerez assez vieux pour rejoindre les hommes. Et vous essayez d'améliorer votre relation avec lui aussi. Que ferez-vous?

Demandez aux élèves de raconter les moments de leur vie propre quand ils ont eu à prendre une décision difficile ou douloureuse concernant ce qui a resté fidèle à Dieu.Est ce que leurs décisions sont en fonction?

EXPLOREZ!

ÉCRITURE DE PASSAGE(S):   Ruth 1:1-18, 2:1-12, 23, 3:1-13, 4:13-17

VERSET CLÉ(S):   Ruth 1:16

ÉTUDE DE LA BIBLE

1. comblez les lacunes ou des parties importantes de l'histoire de Ruth que les élèves ont été oublié ou Ils n'ont pas capables de raconter lors de l'activité de motivation.

2. Ch. 1:1-18: Discutez brièvement sur le contexte de la culture qui a été sur Naomi et Ruth à l'époque. Regardez à travers les concordances, des commentaires et d'autres ressources de la Bible.

   - ■ Ils étaient des veuves à la partie du temps de la minorité sociale. Parlez de la difficulté Naomi qui a perdu tous les hommes dans sa vie.

   - ■ Partagez les observations de la société aujourd'hui. Quelles sont les difficultés que les veuves et les mères célibataires font face aujourd'hui? Qui pourraient être les mêmes et est-ce que il serait différent en comparaison avec le temps de Naomi?

- ■ Discutez le caractère que Ruth a affiché quand elle a décidé de rester avec Naomi, en contraste avec Orpa, l'autre belle fille. Elle a tenu compte de leur situation, est ce que vous allez faire comme Ruth, ou comme Orpa? . (Insistez sur le fait que d'être une veuve est très difficile dans ces moments, ce qui rendrait la décision compréhensible d'Oprah Winfrey à la décision d'Orpa n'avait pas tort ; Cela n'était pas aussi élevé que Ruth laisse honnêtement les élèves de répondre individuelle tout le monde disent qu'ils ferait comme Ruth.)

- ■ Laissez les élèves de partager à propos de Leur notion de fidélité. A qui ils montrent pour donner leur loyauté? Pourquoi? Quelle est la valeur de leur fidélité? Jusqu'à où peuvent-ils aller d'être fidèle?

- ■ Discutez en cas de «loyauté mal tourné". par exemple affiliation à un gang ou les fraternités / sororités dangereuses, axés sur la notion de «resbak» ou revenir à ce qui fait du tort à votre ami ou un proche. Contrairement à de telles choses, ce type de loyauté ont fait un spectacle Ruth?

3. Ch.2: 1-12, Ch.3: 1-13: Avec l'aide d'autres références bibliques, discutez sur la loi de l'ancien Israël "droit de rachat", car c'est vital pour le reste de la discussion.

- ■ La loyauté est une relation donnée et prise, et aussi une expression d'amour. Discutez comment Naomi a montré sa gratitude à la loyauté de Ruth en lui trouvant un parent de rédempteur.

- ■ Notez l'obéissance de Ruth à Naomi, en montrant sa confiance dans sa mère en activité législative que tout ce que Naomi était jusqu'à, c'est pour leur propre bien. Demandez aux élèves de décrire le type de relation qu'ils ont avec leurs meilleurs amis ou membres de la famille. Est-ce qu'ils montrent le genre de relation que Ruth et Naomi ont partagés?

- ■ En tant que leader, comment peut-on montrer sa loyauté à son groupe? De Ruth et l'exemple de Naomi, comment un leader peut gagner la confiance et la loyauté des autres?

4. Ch.4:13-17: la fidélité de Ruth à Naomi a grandement aidé les deux d'entre eux dans les revues ayant une vie meilleure. Notez que dans la généalogie, Ruth est grand-mère du roi David. De ce fait, le plus grand roi en Israël est né. Allez à Matthieu chapitre 1. Jésus est né de la ligne ancestrale de David. Discutez sur la façon d'une simple acte de loyauté qui a fait place à de grandes choses pour Israël et pour toute l'humanité.

OPTION D'ACTIVITÉ

DITES LE RELAIS DE L'HISTOIRE

Matériels: une balle ou un autre objet qui peut être passé autour de la salle

Instructions: Demandez aux élèves de s'asseoir en cercle. Demandez-leur de raconter l'histoire de Ruth de bout en bout ainsi qu'ils peuvent souvenir de leur lecture affectée. Donnez le premier étudiant une balle ou un autre objet pour transmettre à un étudiant à l'autre. Demandez Cet étudiant de commencer l'histoire. Après une phrase ou d'un segment, qui devrait passer l'objet d'un étudiant à l'autre étudiant, qui dira la prochaine partie de l'histoire. chaque élève edéalement, aura au moins une chance de raconter une partie de l'histoire. S' il ya beaucoup d'étudiants, limiter -les à une seule phrase chaque fois que le projet est passé à côté. S'il ya peu, chaque étudiant peut dire un segment entier de l'histoire. Dans ce cas, l'enseignant peut avoir d'un signe de tête à eux quand il est temps de passer l'objet à la personne suivante.

CHRONOLOGIE

Il est intéressant de noter, Bien que Ruth n' était pas vraiment un leader et même pas une israélite, un livre entier de la Bible se concentre sur elle! Peut-être que c'est parce qu'elle a accepté le Dieu de Naomi comme son propre Dieu et elle a bien connu comme une femme vertuese et intègre. Comme Rahab, la mère de Boaz, Ruth est un exemple de la façon dont Dieu a permis à des personnes d'autres nations à manger pour lui. Elle aussi, a épousé dans la ligne fam iliale du roi David. Elle était sa grand-mère.

■ Ruth vivait à l'époque des Juges, Gédéon et Samson probablement entre eux. Préparez un petit symbole ,: comme un paquet de blé, pour représenter à Ruth et l'attacher à la chronologie suivante à Gédéon.

■ Dessous de la ligne, écrivez la fidélité et sa définition.

EXPÉRIENCE!

ACTIVITÉS D'APPRENTISSAGE

Laissez les élèves de jouer «Le bateau coule". A la fin du jeu, demandez les questions suivantes:

▶ Avez-vous la plupart du temps pour tenir à chaque fois que vous devez grouper?

▶ Qui a d'entre vous l'expérience d'être repoussé d'un groupe?

▶ Qui s'y tiré pour remplir un groupe?

▶ Discutez de ce que vous sentiez dans des situations originales.

Parfois, nous sommes poussés dans des situaciones où nous devons choisir pour aller à l'aise avec. Parfois, ce n'est pas à nous de choisir les personnes que nous allons mettre à l'aise avec.

Mais où que nous soyons ou quiconque nous pourrions être avec, nous devons présenter la loyauté dans ce que nous faisons et les gens avec qui nous travaillons, vous en tant qu'ils ne causent pas de nous compromettons notre loyauté envers Christ.

OPTION D'ACTIVITÉ

ÉCRIVEZ UNE LETTRE À RUTH

Matériels: papier ou de papeterie, stylos

Instructions: Suite à l'étude de la Bible sur Ruth, approvisionnez le papier, cartes de correspondance et de la papeterie d'écriture. Demandez aux élèves d'imaginer qu'ils connaissent personnellement Ruth et veulent maintenant de lui écrire une lettre d'admiration et de reconnaissance pour les choses qu'ils ont apprises de sa vie. suggerez qu'ils racontent comment ils appliquent ou espèrent d'appliquer ce qu'ils ont appris d'elle.

Références: Adapté de Rita Dunn et Kenneth Dunn, apprentissage pour les étudiants à travers leurs styles d'apprentissage individuels: une approche pratique. (Reston, Virginia: Reston Publishing Company, Inc., 1978), 78.

APPLICATION PERSONNELLE

Ecrivez les réponses aux questions suivantes dans votre journal:

▶ Dans l'exemple de Ruth, quel type de loyauté doit avoir un chrétien?

▶ Comment ce genre de loyauté contraste a été montré dans la relation dans les films ou à la télévision?

▶ De tout ce que vous avez appris, donnez votre propre définition de loyauté.

AFFECTATION

1. Écrivez le nom de la personne a étudié dans la Bible, le caractère de leadership la qualité ciblée (avec sa définition) et l'aspect clé dans votre journal.

19 ANNE

ABANDON:
Confiez mes espoirs et mes blessures à Dieu

ENGAGE!

CULTE
Écritures suggérées: Psaumes 22:9-11

Chanson suggérée: Seigneur, Je Vous Donne Mon Coeur (Ceci Est Mon Desire)

ACTIVITÉ DE MOTIVATION
- Séparez les élèves en groupes (pas plus de 5). Affichez le mot «céder» ou "Pagsuko" et laissez-lesde former un tableau qui illustre le mot. Donnez-leur 3-5 minutes pour réfléchir. Que chaque groupe montre leur tableau un par un. Laissez les autres étudiants (qui sont spectateurs) supposent la notion qui dépeigne le groupe de présentation.
- Après les présentations, parlez à propos pourquoi chaque pensée du groupe et qu'ils ont fait. pour chaque élève.

OPTIONS D'ACTIVITÉ

MANGA HANNAH

Matériels: Papier et instrument d'écruture pour chaque étudiant

Instructions:

1. Demandez à chaque étudiant qu'ils prennent un morceau de papier et un ustensile de l'écriture. Dites-les qu'ils doivent tracer six boîtes très comiques qui montrent la signification du mot ''moyen''. Encouragez-les à penser au-delà de la pluie des idées.
2. Démontrez que le point ne s'agit pas de capacité artistique, les étudiants sont bienvenus et soient comme simple ou élaborer comme ils ressemblent.
3. Quand les étudiants ont terminé, ordonnez-les à partager ce qu'ils ont tracé.

EXPLORE!

ÉCRITURE DU PASSAGE(S): 1 Samuel 1, 3:18-21

VERSET CLÉ(S): 1 Samuel 1:27-28

ÉTUDE DE LA BIBLE
1. Ch.1: 1-20: revue l'histoire de Hanna, et les élèves doivent partager Leur tâche de souvenir à partir de la lecture. Discutez de ce qu'ils prient habituellement environ.
   - Laissez les élèves de partager généralement Leurs prières nous. Il est principalement pour la supplication (je veux cela, S' il vous plaît offrir cela, j'ai besoin cela)?

- Hanna priait sans cesse pour un enfant, en montrant son désir profond. Pourquoi la Prière a été difficile pour ces derniers temps? Comment mettez-vous la confiance en Dieu quand vous priez?

2. Ch 1:21-28: Discutez sur la façon que Hannah a répondu Lorsque sa prière a finalement répondu.

- Quand Dieu accorde votre prière, qu'est ce que vous faites habituellement, qu'est ce que vous faites à ce sujet? Sont- elles d'autres choses que vous Faites d'ailleurs " Merci, Seigneur »?
- Discutez l'acte de capitulation de Hanna de façon radicale c'était pour elle de redonner à Dieu ce qu'elle désespère à demandé!
- Parlez de la façon dont la réponse de Hanna est opposé dans la façon que les gens a généralement répondu lorsque Leurs demandes sont accordées. Partagez les moments où vous avez reçu quelque chose pour vous qui ont exercé beaucoup d'efforts à demander. Qu'avez-vous ressenti lorsque vous avez finalement lui obtenu?

3. Discutez en outre sur la reddition. En tant que chrétien, nous devons vivre une vie «cession». Qu'est-ce que cela signifie pour vous? Que disent les Écritures sur l'abandon de sa vie à Dieu? Lisez d'autres versets qui en parlent: tels que Romains 12:1, etc.

- Un leader chrétien doit lui-même se rendre aux responsabilidades que Dieu lui a donné. Parlez plus à ce sujet. Comment un leader chrétien peut lui-même se rendre pour le service de Dieu? Cela se rapporte à la notion de "dévouement".

4. Ch.3:19-21: Samuel, le fils de Anne a dévoué, finalement il a grandi pour être le prophète de Dieu. Expliquez comment l'acte de Anna pour lui céder aux soins complet de Dieu qui pourrait rapporter à la façon dont Samuel a grandi. Même si Samuel n'était pas avec elle tout le temps, Anne a Confié tout à Dieu, elle prendrais bien soin de Samuel dans la maison du Seigneur.

CHRONOLOGIE

Anne vivait Vers la fin de la règle des juges lorsque "tout le monde faisait comme il a vu en forme. "Même les fils d'Eli, le prêtre, vivaient dans une mauvaise vie, abusez grossièrement leurs positions de leader. Anne et Elkana ont la preuve qu'il y avait encore des gens qui craignent Dieu même une sombre à ce moment. Anne a dû avoir une grande foi dans le but de garder son vœu et confier son petit sont aux soins de Eli.

- Préparez un petit symbole ,: tels que les mains en prière, pour représenter Anne. Attachez à la chronologie près de Samson.
- Dessous de la ligne, écrivez Surrender et sa définition.

OPTION D'ACTIVITÉ ■ ■

BIBLE THÈME D'IDENTIFICATION

Matériels: Photocopie du passage pour chaque élève et un marqueur de couleur (ou un stylo serait suffisant), tableau blanc et un marqueur de Bible.

Instructions:

La classe doit lire à travers le passage (1 Samuel 1; 3: 18-21). Demandez à chaque élève de lire et continuer à faire le tour de la classe Jusqu'à ce que le passage a terminé. Demandez aux élèves de dire ce que le passage était environ. Écrivez leurs pensées sur la carte. Si le thème «cession» ne sort pas, aidez les élèves à trouver ce concept critique.

Demandez aux élèves de relire individuelmente le passage et soulignez les parties du passage qui traitent de «reddition». Quand ils ont fini, les membres doivent partager ce qu'ils ont identifié et pourquoi.

EXPÉRIENCE!

ACTIVITÉS D'APPRENTISSAGE

Demandez aux élèves de former un cercle. Mettez une chaise au milieu. Demandez aux élèves de faire ressortir un objet qui a une valeur émotionnelle profonde pour eux et les laissez de parler un peu pourquoi cela a beaucoup de signification pour eux. Après cela, laissez-les de mettre toutes ces choses sur la chaise. Demandez-leur de fermer les yeux et se tournent Leurs dos de la chaise. Vous pouvez aussi bander ses yeux. Éteignez les lumières pour assurer que les étudiants ne verront rien. Imaginez que vous violez les choses sur la chaise. Faites des bruits qui rendraient les étudiants à penser que c''est vrai. Observez les réactions des élèves.

Après cela, allumez les lumières et demandez aux élèves de confronter à la présidence. Donnez-leur leur stuff (qui devrait être intact). Discutez de ce que chacun senti comme quand il semblait Leurs les choses étaient cassées.

APPLICATION PERSONNELLE

Dans votre écriture de journal, "A partir de maintenant je vais rendre." Remplissez les blancs.

Obtenez avec un partenaire et de partagez ce que vous avez écrit avec l'autre. Priez les uns pour les autres et s'engagez à se tenir mutuellement responsable pour ce que vous avez partagé.

OPTION D'ACTIVITÉ

ABANDON DE JOURNAL D'EXERCICE

Matériels: Revues d'étudiant ou morceau de papier pour chaque étudiants, instruments d'écriture

Instructions: Demandez aux élèves de s'asseoir en cercle. Demandez-leur de raconter l'histoire de Ruth de bout en bout ainsi qu'ils peuvent souvenir de leur lecture affectée. Donnez le premier étudiant une balle ou un autre objet pour transmettre d'un étudiant à l'autre. Demandez cet étudiant de commencer l'histoire. Après une phrase ou d'un segment, qui devrait passer étudiant l'objet à l'autre étudiant, plus bas dans la prochaine puis une partie de l'histoire. Idéalement, chaque élève aura au moins une chance de raconter une partie de l'histoire. S'il ya beaucoup d'étudiants, de les limiter à une seule phrase chaque fois que le projet est passé à l'objet. S'il ya peu, chaque étudiant peut dire un segment entier de l'histoire. Dans ce cas, l'enseignant peut avoir besoin d'un signe de tête à eux quand il est temps de passer l'objet à la personne suivante.

SKIT DE FORMATION MARIONNETTE

Matériels: marionnettes ou des chaussettes pour chaque membre du groupe

Instructions: Revoir les instructions de marionnettes ci-dessous avec la classe plus tard dans le programme:

Prenez votre marionnette et allez dans un miroir. Si vous utilisez seulement une chaussette pour une marionnette vous pouvez décorer la chaussette plus tard pour la faire ressembler à un vrai caractère. Ne vous inquiétez pas sur cela maintenant, puisque vous êtes juste pratiquez les tecniques de marionnettes. Utilisez votre pouce pour déplacer le fond de la bouche et vos autres doigts pour la partie supérieure de la bouche. En utilisant votre main gauche généralement il est plus facile pour nous de travailler avec les marionnettes.

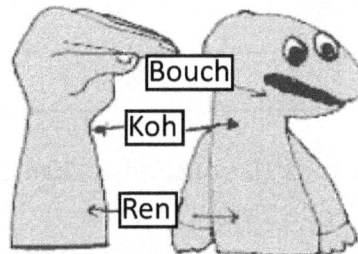

Maintenez la marionnette et pratiquez le déplacement de la bouche pendant que vous parlez. Pratiquez en déplaçant votre bras pour mettre la marionnette en mouvement réaliste. Quelques exemples sont à secouer légèrement le bras pour montrer la peur ou bob tête de la marionnette de haut en bas pour le rire. Rappelez-vous la marionnette qui devrait être à l'écoute ou de parler à et être sûr que les yeux de la marionnette sont confrontés à cette direction.

Beaucoup de marionnettistes vont s'asseoir derrière un rideau et maintenez la marionnette-dessus du rideau à parler. Cela rend les marionnettes semblent plus réalistes. Pratiquez en tenant la marionnette dessus de votre tête et parlez. C' est beaucoup plus difficile qu'il n'y paraît pour les deux votre bras et votre main. Assurez que le public ne peut pas voir votre bras, mais simplement la marionnette. Assurez-vous que la bouche de votre marionnette est fermée quand elle ne parle pas. Comme vous armez votre marionnette se fatigue et commence à s' abaisser, parfois simplement en se reposant le menton (main) sur la barre! Soyez sûr de garder votre marionnette à une hauteur constante pour faire de votre marionnette un aspect réaliste.

Pratiquer considérablement de faire l'histoire avec leurs marionnettes. Certains groupes sont assez grands que la manipulation des marionnettes tandis que d'autres vous regardent et donnent des critiques utiles.

Si la leçon va bien, faites des plans pour faire des sketch de marionnettes pour les enfants ou les incorporent dans un service de culte.

Références: http://www.puppetville.com/puppet_handling_instructions/ (Consulté le 10/11/2009) http://www.dragonsaretooseldom.com/puppet-manipulation.html

AFFECTATION

1. Écrivez le nom de la personne a étudié de la Bible, le caractère de leadership la qualité ciblée (avec sa définition) et l'aspect clé dans votre journal.

2. Avant la leçon de la semaine prochaine, lisez 1 Samuel 3, 7 et 8.

20 SAMUEL

AUDACE:
Ayez le courage de dire la vérité à tout le monde

ENGAGE!

CULTE
Écriture Suggérée: Psaumes 15 or Psaumes 40:6-10

Chansons Suggérées: Cri De Votre Célébrité

ACTIVITÉ DE MOTIVATION
■ Discutez de ce que cela signifie d'être "franche", ou franc. Est-il positif ou négatif? Comment faire lorsque vous sentez que quelqu'un confronte carrément quelque chose? Quelle est la différence entre l'audace et la franchise?

EXPLORE!

ÉCRITURE DE PASSAGE(S): 1 Samuel 13:1-14 et le chapitre 15.

VERSET CLÉ(S): 1 Samuel 15:22-23

ÉTUDE DE LA BIBLE
1. Ch. 13:1-14 Ch. 15:1-23: Discutez d'abord quels péchés (désobéissance) SaÜl a commis. Il a eu de bonnes intentions, mais pourquoi Samuel n'a lui pas réprimandé?

    ■ Partagez les expériences tant de moment où un ami ou un proche que vous avez fait quelque chose mais elles n'étaint pas selon les normes bibliques. Qu'avez-vous fait à ce sujet? Vous étiez fiable pour lui reprocher? Si vous l'avez fait, comment avez-vous le fait? De ne pas, pourquoi vous n'avez pas fait?

2. Ch 13:11 et 13, Ch. 15:12-23: En discutant le passage, laissez les élèves de parler de leur propre façon pour réprimander ou de corriger un ami ou un proche. Était-il efficace?

    ■ Samuel était un prophète que Dieu a utilisé comme un messager de sa vérité. Être gras nécessairement ne donne pas à quelqu'un le droit d'être maladroit et avec trop de confrontation directe. Partagez les pensées sur les moyens appropriés de dire la vérité avec amour et inquiétude. Laissez les élèves de savoir que la recherche de conseils d'un chef de file ou de laisser une personne d'autorité supérieure ou à l'échéance traite de réprimande est recommandé.

    ■ Remarquez comment Samuel dit: «Le Seigneur ..." avant que il a réprimandé SaÜl. Autre a été sanctionné par Dieu comme un messager, l'autorité ultime est la Parole de Dieu. Discutez sur l'importance de la Parole de Dieu dans face à des actions mauvaises des gens.

3. Focus sur le Ch. 15: 22-23: Partagez les réflexions sur le passage.

    ■ SaÜl a défendu ses actions en raison de ses bonnes intentions. Là les temps étaient qu'un ami ou un proche avait de bonnes intentions Celui-là que qui raisonnait et d'obtenir l'approbation de ses actions? Avez-vous compromis avec ou non son raisonnement?

4. Reliez l'audace, l'intégrité et de la responsabilité. Samuel était juste devant Dieu qu'il était tellement fiable à souligner les péchés de Saül. Reportez-vous à Matt. 7: 3-5. Parlez de l'importance d'avoir l'intégrité et de bonnes intentions dans la réprimande.

CHRONOLOGIE

■ Samuel, un leader pieux et respecté, a été le dernier des juges. Il a également été prêtre et un prophète. Il a Cru en Dieu, Bien que il devrait être le roi d'Israël, il était le seul à inaugurer l'ère des rois d'Israël par l'onction de SaÜl selon l'instruction de Dieu. Même avant la fin du règne de Saül, Dieu l'avait rejeté et a chargé Samuel pour oint le successeur de Saül.

▶ Préparez un petit symbole, comme un récipient de l'huile d'onction, pour représenter Samuel. Placez-le sur la chronlogie à côté du symbole de Anne.

▶ En dessous du calendrier audace de l'écriture et sa définition.

OPTIONS D'ACTIVITÉ

VOUS DEVINEZ QUI?

Matériels: Des bouts de papier avec des noms de personnages de la Bible (voir ci-dessous) que de petits prix jetons

Instructions: Divisez les élèves en deux groupes. Un représentant de chaque groupe de dessiner une feuille de papier avec un personnage de la Bible en écrivant à ce sujet. Il ou elle doit alors tenu de dépeindre le caractère, en agissant dans une telle manière que son groupe sera fiable de deviner qui il est. Si le groupe devine correctement, il gagne un point. Mais sinon, l'autre groupe sera donnée la chance de «voler» en tentant de deviner. Différents représentants de chaque groupe se relaieront le dessin d'un bout de papier et de dépeindre les caractères. Le groupe qui gagne plus de points sera déclaré du vainqueur.

Personnages Exemplaires:

Prophète Elie	Stephen	Prophète Nathan
Prophète Samuel	Jésus	Noé
Moïses	David	
Jean Baptiste	Paul	

LIFELINE

Matériels: Des morceaux de papier marqueurs ou des crayons sont obligataires

Instructions: Racontez l'histoire d'un héros de la Bible (ex. Samuel). Dites aux élèves de créer "bouée de sauvetage" de Samuel en traçant des lignes continues pour représenter le moment important dans sa vie. La ligne de vie peut inclure des lignes droites, des lignes courbes, des spirales, des virages serrés, des cercles, et les autres étudiants peuvent penser de n'importe quoi. Symboles, mots et de couleurs différentes peuvent être utilisées pour indiquer des événements spécifiques ou des sentiments. La seule exigence d'une bouée de sauvetage, c'est qu'elle doit avoir un début (représentant la naissance de la personne) et de fin (la mort de la personne).

Donnez aux jeunes de 10 à 15 minutes pour dessiner la ligne de vie. Puis formez de petits groupes pas plus de cinq membres et ayez la ligne en décrivant le rôle de vie à tour et en répondant aux questions de discussion.

Questions de Discussion:

▶ Qu'est ce que cela nous dit sur la vie de Samuel?

▶ Lorsque, dans la ligne de vie de Samuel voyez-vous Dieu à l'œuvre dans sa vie?

▶ Comment était l'expérience pour lui positif ou négatif?

▶ Dans lequel partie de la ligne de vie de Samuel pouvez-vous trouver la ressemblance à la vôtre?

▶ A travers la vie de Samuel, qu'avez-vous appris de Dieu, sur la vie, de vous et les autres?

▶ Dans quels aspects de la vie de Samuel vous ne voulez pas à imiter?

Adapté de la source: Rydberg, Denny. "TrustBuilders" Publishing Group Inc., Loveland, Colorado 1993p. 70

EXPÉRIENCE!

ACTIVITÉS D'APPRENTISSAGE

■ L'audace dit la vérité qui n'est pas seulement pour réprimander mais aussi pour exprimer la vérité dans tous les aspects de la vie.

■ Préparez des petits morceaux de papier ou une liste de Situacions qui requièrent l'exposition de la vérité de Dieu. Donnez à chaque élève une situation et laissez-les de penser et de parler sur la façon de traiter avec elle.

APPLICATION PERSONNELLE

■ Lisez Matt. 7: 3-5. Qu'est-ce que l'Écriture dit face aux autres?

■ Pensez des situaciones dans votre propre vie que vous devez faire juste avec Dieu avant que vous puissiez résoudre les problèmes dans la vie des autres. Prenez le temps pour la prière et la confession. Écrivez vos réflexions dans votre journal.

AFFECTATION

1. Écrivez le nom de la personne a étudié dans la Bible, la direction de la qualité de caractères ciblée (avec sa définition) et le verset clé dans votre journal.

2. Lisez 1 Samuel 16-17 en préparation de la leçon de la semaine prochaine.

21 DAVID - PARTIE 1

COURAGE:
Remplissez mes responsabilités en dépit de mes craintes.

ENGAGE!

CULTE
Écritures Suggérées: Psaumes 23

Chanson Suggérée: Vous Êtes Ma Cachette, Ma Force Est En Vous, Seigneur

ACTIVITÉ DE MOTIVATION
■ Demandez aux élèves ce qu'ils pensent de rendre à une personne courageuse. Si possible, citez en relevant des situaciones vous connaissez dans laquelle les élèves sont impliqués. Sollicitez des réponses et ensuite les laissez d' exprimer leurs raisons. Par la suite, les élèves racontent la bataille ou dramatisent l'histoire de David et Goliath qu'ils devraient avoir lu cette semaine.

OPTIONS D'ACTIVITÉ

BALLON BOMB

Matériels: Ballons, punaises

Instructions:

1. Divisez la classe en deux groupes, sans aucune explication.
2. Demandez à deux étudiants, un de chaque groupe, de faire sauter un ballon aussi vite qu'ils le peuvent.
3. Demandez aux groupes de s' aligner le relais pour lancer le jeu. Le ballon doit se transmettre d'une personne à l'autre. Celui qui tient le huard bombe équilibre crie: "Accomplir mes responsabilités en dépit de mes craintes», puis une passe à la personne suivante.
4. Entre-temps, l'instructeur et un assistant tentent à éclater les ballons avec les punaises. L'équipe avec le ballon intacte quand il atteint la fin de la ligne gagne.

EXPLOREZ!

PASSAGE(S) DE L'ÉCRITURE: 1 Samuel 17

VERSE CLÉ(S): 1 Samuel 17:45

ÉTUDE DE LA BIBLE
1. v. 1-11: Lisez le passage et partagez des pensées sur la situation des Israélites. En Vous mettant dans la peau des Israélites:
   ■ Qu'est ce qu'on aurait de voir un tel adversaire puissant?
   ■ Quels sont les grands problèmes , intimidant et écrasant ou si vous avez dans des situaciones que vous connaissez dans ces derniers temps, ou avez-vous passé? Qu'est-ce que vous pensez et ressentez comme vous observé le problème ou la situation en face de vous?

2. v. 12-22: David était humble de tâche de garder les moutons de son père. Aussi il était un "garçon de courses" qui a rempli d'autres tâches pour son Père. Considérez le genre d'humilité que David a vécu et y réfléchissez dans le cadre du v. 23-27

   ■ Comparez la réaction de l'armée d'Israël à David en réponse au cris de défi de Goliath. David était très audacieux dans les déclarations de Goliath. Dans son humilité, il a eu le courage.

3. v. 28-29: Eliab a mal compris les intentions de David. Partagez en montrant quelques audace d'affronter une situation qui a conduit les autres à penser de mauvaises choses sur vous.

4. v. 30-37: Discutez comment David dit à Saül de sa capacité dans la bataille.

   ■ Si vous étiez Saul, auriez-vous pensé de l'expérience de David était assez réel pour lui de faire la bataille?

   ■ Remarquez comment Ses expériences précédentes ont contribué au développement de son courage. Réfléchissez sur la façon dont Dieu "nous édifie" en nous laissant face à des épreuves de plus en mesure de nous préparer pour les grands problèmes dans l'avenir. Partagez certains défis qui que vous croyoz dernièrement «avez-vous aidé plus fort en tant que personne.

5. v. 38-44: David a choisi de porter qu'il était plus "confortable" dans la bataille. Expliquez comment vous êtes confortables de moyens pour faire face à de gros problèmes. Est-ce qu'il travaille habituellement?

   ■ Dieu n'exige pas les moyens "Tapageur" pour nous de gagner les batailles individuelles. Il veut que nous de les prendre comme nous sommes.

6. v. 45-47: Réfléchissez sur la réponse courageuse de David à Goliath. Qu'est que cela nous dit sur comment nous, en tant que chrétiens, devons faire face à de gros problèmes, en effrayant? Qu'est-ce que David dit sur son arme "pas-si-secret"?

7. v. 48-54: Discutez des questions suivantes:

   ■ Comparez les tactiques de combat de David et Goliath. Discutez de la façon immense d'option composite que les deux sont des combattants.

   ■ Partagez le temps que David se sent face à un certain Goliath.

   ■ Partagez des instances de fonction de la force de Dieu et soyez victorieux à une personne batailleur personnelle.

8. v. 55-58: Saul est devenu curieux avec David soudainement. Il a pu penser que David était un combattant compétent de quelque clan proéminent. L'introduction de la discussion de David de lui-même dans le dernier vers.

   ■ Connectez une dépendance dévote, humilité, et courage de cette histoire de David.

OPTIONS D'ACTIVITÉ

ENTRETIEN AVEC UN HÉROS

Matériels: Caméscope, microphone, d'autres accessoires

Instructions:

1. Demandez aux élèves de Contribuer les questions qu'ils aimeraient poser à David S' ils pouvaient avoir entretenu après sa confrontation avec Goliath.

2. Écrivez chaque question sur le tableau blanc.

3. Choisissez un étudiant d'agir comme David et permettez au reste des élèves à devenir journalistes.

4. Demandez aux élèves de décrire votre courage et donner des exemples. Discutez comment un leader pourrait réaliser ses responsabilidades en dépit des craintes.

ENTERETIEN AVEC UN HÉROS

Matériels: les fiches et les stylos à bille

Instructions:

1. Sélectionnez plusieurs versets bibliques dans 1 Samuel 17, certains familiers et d'autres pas si familier.

2. Ecrivez la moitié du spectacle sur une seule carte, la moitié de l'autre maquillage assez pour couvrir les cartes de fréquentation attendues ainsi que quelques extras, mais assurez-vous que les deux cartes sont distribuées pour chaque.

3. Distribuez des cartes originales au début de la classe, une par personne.

4. Demandez à vos élèves qui a trouveé la moitié de spectacle à l'autre.

Adapté de: connexions Faith décembre / janvier / février (Kansas de la ville: WordAction, 2006-7), P47

CHRONOLOGIE

■ Au moment de l'incident avec Goliath, Dieu a rejeté Saül comme roi et Samuel avait déjà oint David secrètement comme le prochain roi. Même si Saül ne savait pas rien de David, il ne sait que Samuel lui avait dit sur propre règne (voir 1 Sam. 15:28). La menace de perdre son royaume et la victoire de David dans la journée, a produit la popularité subséquente, causé de la jalousie folle de Saül de David. Saül est devenu de plus en plus instable, mais c'était l'année avant que David a pris le trône. Voir 1Chron. 10: 13-14 pour les malheureux épitaphe de Saul.

■ Préparez un petit symbole pour représenter David: comme une fronde ou de la couronne, et attachez à la chronologie du côté de Samuel. Sous le symbole écrivez 1000 BC, David est devenu approximativement.

■ Dessous de la ligne de Courage d'écriture et sa définition.

EXPÉRIENCE!

ACTIVITÉS D'APPRENTISSAGE

Réfléchissez sur les choses que les étudiants ont partagé pendant l'activité de motivation. Demandez aux élèves si leur point de vue sur le courage pourrait avoir changé à la lumière de ce qu'ils ont appris dans la leçon sur David.

APPLICATION PERSONNELLE

Pensez aux expériences que vous avez eu le courage nécessaire. Écrivez sur ells dans votre journal. Durant la semaine, prendrez note des chances que vous avez courage à exercer et écrivez comment vous avez répondu à chaque occasion.

22 DAVID - PARTIE 2

REPENTI:
Être désolé pour et tournez vers mon péché.

ENGAGE!

CULTE

Écritures Suggérées: Psaumes 51

Chanson suggérée: Crée En Moi Un Cœur Pur

ACTIVITÉ DE MOTIVATIONA

■ Fournissez à chaque élève un morceau de papier. Demandez-leur d'écrire sur le papier les choses dans leur vie, Selon l'Ecriture, Dieu s' il vous plaît ne le fait pas. Dites-leur de garder pour eux-mêmes jusqu'à la fin de la classe. Commencez la leçon en leur demandant de définir le mot en leur repentant.

OPTIONS D'ACTIVITÉ ■ ■

SITUATION DÉFINITION

Instructions:

▶ L'objectif c'est que les élèves doivent partager ce qu'ils pensent de la signification de repentance. L'enseignant doit avoir préparé plusieurs histoires courtes ou situacions qui ne peuvent pas montrer le concept de la repentance.

▶ Après avoir lu une situation, l'enseignant peut choisir soit les étudiants pour répondre ou demander à quelqu'un de dire si la situation mentionnée parle de la repentance. L'enseignant peut demander aux élèves d'expliquer pourquoi il ou elle pense que la situation ou le concept de la repentance ne montre pas. D'après les discussions courtes, essayez de résumer ce que les étudiants pensent généralement sur la signification de la repentance.

Situation Échantillon:

▶ Gina et Sarah étaient amis d'enfance. Pendant la classe de secondaire, elles ont trouvé chacune un autre groupe d'amis pour sortir. Mais en dépit de cela, qu'elles considéraient encore comme des amis proches. Avant qu'elles ont diplômé aux lycées, Sarah a découvert que une enfance embarrassante se répandait son histoire parmi ses camarades de classe. Elle a immédiatement conclu que Gina pourrait être la seule source depuis qu'elle était là. Seulement l'aquaintance de l'enfance dans la classe. Sarah est soudainement devenue indifférente à Gina et elle ne parlait jamais d'elle même jusqu'à ce qu'elles sont allés au collège dans les différentes universités. Sarah n'a rien fait pour clarifier les choses à Gina, car elle avait peur de toute confrontation.

TOURNER AUTOUR

Matériels: Papier ou des bouts de papier pour écrire les questions

Instructions:

Préparation:

Préparez plusieurs questions ou des tâches pour les élèves de répondre ou faire. Les questions pouvaient liées aux leçons précédentes ou à propos des faits ordinaires.

Il serait plus amusant d'inclure les questions pièges juste pour faire confondre les joueurs. Les tâches ou défis qui pourraient être des questions mélangées afin que les élèves ne sachent pas ce qu'ils pourraient obtenir. Les questions peuvent être lues au jeuers ou écrits sur de petits bouts de papier pour eux pour dessiner.

▶ Voici les questions et les exemples de tâches:

• Qui était le 3e président du pays?

• Combien de nains sont là dans l'histoire de Cendrillon?

• Allez 3 fois, touchez votre nez, puis un virage dans votre coude gauche.

• Si un train de balle est dirigé vers l'ouest, qu'est ce qui serait le sens de la direction de la fumée?

• Quelle est l'anglais de la pomme de terre ?

• Trouvez quelque chose de bleu et de la donner à quelqu'un en vêtu de blanc.

• Combien ya t-il de mois dans 28 jours?

• Qui pèse plus : un kilo de coton ou un kilo de roches?

• Faites un simple salut avec une personne dont le nom (prénom et nom).

Jeu Actuel:

1. Demandez aux élèves de diviser en deux équipes elles-mêmes alors une forme deux lignes.

2. Placez deux chaises qui sont en quelques pieds de la première personne de chaque groupe. Si des bouts de papier seraient utilisés, mettez un nombre égal de questions dans deux sacs séparés ou autres récipients alors les mettez au dessus de chaque chaise. (Si non, tout simplement ayez quelqu'un probablement l'animateur ou l'enseignant-pied entre les chaises pour lire la tâche ou une question.)

3. Demandez aux joueurs quand ils sont signalés pour commencer, les premiers joueurs à la ligne doivent courir vers les chaises, ramassez un morceau de papier, lisez et répondez à la question ou tâche accomplissement de dix écrit. L'autre option c'est que le premier atteint le président sera désigné d'une question ou de faire une tâche.

4. Quand un joueur répond incorrectement une tâche ou fait de mal, il doit tourner autour de 3 fois, puis un pick autre question ou une tâche. Le joueur continuera de tourner autour jusqu'à ce qu' il a fait quelque chose ou il répond correctement droit.

5. L'équipe qui a tous les membres de Leur groupe qui sont arrivés en premier gagne. Une pression de temps peut être appliqué le groupe qui a le plus de questions et de tâches effectuées correctement dans un laps de temps gagne.

Discussion:

• La repentance signifie "demi-tour." Ce jeu a littéralement fait que vous tournez autour, de ces leçons, nous allons apprendre davantage sur le genre en tournant autour ce qui a commis de l'extérieur.

• Le jeu aurait pu laisser assez certains étourdi. David doit avoir quelque chose sur une expérience vertigineuse tout en luttant avec ses pas. Ce qui fait un acte de repentance "tournant autour"?

EXPLOREZ!

ÉCRITURE DE PASSAGE(S): 2 Samuel 12

VERSET CLÉ(S): 2 Samuel 12:13-14

ÉTUDIE DE LA BIBLE

1. v. 1-10: Discutez l'utilisation de Nathan d'une introduction de l'histoire pour expliquer le péché de David a commis. David, au début, ne savait pas que l'histoire était sur lui, et s'est même condamné dans l'histoire.

   ■ Expliquez comment: parfois, nous pensons que notre péché semble être inaperçu par Dieu puisque rien ne se passe mauvais cause de cela.

   ■ Partagez les incidents lorsque vous êtes confronté par quelqu'un à propos de votre péché et il était seulement la gravité que vous avez réalisé de ce que vous avez fait. 2.

2. v. 11-14: partagez les pensées sur la réponse de David dans la réprimande de Nathan:

   ■ Quelle est votre réaction normale quand quelqu'un vous reproche?

   ■ Est-il facile ou difficile d'admettre ses péchés? Pourquoi? Combien de temps cela vous emmenez habituellement d'admettre? Laissez les élèves de partager leur propre histoires réprimandée.

   ■ Qu'est-ce que l'humilité a à voir avec la repentance?

   ■ Comment pourriez-vous définir ou décrire la repentance?

3. v.15-23: La repentance ne signifie pas vraiment, il y aura une exeption de conséquences. Discutez:

   ■ Pourquoi les conséquences subsistent malgré la repentance?

   ■ Quelle a été la réaction de David Vers la conséquence de ses péchés?

   ■ Dialoguez et de réflechissez sur ce que David a fait avant et après la mort de son fils.

   ■ Mise au point sur le verset 22-23: Est-ce que David la a raison pour ne pas faire le deuil de sens? Discutez plus à ce sujet.

4. v. 22-31: Dieu a bénit David après sa repentance et l'acceptation de la conséquence. C'est une démonstration de l'amour et de la grâce de Dieu.

   ■ Parlez de la façon dont Dieu poursuit ses bénédictions après une chute spirituelle.

   ■ Donnez aux élèves le temps de partager quand ils ont senti la bonté de Dieu après ils ont repenti et ont été pardonnés.

OPTION D'ACTIVITÉ

PSAUMES DE DISCUSSION

Matériels: Bibles

Instructions:

1. Demandez aux élèves de tourner leurs Bibles dans le Psaume 32. Donnez les un peu de temps pour lire. Poursuivrez la discussion tout en renvoyant au passage.

   • Psaume 32 a probablement été écrit par David comme une expression de Ses sentiments après d'être réprimandé par Nathan.

2. Les éléments suivants peuvent être des points de discussion:

   ▶ Quelles sont les choses que le psaume a indiqué sur la notion de repentance?

   ▶ En lisant le psaume, qu'est ce qui pourrait avoir des émotions lorsque vous mangez en jeu etant qu'il a été écrit (en supposant que c'est David)?

3. Laissez les élèves de rappeler une fois quand ils ont été confrontés à leurs péchés et ont lutté avec lui. Trouvez le psaume similaire qui exprime des sentiments à des expériences individuelles des élèves.

CHRONOLOGIE

- Lisez 1 Chroniques 17: 7-14. Ici, nous voyons que Dieu a fait une profonde promesse à David: un de ses descendants bde Salomon, resterait sur le trône pour toujours! Comment cela pourrait être? Dieu a continué dans l'accomplissement de sa promesse à Abraham, Isaac et Jacob, que leur ligne à travers la famille, toutes les nations seraient béni. Cette promesse à David annonçait la venue du Roi des Rois qui régnera pour toujours. C'est pourquoi, des centaines d'années plus tard, le peuple d'Israël était encore en attente le Messie à manger de la ligne de David de la famille (voir Matt. 12:23).

- Pas de symbole supplémentaire nécessaire pour la leçon de cette semaine, mais ajoutez à la chronologie la qualité de pénitence et de Son caractère de définition.

EXPRÉIENCE!

ACTIVITÉS D'APPRENTISSAGE

1. Demandez aux élèves de dire des choses qu'ils voient autour d'eux qui a été en suite de Commettre des péchés (par exemple le VIH / sida, les grossesses non désirées, les maladies du foie de consommation excessive d'alcool, etc.)

2. Maintenant, demandez aux élèves d'apporter les papiers qu'ils ont depuis le début de la classe. Cela peut être une merveilleuse occasion pour leur permettre de parler à Dieu et de réaliser l'importance de l'humilité et la repentance. Soit vous pouvez brûler les papiers ou tout simplement les déchirer et après que vous »pouvez prier pour eux par paires, puis par groupe.

OPTIONS D'ACTIVITÉ

LEÇON D'OBJECT DE REPENTANCE

Matériels: ciseaux, cutter, petit couteau, morceau de papier croustillant, claires rubans, cordes, de la colle, adhésifs et autres disponibles

Instructions:

1. Faites circuler les objets pointus pour les étudiants. Alors que les objets qu'ils touchent, leur dire d'essayer d'imaginer qu'est ce que c' est d'être coupé par l'un des objets. Laissez les élèves parlent de la douleur qu'ils pourraient se sentir et les cas où ils ont subi toute sorte de plaie ou coupés. Après cela, recueillir les objets pointus.

2. Maintenant disposez les différents adhésifs. Demandez-leur si aucune de ces choses serait bien travailler pour arrêter une plaie ou couper d'une hémorragie. Laissez les élèves discutent des possibilités humoristiques. Puis demandez-leur ce qui serait la chose appropriée à utiliser pour couvrir des coupures ou des blessures pour les premiers soins.

3. Montrez-leur la Band-Aid. Dites-leur la douleur physique qui a beaucoup de similitudes à la douleur causée par le péché spirituel.

4. Dessinez et écrivez cela sur la carte ou le poster.

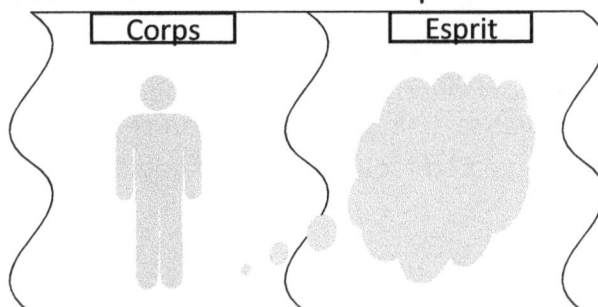

5. Posez les questions suivantes afin d'aider les élèves de remplir le tableau des similitudes.

Pour le corps: *

> ▶ Que ressentez-vous quand vous coupez ou blessé? (blessé / douleur)
> ▶ Quece qui doit avoir fait pour arrêter le saignement et la douleur? (utiliser un bandage)
> ▶ Qu'advient-il lorsque les premiers secourssont appliqués? (guérison)
> ▶ Que peut-on apprendre après avoir été blessé? (apprendre à être prudent / ne pas faire à nouveau)

* Le questions sur cette section ont été directement prises de la source: Soirée Familiale Planner. Repentance Objet Leçon et Song, à partir de: http://fheplanner.blogspot.com/search/label/Repentance

Pour l'Esprit:

> ▶ Lorsque l'un commet le péché, quelle est la première chose qu'arrive à une personne qui est condamnée? (Réalisez la culpabilité / sentez désolé)
> ▶ Après avoir réalisé la culpabilité, que doit-on faire? (Demandez pardon)
> ▶ Qu'est qu'on a fait avec les conséquences du péché? (Fixer le problème)
> ▶ Que doit faire une personne avec la leçon qu'elle a appris auprès des péchés? (Résister au péché)

6. Que les élèves écrivent sur le tableau dans leur journal. Une option aura tout simplement donné les étapes suivantes à la repentance:

- "Quand je réalise que j'ai fait du mal."
- "Je demande pour être pardonné."
- "Je résous le problème du mieux que je peux."
- "Je résiste péché encore et encore."

7. Continuez la discussion en se référant à de nouvelle histoire de David de la repentance.

Référence: Adapté de la soirée familiale Planner. Repentance objet Leçon et Song, à partir de: http://fheplanner.blogspot.com/search/label/Repentance; Consulté le 12 septembre 2009.

APPLICATION PERSONNELLE

■ Écrivez dans votre journal vos expériences de repentance et le pardon de Dieu. Réfléchissez sur la signification de la repentance dans le leadership. (Assurez - leur que cela sera personnel et n'est pas destiné à partager au groupe à moins qu'ils veulent.)

AFFECTATION

1. Écrivez le nom de la personne a étudié de la Bible, la direction de la qualité de caractères ciblée (avec sa définition) et le verset clé dans votre journal.
2. Lisez 1 Rois 2: 1-12 et 2 Chroniques 1 en préparation de la leçon de la semaine prochaine.

23 SOLOMON

SAGESSE-CHERCHEUR:

Désireux le cadeau donné par Dieu de perspicacité pour une vie réussie

ENGAGE!

CULTE

Écritures Suggérées: Proverbes 1:1-9 or Job 28:12-28

Chanson Suggérée: Dieu De Jacob (Donnez-Nous Mains Propres)

ACTIVITÉ DE MOTIVATION

■ Préparez une activité dans laquelle les étudiants devront choisir la bonne réponse. Intencionnellement faites des déclarations vagues si possible ou commencer avec un seul test dans 1 Rois 3: 1-15:

1. Salomon a aimé
   a. Baal   B. Le Seigneur c. Moloch
2. Le Père de Salomon était
   a. Le roi Saül b. Roi Achab c. Roi David
3. Où le roi Salomon est allé pour faire son sacrifice?
   a. Jérusalem b. Eden c. Gabaon
4. Le Seigneur apparut à Salomon dans un
   a. rêve   b. vision   c. nuage
5. Dieu dit à Salomon
   a. "Repentez-vous de vos péchés."   b. "Demandez ce que je te donnerai."
                      c. "Enlève tes chaussures."
6. Salomon a demandé
   a. un coeur intelligent b. une vie longue c. beaucoup d'argent
7. Demande de Salomon
   a. le Seigneur a fait le colère   b. plu au Seigneur   c. le Seigneur fait rire
8. Le Seigneur donna à Salomon
   a. richesse et la gloire b. un coeur sage et intelligent   c. Les deux A & B
9. Quand Salomon se réveilla il est alleé pour faire des offrandes à l'Éternel?
   a. Jérusalem   b. Eden   c. Gabaon

Accessible depuis http://www.childrenschapel.org/biblestories/solomonmc.html

OPTION D'ACTIVITÉ ■ ■

SAGESSE/CONNAISSANCE DE JEU DE LA SEDUCTION

Matériels: 2 grandes feuilles de papier (ou papier de boucherie Manille), deux marqueurs

Instructions: Divisez la classe en deux groupes et donnez à chaque groupe une grande feuille de papier et un marqueur.   Demandez au premier groupe d'énumérer toutes les règles de la datation, les choses que vous devriez et ne devriez pas faire. Demandez au deuxième groupe de donner des instructions à une personne qui n'a jamais été sur une date au début de la fin, y compris les friandises comment Répondre. Donnez aux groupes le temps de réfléchir ensemble.

Demandez à chaque groupe de part ager leurs résultats. Puis les élèves agissent sur les deux situation avec La narration de l'instructeur, commencez par la liste du premier groupe. Depuis la liste n'est pas dans un ordre, elle sera drôle, maladroit, et hors de l'ordre. Faites ensuite la loi de groupe sur la liste du deuxième groupe.

Demandez au groupe d'analyser la différence entre les deux listes. Il n'est pas nécessaire qu'ils identifient précisément la sagesse ou la connaissance de l'identité.

CARTE DE MAISON

Matériels: Tout jeu de cartes, ou épaisses de feuilles de papier cartonné ou fiches.

Instructions: Divisez les élèves en groupes de 3-4.

▶ Sortez un jeu de cartes.Il devrait être une nouvelle plate-forme relativamente vieille, fragile. Les cartes qui sont froissées et pliées ne seront pas bien s' en tirer, mais ce ne sont pas ni un nouveau tablier totalement de marque glissante; voyez les Conseils. Un desin habituellement intéressant, nous ajoutons une belle touche ainsi.

▶ Sélectionnez deux cartes de la pioche. Placez-les de sorte qu'elles sont dans 2 pouces (5 cm) les uns des autres à la base, et de les lire ensemble dans une tête en bas "V". Le "/ \", ou apex, équilibre devrait Indépendamment quand il a placé dans la surface.

Conseils:

▶ Taille standard des cartes à jouer qui fonctionnent le mieux.

▶ Essayez de lécher les bords de vos cartes avant de les placer dans un apex, mais n'obtenez pas les d étremper, bien sûr, ils ne fonctionneront pas.

▶ Si vos cartes glissent beaucoup contre d'autres cartes, il se pourrait que vos cartes sont trop nouvelles ou utilisées. De nouvelles cartes ne collent pas bien dans cette bords très minces. Essayez légèrement en utilisant les bords de la carte, mais ne les déchirez pas.

▶ Abstenez-vous de la respiration difficile lors de la construction de votre tour de carte.

▶ Si vous avez des amis disponibles qui est prêt à vous aider à construire votre tour de carte, c'est génial. Comme vous essayez de construire les tours de carte plus élevés, il est utile d'avoir quelqu'un accrochez les points qui sont déjà construits sur la ligne que vous êtes sur.

- ▶ Index de cartes de fonctionnent est mieux que de jouer des cartes parce qu'il ne lisse et polie pas.

- ▶ Soyez patient! Si vous précipitez les choses, vous pourriez le faire tomber, ou construire les fondations faibles.

- ▶ Essayez de respirer sur le côté de sorte que vous n'ayez pas d'assommer votre carte de tour!

Références: http://www.wikihow.com/Build-a-Tower-of-Cards#Tips

EXPLORE!

ÉCRITURE DE PASSAGE(S):   1 Rois 3, 4:29-34, 10:23-11:1-13

VERSET CLÉ(S):   2 Chroniques 1:10 (Jacques 1:5)

ÉTUDE DE LA BIBLE

1. 1 Rois 3: 1-15: Discutez la fidélité de Salomon à Dieu:

   - ■ Comment Salomon a montré son amour pour Dieu? (Verset 3)
   - ■ Quelle est la raison pour laquelle Dieu a demandé à Salomon pour demander que ce qu'il le ferait?
   - ■ La situation de Salomon pourrait ressembler à celui de Aladdin. Si on vous a dit de demander tout ce que vous «voulez, que diriez-vous?
   - ■ Discutez la réponse de Salomon à Dieu. Il a fait le bon choix? Il était sensible ou logique pour lui de demander de la sagesse?
   - ■ Dieu a satisfait la réponse de Salomon. Pourquoi pensez-vous que il était?

2. 1 Rois 3: 16-28: parlez sur comment le passage parle de la sagesse de Salomon.

   - ■ Qu'est-ce que le mot «sagesse» signifie pour vous? Laissez les élèves se traduisent à un mot philippine et les laissez d'expliquer pourquoi ils ont choisi ce mot.
   - ■ Dans le passage, qu'est ce qui pourrait signifier la sagesse?
   - ■ Ch. 4: 29-34: Le passage montre une sagesse extraordinaire de Salomon. Pour cette description, pensez à des gens moderne à l'époque (y compris début ceux des scientifiques et des philosophes) qui semblent posséder cette sorte de sagesse.
   - ■ Comment la sagesse peut être définie à partir de ce passage?
   - ■ Parlez de la façon que Salomon a utilisé sa sagesse. (Voir aussi Ch. 10: 23-29)

3. 1 Rois 11: 1-8: Quel était le prix de la sagesse de Salomon? Comment Dieu a donné l'habilité dans le péché?

   - ■ Parlez de la façon dont la sagesse apporte la gloire, la célébrité apporte la fierté, et puis un conduit Contre la désobéissance à Dieu.
   - ■ Discutez comment la violence de ses talents et capacités ont donné par Dieu dans le péché. Partagez sur les personnes que vous connaissez (vous n'avez pas besoin d'utiliser des noms) ou des personnalités célèbres qui semblent être abusives de leur sagesse et de puissance.

4. 1 Rois 11: 7-13: Quelle a été la conséquence de la désobéissance de Salomon?

   - ■ Laissez tout le monde de partager librement dans leurs pensées sur l'histoire de Salomon.
   - ■ Quelles leçons utiles peuvent être tirées de lui?

OPTIONS D'ACTIVITÉ

LETTRE DE SALOMON

Matériels: Instrument d'écriture et un morceau de papier pour chaque élève.

Instructions: Après avoir lu les passages scripturaires et ayez toute discussionen demandant aux élèves de prendre un ustensile d'écriture et de papier et d'écrire une lettre à Salomon. Dans cette lettre, ils ont dit ce qu'ils pensent de sa situation Salomon et pourquoi. Ils ont dit de lui où il a commencé d' aller mal et suggérez des façons qu'il pouvait corriger le situaiton. Ils sont aussi partager avec Salomon pour placer dans leur besoin de vie où ils ont la sagesse pour prendre de bonne décision.

CHRONOLOGIE

- Si vous lisez l'histoire entière de Salomon, vous découvrirez qu'il était un étonnant administrateur. Non seulement il a accompli un tour de force dans le bâtiment du temple; Il était fiable pour organiser les gens et les ressources de telle sorte que l'ensemble du pays éprouvait une grande prospérité durant son règne. Mais, le péché de Salomon a conduit à la division de la nation et tout a commencé à s'effondrer aussitôt après sa mort. En dépit de l'échec de Salomon, Dieu a tenu sa promesse à David. Le Fils de Salomon , Roboam, et ses héritiers régnèrent sur deux des douze tribus et ont continué la ligne de David.

- Préparez un petit symbole ,: comme une image du temple, pour représenter Salomon. Placez-le sur la chronologie à côté du symbole pour David. Juste après le symbole de Salomon, écrivez le royaume divisé verticalement et mettez la date 930 Chronologie sur la chronologie.

- Sous la chronologie, écrivez la sagesse d'asile et sa définition.

EXPÉRIENCE!

ACTIVITÉS D'APPRENTISSAGE

1. Demandez aux élèves de comparer la sagesse et de la connaissance. Écrivez leurs définitions et distinctions au tableau ou dans la grande feuille de papier. Quelle est l'importance de chacune dans la vie d'un leader? Considérez la déclaration: les connaissances que vous pouvez obtenir à l'école, mais la sagesse vient de Dieu.

2. Essayez un simulacre de procès pour la délivrance de la communauté réelle. Ayez deux côtés de discussion de la question et de tourner à une décision. Discutez des difficultés de connaître la bonne chose à faire. Priez ensemble pour la sagesse pour résoudre le problème, puis un agir.

APPLICATION PERSONNELLE

Demandez aux élèves de diviser en petits groupes et de discutez les situaciones dans leur propre vie pour laquelle ils ont besoin pour demander à Dieu la sagesse. Demandez à une personne de chaque groupe de revenir à l'ensemble du groupe. Demandez à une personne de représenter le Groupe dans une prière pour la sagesse.

OPTIONS D'ACTIVITÉ

ACTIVITÉ D'ÉCRITURE CONFESSIONNELLE

Matériels: Morceaux de papier; Ustensiles d'écriture pour chaque élève Matchs ou un allume-feu; Un endroit où un petit feu peut être fait en toute sécurité

Instructions:

1. Demandez aux élèves, "Qu'est-ce que Salomon a demandé à Dieu? était-Il fidèle pour utiliser Ce don? Pourquoi ou pourquoi pas? "

2. Demandez: «Quels sont les dons et les talents que Dieu vous a donné? Utilisez-vous positivement Cela positivement ou négativement? Avez-vous jamais lutté pour faire les bons choix dans la vie? Nous avons tous le visage comme les situaciones Salomon dont nous utilisons le cadeau que Dieu nous a donné dans la vie de façon constructive et un mode de vie positive ou négative. "

3. Demandez aux élèves de prendre le temps pour réfléchir et pour prier et demander à Dieu de leur montrer les lieux de leur vie où ils font de mauvais choix de vie ou si elles n' utilisent pas pleinement les dons que Dieu leur a donné pour glorifier Dieu et aider les autres. Puis les élèves nt peuvent écrire dans les luttes originales sur un morceau de papier et le plier.

4. Prenez la classe et les morceaux de papier à un endroit où un petit feu peut être fait en toute sécurité (il pourrait être bon de faire cette partie de la leçon déjà dans le lieu l'installation). Et dites: «Tout comme Dieu a écouté la demande de Salomon et lui donna la sagesse, Il nous écoute lorsque nous lui demandons d'aide et de la sagesse dans nos vies pour faire les bons choix et de vivre à juste titre." Demandez aux élèves de mettre leur papier dans une pile et de la lumière les documents sur le feu.

5. Ayez le standard du groupe dans un cercle et tenir la main (S'i l est appropriée ou efficace) et chantez une chanson de dévouement ensemble (i-e mains de Potter). Demandez à un élève de donner une prière de clôture.

AFFECTATION

1. Écrivez le nom de la personne a étudié de la Bible, la direction de la qualité de caractères ciblée (avec sa définition) et le verset clé dans votre journal.

2. Lisez 1 Rois 17: 1-18: 15 en préparation de la leçon de la semaine prochaine.

24 ÉLIE

ZÉLÉ:

Passionné pour la gloire d'un seul vrai Dieu

ENGAGE!

CULTE

Écritures suggérées: Romains 12:9-16

Chanson suggérée: Rois De Majesté; Jours De Élie

ACTIVITÉ DE MOTIVATION

- Commencez par demander aux élèves de définir le mot zèle et de partager leurs pensées sur lui. Puis donnez-leur la définition dans le dictionnaire.
- Partagez les histoires des personnes qui ont été zélé pour une variété de raisons. Citez par exemples les héros célèbres qui ont été zélé pour le pays et discutez brièvement ce qu'ils ont fait pour montrer leur zèle. (Permettez aux élèves de partager ce qu'ils peuvent également rappeler de leur classe des études sociales). Maintenant, rapportez la leçon sur leur zèle spirituel et de leur donnez la définition ci-dessus.

OPTIONS D'ACTIVITÉ

DÉFINITION DE ZÈLE

Matériels: Une variété de dictionnaires ou des morceaux de papier ou de cartes 3x5 avec les définitions du mot zélé de diverses sources écrites sur eux, une définition par carte.

- ▶ Utilisez deux dictionnaires français différents (vous Pouvez utiliser des sources en ligne), un dictionnaire Biblique et un dictionnaire de la première langue des élèves. Si la classe est grande, les définitions peuvent être dupliquées.

Instructions: Divisez la classe en petits groupes en fonction du nombre de définition que vous avez prévu. Demandez-leur de travailler ensemble pour arriver à une définition dans leurs propres mots. Lorsque tous les groupes ont terminé, demandez-leur de partager leurs définitions avec le reste de la classe. Vous pouvez souhaiter de faire la tentative dans la classe pour synthétiser toutes les définitions dans une définition concise. Demandez aux élèves de comparer leur définition avec une rubrique qui tenu compte de la leçon. Demandez-leur d'exprimer la définition de la leçon dans leur première langue.

Définition de l'échantillon de Nouveau Collegiate Dictionary de Webster, 1981:

Zélé - Caractérisé par ou Rempli de zèle.

Zélé - Empressement et l'intérêt ardent à la poursuite de quelque chose. Ferveur. Passion.

PUBLICITÉ ZÉLÉ

Matériels: Une variété de produits: comme une boîte de sardines, des nouilles instantanées, barre de savon (toujours dans le paquet), paquet de détergent à lessive, nouvelle paire de chaussettes, téléphone cellulaire, etc.

Instructions: Affichez une variété d'articles: tels que ceux qui sont énumérés ci-dessus. Demandez à chaque élève ou paire d'élèves de choisir un produit à promouvoir avec un zèle (passion et enthousiasme pour les vertus du produit) pour convaincre le reste de la classe que c'est le meilleur de son genre.

Ensuite, discutez de ce qui se passerait si nous avons partagé la vérité de Jésus-Christ avec le même zèle. Permettez aux bénévoles de démontrer si le temps le permet.

ÉTUDE DE LA BIBLE

1. 1 Rois 18: 16-40: Comment peut être décrit le zèle du passage? Qu' est que Élie a fait son zèle?

    ■ Discutez comment la confiance et la courtoisie sont liés à le zèle.

    ■ Laissez les élèves de donner un exemple d'une personne zélée acceptation ou une personnalité célèbre) Parlez sur la façon dont la personne montre le zèle et la raison de son zèle.

2. 1 Rois 19: 1-14: Qu'est ce qui aurait été la cause de la dépression de Elie (vu dans les versets 4, 10 et 14)

    ■ Partagez le temps de sentiment "brûlés" de tous les ministères ou d'autres responsabilité dans la vie. Qu'est-ce que vous priez ou qu'est-ce que vous dites à Dieu dans de telle circonstances? Comme Elie, avez-vous aussi eu un sentiment de vouloir mourir à cause de l'épuisement et le stress?

    ■ 1 Rois 19: 5-8: Remarquez comment Dieu a pris soin d'Elie Pendant Sa dépression. Dieu comprend et prend soin de nous dans les moments de dépression. Réfléchissez davantage sur ce sujet. (Enseignant: Peut-être, vous pouvez partager votre propre expérience de "laisser tomber" qui survient après un point haut ou la victoire spirituelle et comment vous avez traité avec elle ou comment Dieu a utilisé son ministère à vous.)

    ■ Dieu donne la force dont nous avons besoin, ou la source de force que nous avons dans les moments difficiles de manipulation.

3. 1 Rois 19: 15-18: Comment Dieu at-il répondu à Elie?

    ■ Notez que Dieu a donné un successeur à Elie. Comment cela Devenir la solution tion aux plaidoyers d'Elie?

CHRONOLOGIE

Après le règne de Salomon, le royaume d'Israël a été divisé: Israël, composé de 10 tribus du nord, et Juda, constitués de deux tribus dans le sud. Le fils de Salomon , Roboam, a gouverné Juda, mais Israël a été gouverné par Jéroboam et ensuite une série de rois impies. Le pire était Achab. C' était pendant le règne d'Achab, le septième roi d'Israël, Elie est apparu sur la scène. En dépit des avertissements et des démonstrations de la puissance de Dieu à Elie, Achab a continué de rebeller et la nation a souffert pour elle.

■ Préparez un symbole ,: comme un nuage ou l'autel pour représenter Élie. Placez-le sur l'échéancier à courte distance du symbole pour Salomon.

■ Sous la chronologie, écrivez Zélé et sa définition.

EXPÉRIENCE !

ACTIVITÉS D'APPRENTISSAGE

Divisez en petits groupes. Fournissez des informations sur les différentes religions pour chaque groupe.Demandez aux groupes de comparer Leur religion assignée au christianisme. Quel est le vrai Dieu de cette religion? Demandez-leur de partager leurs découvertes avec les autres groupes.

APPLICATION PERSONNELLE

Réfléchissez dans votre journal sur pourquoi vous croyez en un seul Dieu. Exprimez votre zèle pour le Seigneur.

OPTIONS D'ACTIVITÉ ■ ■

RÉFLEXION PERSONNELLE

Matériels: Histoire de Watchman Nee et Li Kuo-ching, le jour du festival (page suivante)

Instructions: Lisez l'histoire, "La preuve de la foi," pour les étudiants. Notez leurs réactions. Posez les questions suivantes:

▶ Comment sentez-vous dans cette histoire?

▶ Est-ce que vous identifiez l'identité avec l'un des personnages de cette histoire? Laquelle et de quelle manière?

▶ Li Kuo-ching était un garçon de 16 ans. Qu'auriez-vous fait à sa place?

▶ Quelle était la préoccupation initiale de Watchman Nee?

▶ Quelle est la différence entre «essai» Dieu et croire en Lui?

"La Preuve De La Foi"

C'était en Janvier 1925. Le nouveau An lunaire approchait. Watchman Nee et cinq de ses disciples a décidé de passer les vacances dans la prédication de l'Évangile dans le village de Mei-hwa lorsque les gens n' avaient jamais entendu parler de Jésus-Christ. À la dernière minute, une nouvelle chrétienne, Li Kuo-ching, a décidé de se joindre à eux.

Quand ils sont arrivés, les gens du village étaient occupés avec les traditionns rituelles de jours de la sainteté: le culte des ancêtres, le jeu, le feux d'artifice et des offrandes à leurs dieux qui font sur les ménages. Watchman Nee et son équipe ont prêché dans le village pendant neuf jours, mais il n'y avait aucune réponse. Les gens ne voulaient pas écouter.

Le jeune zélé Li Kuo-ching est devenu frustré. "Quel est le problème?" Il a demandé de la foule. "Pourquoi ne vous croyez pas?" Les gens lui ont dit de leur Dieu dépendance fiable Tawang (Grand Roi) dont le jour de fête a été divinement nommé le 11 du mois. Pour 286 années leur dieu de soleil a fourni quelque jours qu'il a choisi pour être son jour de fête. "Alors je vous le promets," a déclaré le passionnant, "notre Dieu, est le vrai Dieu, Il peut faire pleuvoir à 11 ".

"Très bien!" a répondu le villageois. "S' il pleut à 11th, puis ton Jésus est en effet le vrai Dieu. Nous allons l'écouter! "Les nouvelles se propagent comme une traînée. Quand il atteint le veilleur, il a été horrifié! Il semblait l'honneur du Seigneur était sur la ligne et il peut ou ne peut pas être en faveur de la contestation de l'éruption de Li. EDst ce qu'Il avait péché pour mettre Dieu à l'épreuve? Mais si Dieu n'a pas répondu à la prise en charge du défi, comment l'évangile n'a jamais reçu dans ce village ? Dieu aurait-Il permis à Tawang de régner?

Retounez dans leur lieu de rencontre le veilleur et ses compagnons de prier humblement. Ensuite, une parole du Seigneur arrivait à le veilleur: «Où est le Dieu d'Elie" Avec l'assurance que Dieu enverrait la pluie à la 11th. Ils se sentaient tellement sûr qu'ils allaient retourner dans le village pour répéter le défi dans toute la région.

Le matin du 11, le veilleur réveilla et passa 07 heures avec le soleil en continu à travers la fenêtre. "Ce n' est pas la pluie!" écriai-il. Une fois de plus il a entendu, "Où est le Dieu d'Elie?" Humblement, il a descendu pour rejoindre les autres pour le petit déjeuner.

Les sept d'entre eux, et leur hôte, étaient très calme. Il n'y avait pas un nuage dans le ciel, mais ils savaient que Dieu Lui-même aurait honoré avant chez les personnes d'origine. Comme ils s'inclinèrent à prier avant de manger, a dit le sentinelle: "Je pense que le temps est écoulé. La Pluie doit venir maintenant. . Nous pouvons apporter à la commémoration du Seigneur "Tranquillement ils l'ont fait et rassuré une fois de plus sur:" Où est le Dieu d'Elie "Même avant qu'ils ont dit Amen, ils ont entendu des gouttes de pluie sur le toit. Comme Ils mangeaient, ils y avaient une douche régulière. Quand ils ont été servis un deuxième plat de riz, le sentinelle a dit: "Donnons encore merci!" Et cette fois, il a demandé pour la pluie lourde. La pluie a commencé à verser! Au moment où ils ont terminé leur petit-déjeuner, devant la rue a été inondé.

Déjà certains des villageois avaient déclaré ouvertement, "Leur Dieu est le vrai Dieu! Il n'y a plus Tawang! "Mais les adorateurs de Tawang lui apporté de toute façon, croyant que il arrêterait la pluie. Bientôt portant l'idole trébuchant et tombant dans la rue boueuse. Tawang est tombé! Il a ses mâchoires et le bras cassé. Les adorateurs ont ramassé les morceaux et ont continué à essayer de réaliser Tawang à travers les rues, mais à grand risque, pour les rues dangereuses maintenant. Enfin, ils ont abandonné, mais Ils n'tont pas cédé! Ils sont venus avec une nouvelle proclamation: le 11e était le mauvais jour! Ils avaient fait une erreur dans leur désignation. Le festival devait commencer à la veille de la 14e Ning!

Ce sentinnel de temps et ses compagnons étaient pas alarmés. Ils savait que Dieu agit à nouveau. Ils ont prié, "Seigneur, apportez nous la pluie à 6h00 le 14 et donnez nous un temps clair d'ici." Cet après-midi, le ciel s'éclaircit et les gens sont venus pour entendre qu'ils avaient dit. Avant le 14e, plus de 30 villageois avaient mis leur confiance en Jésus. Même le 14e prédicateurs ont continué d'avoir un bon public. Comme le soir approchait le groupe sentinnel est choisi pour la prière. Juste à 06h00 la réponse de pluies torrentielles de Dieu sont venues et des inondations. La puissance de Satan sur ce village, manifeste dans l'idole Tawang, avait été brisée!

Référence: histoire est paraphrasée du compte Angus Kinnear dans l'histoire de Watchman Nee: Against the Tide (Wheaton, IL: Tyndale House Publishers, Inc., 1973), 92-96.

COMPARAISON D'HISTOIRE

Matériels: Tableau blanc et marqueur ou tableau noir et de la craie

Instructions: Lisez l'histoire de sentinnel Nee et les Chinois fêtent le jour de Ta-wang. Avec Le groupe discutez en quoi les circonstances de Sentinnel Nee sont comparés à ceux d'Elie. Dessinez les similitudes et les expatriés sur le plateau dans une grille en quatre parties, comme indiqué.

	Sentinnel Nee	Élie
Similutide		
Différences		

Références: L'histoire est paraphrasée du compte Angus Kinnear dans l'histoire de Watchman Nee: Against the Tide (Wheaton, IL: Tyndale House Publishers, Inc., 1973), 92-96.

AFFECTATION

1. Écrivez le nom de la personne a étudié de la Bible, la direction de la qualité de caractères ciblée (avec sa définition) et le verset clé dans votre journal.

2. Lisez 1 Rois 19: 19-21 et 2 Rois 2 et 4 en préparation pour la leçon de la semaine prochaine.

25 ELISÉE

HABILITÉ:
Activé par l'Esprit Saint pour démontrer la grandeur de Dieu

ENGAGE!

CULTE
Écritures suggérées: 2 Chroniques 20:6 or Psaumes 105:1-4

Chanson suggérée: L'esprit Du Seigneur Et Pour Le Seigneur Est Mon Tour

ACTIVITÉ DE MOTIVATION
- Demandez aux étudiants à propos de leur dessin animé préféré ou la bande dessinée de super-héros. Si possible,mettez des affiches ou des bandes dessinées pour les étudiants peuvent regarder.
- Ayez certains des étudiants pour parler sur leur super héros préféré à son pouvoir.
- Présentez la leçon en parlant sur comment la Bible comprend des histoires sur 'Superhumains' et que l'un d'eux est Elisée.

OPTIONS D'ACTIVITÉ

ELISÉE LE SUPER-HÉROS

Matériels: Affiches de super-héros ou un agrandissement d'une image comme ci-dessous:

Instructions: Montrez aux élèves des affiches de Les super-héros les plus populaires ou d'un élargissement de l'image ci-dessous. Permettez-leur de discuter de leurs favoris et de dire pourquoi ils les aiment. Demandez-leur s'il savent comment les super-héros sont censés sur son pouvoir. Demandez-leur ce qu'ils feraient à leurs pouvoirs s' ils étaient leurs super-héros préférés et pourquoi. Dites-leur qu'ils vont recevoir de savoir un réel super-héros dans la leçon d'aujourd'hui et découvrir lorsque de sa puissance unique est venu.

Références: http://tvtropes.org/pmwiki/pmwiki.php/Main/Superhero

DOUBLE JEU DE PUISSANCE

Materials: Dépend des cascades que vous choisissez. Peut-être une balle, poids, etc.

Instructions: La Bible dit que Elisée a demandé une double portion de l'esprit d'Elie. Elie dit qu'il serait accordé si Elisée devait être pris de la terre. Elisée a vu cela se produire, donc il suppose qu'il a reçu sa demande, mais il ne sait pas exactement qu'est ce que cela signifie de recevoir une double portion de l'esprit de quelqu'un. Qu'est que nous savons sur l'habilité d' Élisée de faire beaucoup de miracles étonnants.

Enseignant: Jouons un jeu. Nous verrons si vous êtes deux fois plus puissant que votre professeur. Quoi que je fais, vous devez faire deux fois mieux ou deux fois et autant de fois, etc.

Note à l'enseignant: effectuez une variété de compétences et ayez du groupe ou des individus dans le groupe vous imite, ils doivent produire deux fois ce que vous produisez.

- ▶ Lancez une balle et l'attrapez (Ils doivent jeter deux fois plus élevé)
- ▶ Faites trois pompes ou d'autres gymnastiques (Ils doivent le faire deux fois plus nombreux)
- ▶ Soulevez un poids (Ils soulèvent deux fois plus de poids ou deux fois autant de répétitions)
- ▶ Dribblez un ballon autour d'un obstacle (Ils doivent faire le tour deux fois)
- ▶ Dites les versets de mémoire (Ils disent deux fois plus nombreux versets)
- ▶ Chantez une chanson (Ils chantent deux fois plus fort)

EXPLORE!

PASSAGE(S) D'ÉCRITURE: 2 Rois 4-6:7

VERSET CLÉ(S): 2 Rois 2:9

ÉTUDE DE LA BIBLE

1. Laissez les élèves de dire ce qu'ils lisent dans leur lecture affectée (Ch. 2 et 4), puis lisez le reste du passage des Écritures ensemble.

   ■ Suggestion Alternative: attribuez un ou deux des récits de miracles trouvés dans le passage à chacun des cinq groupes (écrivez les titres de l'histoire et leurs références spécifiques sur des petits morceaux de papier, puis un groupe représentatif en laissant attirer un journal). Laissez chaque groupe de lire et de discuter l'histoire assignée et trouver un moyen de le présenter au reste du groupe.

2. Retournez dans 2 Rois 2: 9. Notez la réponse d'Elisée à l'offre d'Elie. Comparez la réponse de Salomon à Dieu dans une leçon précédente.

3. Partagez les idées de miracle d'histoires d'Élisée sur ce que signifie avoir l'habilité par le Saint-Esprit.

   ■ Remarquez comment dans chaque place que Elisée va avec chaque personne qu'il rencontre, Il a fait quelque chose miraculeuse. Qu'est ce que cela nous dit sur la façon comment la vie qui a rempli de l'Esprit peut influencer les gens et les situations dans la vie quotidienne?

   ■ Partagez des moments vous avez senti que Dieu vous utilise dans une certaine situation pour aider une personne face à un problème.

4. «Avec un grand pouvoir vient une grande responsabilité." En ce qui concerne cette fameuse ligne de Spiderman, parlez sur comment Elisée a utilisé Ses capacités que Dieu lui a donné. Comparez et contrastez cela avec d'autres personnes de la Bible sur les leçons précédentes comme Salomon et Samson.

5. Dans toutes les histoires, comment Elisée a parlé? Quel était son titre?

- Reportez-vous à 4: 7, 8, 40, 42; 5: 8: 6.
- Une personne qui est habile par l'esprit de Dieu est appelé à juste titre un homme ou un enfant de Dieu. Comment devrions-nous vivre conformément à ce titre en tant que chrétiens? Demandez aux élèves de partager les pensées de l'évaluation du personnel et s'ils manifestent leur vie que le "titre".

6. Comment Dieu a donné la gloire dans les miracles d'Élisée? Laissez les élèves de partager leurs pensées, avec un passage de l'Écriture en appui sur l'histoire, faites valoir leur point.

CHRONOLOGIE

Comme nous l'avons vu, Élisée était le successeur d'Élie comme prophète à la nation d'Israël. Les rois qui ont régné Pendant le temps d'Elisée ont fait du mal aux yeux du Seigneur, mais ils n'étaient pas aussi antagonistes que le roi Achab en Vers Élie. Certains d'entre eux ont même montré le respect à Elisée et appelé pour lui aider, mais ils ne se retournaient pas vers le Seigneur de tout cœur.

- Préparez un petit symbole, comme un manteau, pour représenter Elisée et le placer sur le calendrier à côté du symbole d'Elie.
- Dessous de la ligne, écrivez habilité et sa définition.

OPTIONS D'ACTIVITÉ

LES MIRACLES ELISÉE: UNE ÉTUDE DE COMPARAISON

Matériels: Bibles, une feuille de guide pour chaque groupe pour étudier

Instructions: Divisez les élèves en six groupes. Distribuez une copie du guide d'étude à chaque groupe (page suivante). Assignez à chaque groupe un des passages suivants à étudier:

1. 2 Rois 2:13-22
2. 2 Rois 4:1-7
3. 2 Rois 4:8-37
4. 2 Rois 4:38-44
5. 2 Rois 5:1-14
6. 2 Rois 6:1-7

Permettez aux élèves le temps d'aller à travers le guide d'étude dans leurs groupes. Demandez à un représentant de chaque groupe de partager un bref résumé de leur rapport de miracle avec le groupe entier.

Les Miracles d'Elisée: Une étude de comparaison

Nombre de groupe: Assigné passage de l'Ecriture:

Questions deiscussion:

1. Qu'est-ce qui a été accompli par le miracle dans ce passage?
2. Rappelez d'un miracle de toute autre histoire de la Bible, que vous savez? Si oui, lequel? (Décrire ou donner le passage de l'Écriture.)
3. Qui a fait le miracle dans cette histoire?

4. Qui était la source de puissance pour ce miracle?

5. De quelle manière est le miracle et le miracle d'Élisée? Différent?

* Si vous éprouvez des difficultés ou à la pensée d'un miracle pour l'un comme vous avez été affecté, regardez à travers les passages suivants jusqu'à ce que vous trouveriez un:

▶ Exode:15-22

▶ Exode 15:225

▶ Josué 3:9-17

▶ Matthieu 17:2-27

▶ Luc 5:1-7

▶ Luc 5:12-15

▶ Luc 7:11-17

▶ Luc 9:10-17

▶ Jean 2:1-12

BOUFFI BALLON

Matériels: Deux ballons, un vide, une gonflé à l'hélium

Instructions:

1. Voyez le ballon dégonflé et laissez les élèves décrivent. Expliquez le concessionnaire de ballon dégonflé à nous - les gens ordinaires, sur notre propre sans de l'Esprit de Dieu à l'intérieur de nous. Comme le ballon, nous sommes tous de disquette et plat: pas beau, pas beaucoup de bon à rien, incapable de plaire à Dieu ou avoir utilisé par LuiLeçon 25: Habilité

2. Commencez à remplir le ballon vide en soufflant vers le haut. Expliquez: Ce ballon gonflé peut me représenter. Remplissage avec ma propre colère est comme essayer de plaire à Dieu ou impressionner les gens par mes propres efforts, même en vantant comme je suis bon et j'ai essayé de regarder grand moi-même le remplissage avec mes propres idées, mon meilleur comportement, mes attitudes égocentriques. Il y a toutes sortes de choses que nous pouvons faire pour essayer de nous améliorer. Mais nous sommes capable de faire des choses sur notre propre jamais comparer à ce que Dieu peut faire. Comme nous essayons, nous ne pouvons jamais mener une vie qui serait honorer et plaire à Dieu sur notre propre. (Laissez le ballon aller pour démontrer comment il tombe juste ou se fait surprendre par le projet de ventilateur et dérive sans but.) Voir? Je voudrais juste tomber ou s'envoler dans une direction quelconque avec ce qui était à l'intérieur de moi! La meilleure chose que je peux faire est de vider mon ballon (ME) de l'ensemble de mon propre avion ou des mots et des comportements "auto-gonflage" et des attitudes et idées égocentriques.

3. Montrez le ballon qui represente la vie remplie de l'Esprit et permettez aux élèves de parler de la différence. Expliquez le ballon d'hélium represente une vie remplie de l'Esprit de Dieu, comme Élisée. Alors que vous ne pouvez pas voir l' hélium que vous savez qu'il ya , car il donne la forme de ballon. Dieu a envoyé son Esprit pour être avec nous et vivre en nous. Bien que nous ne pouvons pas le voir, nous savons, qu'il est ici parce qu'il nous affecte et les choses autour de nous. Nous pouvons le voir par ce qu'il fait. Ce ballon est Certainement, plus beau que mon ballon dégonflé vide. Il est certainement plus puissant - il peut voler si haut, il peut voler seul - sans vent. Il peut aller plus haut que je ne pourrais jamais aller sur mon propre. Comparez l'hélium, qui est le pouvoir dans le ballon qui rend les choses possibles dans l'original avec l'Esprit

de Dieu en nous. Le ballon gonflé à l'hélium peut représentera ma vie remplie de la puissance de Dieu, la force de Dieu, et l'Esprit Saint. Qu'est ce l'Esprit de Dieu peut nous permettra de faire? C'est seulement en raison de sa puissance, son Esprit et sa force que je peux faire de grandes choses pour Dieu. Avec l'Esprit de Dieu, nous pouvons aller loin pour faire des choses que Dieu nous donnera le pouvoir de faire, trouver la force de surmonter les difficultés et les problèmes dans nos vies, et dire aux autres au sujet de Jésus sans crainte. Nous pouvons être remplis de son esprit, sa puissance, sa force et sa vérité.

Références: Adapté de "êtes-vous un ballon gonflé?" Par Kelly Neal à l'adresse http: // www.christiancrafters.com/sermon_balloon.html.

EXPÉRIENCE!

ACTIVITÉS D'APPRENTISSAGE

- Affichez clips vidéo d'évangélistes célèbres en action tandis que "meurtre" et la guérison Les personnes atteintes de la puissance de l'Esprit Saint.
- Après les clips, demandez s' il ya quelqu'un qui a l'expérience d'être "slayed» ou guéri dans une telle façon. Que ressent- il?
- Discutez des clips. Croyez-vous à ce que vous avez vu?
- Pour vous, quelle est la puissance de l'Esprit Saint? Quelles autres choses Saint Esprit peuvent permetter au croyant de faire autre chose que guérir ou de chasser les mauvais esprits?

APPLICATION PERSONNELLE
Répondez aux questions suivantes dans votre journal:
- Quelle l'autonomisation' les Leaders Christiens ont besoin pour faire le ministère?
- Que voulez-vous demander personnellement à Dieu pour vous donner les moyens de le faire?
- Dépendance de Dieu a beaucoup à voir avec l'autonomisation par l'Esprit Saint.

Ecrire sur comment le contraste avec la source d'énergie de super-héros et les personnes ayant autorité dans la société.

AFFECTATION

1. Écrivez le nom de la personne a étudié de la Bible, la direction de la qualité de caractères ciblée (avec sa définition) et leverset clé dans votre journal.
2. Lisez Jonas 1 et 2 en préparation de la leçon de la semaine prochaine.

26 JONAS

JUSTICE:
En regardant une décision du point de vue de Dieu en considérant le bien-être des autres

ENGAGE!

CULTE
Écritures Suggérées: Psaumes 25:4-10

ACTIVITÉ DE MOTIVATION
- "Ce qui est juste?"

  Diffusez cette question sur la carte en grosses lettres pour que tout le monde puisse voir. En vertu de la question, postez des images différentes (peut-être des coupures de journaux, des photos sur Internet, etc.) qui pourraient symboliser le sens de l'équité. Que chaque étudiant point à une équité de l'image qui symbolise qu'ils pensent le plus et laissez-les brièvement (mais suffisamment) expliquez pourquoi ils l'ont choisi.

- Actualisez l'esprit des étudiants sur l'histoire de Jonas en laissant chacun une action de peu de lui à la lecture de fond qu'ils avaient. Remplissez les détails importants qui pourraient manquer les étudiants.

OPTIONS D'ACTIVITÉ

BALENCE

Matériels: Papier de manille et marqueurs

Instructions: Divisez les élèves en deux groupes. Donnez à chaque groupe un morceau de papier bulle. Les élèves devraient dessiner une balance de type d'échelle qui sera utilisé pour montrer leur rétroaction sur la question donnée, par exemple, Avortement, l'euthanasie, le divorce, etc. D'un côté en bas de l'échelle devrait lister les avantages et les inconvénients de l'autre côté (avantages et inconvénients).

Assurez-vous que dans le côté supérieur auxquels ils devraient lister seulement quelques éléments en plus sur le côté inférieur pour montrer le poids des argument.

EXPLOREZ!

PASSAGE(S) DE L'ÉCRITURE: Jonas 3-4

VERSET CLÉ(S): JONAS 4:10-11

ÉTUDE DE LA BIBLE
1. Jonas 3:1-4: discutez de la nature de la responsabilité de Jonas donnée par Dieu, Dans le contexte de préjugés de Jonas. Reliez à la lecture de fond et d'autres références bibliques.

- Expliquez aux élèves pourquoi Jonas était réticent à prêcher à Ninive (consultez les commentaires et autres références).

- Laissez les élèves de partager à propos du moment quand ils ont été obligés de faire une tâche qu'ils savaient être bien, mais ils ont eu quelques problèmes à le faire.

- ■ En étant quatre, qu'est-ce que Jonas prêche? Est-ce qu'il a déclaré avec le peuple son message de jugement? Quel est le contenu de son message employé sur ses attentes?
- ■ Laissez les instances des étudiants à partager quand ils se sentaient convaincu que le résultat de leur tâche serait négatif. Qu'e st ce qui les rendait à penser de façon pessimiste à ce sujet?

2. Jonas 3:5-4:4 : Parlez sur le résultat inattendu de l'obéissance de Jonas et la prédication de la Parole de Dieu.

- ■ Les habitants de Ninive répondent rapidement et plutôt positivement à la prédication de Jonas. Ce n' était pas ce que Jonas a prévu. Pourquoi? Parlez de vos attentes négatives à propos des moments quand quelque chose n' a pas réalisé, et le résultat était positif de manière inattendue. Comment as-tu senti?
- ■ Mettez l'accent sur Jonas 4:1-4: Comment Jonas repond à la repentance de Ninive? Pourquoi était-il si mécontent à ce sujet?
- ■ Dans quel aspect Jonas est injuste dans ses perspectives? Racontez cela avec Sa prédication aux habitants de Ninive.
- ■ Réfléchissez à ceci: Avons-nous des chances d' interrompre parfois ou actes de bonté. Pourquoi que certaines personnes pensent que nous n'avons pas vraiment mérité?
- ■ Comment nos préjugés affectent nos propres perceptions de l'équité?

3. Jonas 4: 5-9: 11: Qu'est-ce que le passage partage à propos de la personnalité de Jonas?

- ■ Jonas 4: 4-9: Il y avait quelque chose que Jonas ne comprenait pas sur Dieu; C'est pourquoi Dieu l'a testé. Qu'est-ce qu'était?
- ■ Partagez certaines frustrations qui vous fassent crier, "Pourquoi cela arrive? La vie est si injuste! "
- ■ Discutez de la réponse de Dieu à Jonas dans les versets 10-11. Que faut-il dire sur l'amour de Dieu?
- ■ Dieu a envoyé la pluie, même pour les pécheurs. Comment l'amour de Dieu devrait être égal pour tous les peuples qui affecte nos propres actions envers les autres?

4. Avec le recul et la réflexion sur l'Écriture commentée, c'est le genre de justice que Dieu veut de nous?

OPTION D'ACTIVITÉ

LES LÉGISLATEURS

Matériels: Un morceau de papier et des marqueurs de manille

Instructions: Divisez la classe en deux groupes. Parlez à un groupe de rendre les critères et les mécanismes pour un concours de chant pour les enfants. Parlez à l'autre groupe de rendre les critères et les mécanismes pour un concours de dessin pour les enfants. Après au moins 15 minutes de travail, postez les critères du premier groupe sur le tableau et demandez à l'autre groupe de trouverz«failles» dans ce qui pourrait déclencher d'autres à penser que le concours entier est injuste. Faites-leur d'expliquer pourquoi ils pensent que le critère est injuste. Faites de même avec le second groupe.

Questions de discussion:

1. Si vous étiez Jonas, vous pourriez penser aussi que Dieu était injuste lorsqu'Il laisse les habitants de Ninive être sauvés et la plante dépérir? Pourquoi ou pourquoi pas?

2. Avez-vous eu un incident dans votre vie que vous «pensiez-Dieu a été injuste envers vous ou votre bien-aimé?

3. Quel est le ou les verset (s) dans la Bible qui Vous a éclairé que Dieu est juste?

CHRONOLOGIE

- Jonas a vécu pendant le 8ème siècle avant JC, après Elie et Elisée.

- Préparez un symbole, comme un gros poisson avec une bouche ouverte, pour symboliser Jonas. Attachez-le à la chronologie près du symbole pour Elisée.

- Dessous de la ligne, écrivez l' équité et sa définition.

EXPÉRIENCE !

ACTIVITÉS D'APPRENTISSAGE

- Lisez à haute voix une situation fictive mais réaliste pour impliquer une jeunesse qui montre la justice ou une injustice de l'action ou de la perception. Après avoir lu une situation, le point ou appelez quelqu'un et lui demander si la personne dans l'histoire a agi équitablement ou non. Faites-lui expliquer pourquoi. En répondant avec une histoire personnelle qui est liée à la situation fictive serait également bon.

- Venez avec un jeu qui démontre l'égalité ou d'équité.

APPLICATION PERSONNELLE

Quelle est l'importance du leadership dans le traitement des responsabilités? Comment est-il difficile parmi l'équité pour maintenir vos membres? Qu'avez-vous appris sur la perspective de Dieu et comment pouvez-vous appliquer à votre propre situation? Ecrivez à ce sujet dans votre journal.

OPTIONS D'ACTIVITÉ

ÉCRIRE SUR !

Matériels: feuilles de papier et des stylos

Instructions:

▶ Laissez élèves de lister les instances dans leur vie où ils ont l'expérience injuste connu depuis l'enfance jusqu'à présent.

▶ Appellez à chaque élève de lire au moins une chose qu'ils ont écrit.

▶ Priyez ensemble pour que Dieu les aidera à pardonner ceux qui ont surmonté leurs sentiments injustes et négatifs sur l'incident.

▶ Déchirez leurs papiers pour démontrer leur décision enverle s mouvement sur la guérison de la blessure qui a causé l'expérience.

AFFECTATION

1. Écrivez le nom de la personne a étudié de la Bible, la direction de la qualité de caractères ciblée (avec sa définition) et le verset clé dans votre journal.

2. Lisez Ésaïe 8 avant la leçon de la semaine prochaine.

27 ISAÏE

DISPONIBILIÉ:
Être bien préparé pour tout ce que Dieu peut me demander de faire

ENGAGE!

CULTE

Écritures Suggérées: 2 Timothée 2:20-21

Chanson Suggée: Écouter "Mains Et Pieds" Par Les Nouveaux Garçons

ACTIVITÉ DE MOTIVATION

Discutez des questions suivantes:

- Quand êtes-vous le plus disposé pour faire une tâche?
- Comme vous le faites habituellement mieux: être nommé ou faire du bénévolat? Pourquoi?

OPTIONS D'ACTIVITÉ

PRÉPARÉ POUR SERVIR

Matériels: Certains plats de chaque maison des étudiants, certains casse-croûte et la nourriture spéciale pour la classe.

Instructions:

1. Loi, comme si vous apprêtez à servir des collations au groupe. Prendrez la nourriture hors du sac de sorte qu'il est visible.
2. Prenez le pot de fleur ou un plat de chien hors de la boîte ou un sac. Demandez si les collations vous servent dans ce conteneur. S'ils disent non, demandez-leur pourquoi pas. Continuez avec les conteneurs restants, en réservant les naires, plats de service ordinairement propres pour la fin.
3. Demandez à un des élèves de lire 2 Timothée 2:20-21 à haute voix. Demandez aux aux apprenants ce qu'ils comprennent de ces versets qui dit être prêt et disponible.
4. Demandez aux apprenants de conteneurs qu'ils aimeraient que vous utilisez pour servir la collation. Comme vous le servez, demandez pourquoi ils ont choisi ces conteneurs.
5. Demandez à chaque élève de dire quel récipient il ou elle ressemble le plus et pourquoi.

CONFÉRENCIER INVITÉ

Matériels: Journaux et stylos à bille pour prendre des notes

Instructions:

1. Demandez à un ou deux adultes de votre église ou de la communauté à visiter votre classe et de partager leurs témoignages sur comment ils sont devenus disciples du Christ.

2. Ayez le haut-parleur (s) pour répondre à des questions sur l'importance de la disponibilité dans le leadership chrétien, tels que:

- Qu'est-ce qui se passe à un groupe avec un leader qui ne se présente pas souvent?
- Qu'est-ce qui se passe quand le leader est le seul qui est présenté au travail du groupe et les membres montrent seulement occasionnellement?
- Quelle est l'importance de la disponibilité individuelle à la réussite de l'équipe?

EXPLOREZ!

ÉCRITURE DE PASSAGE(S): Esaïe 6

VERSET CLÉ (S): Esaïe 6:8

ÉTUDE DE LA BIBLE

1. Verset 1-5: Esaïe a vu la gloire de Dieu et se sentait indigne d'être en sa présence. D'après le verset 5, pourquoi Esaïe sent de cette façon?

- Lorsque vous aviez le temps, partagez des sentiments d'indignité ou de l'insuffisance lorsque vous avez été donné à la responsabilité. Quelle est l'insuffisance qu'avez-vous ressenti?

2. Verset 6-7: Qu'est ce que Dieu a fait pour Esaïe pour faciliter son sentiment d'indignité? Qu'est ce que cela nous dit sur la grâce de Dieu?

- Qu'est-ce que, donc, est la solution à nos lacunes et des faiblesses qui font de nous se sentir incapable de servir Dieu?
- Qui ou quoi qui peut nous rendre digne d'être au service de Dieu? Est-ce personnel par le biais les efforts ou la grâce de Dieu?
- Quel type de préparation que Dieu exige de nous afin que nous pouvions faire effectivement son ministère?

3. Verset 8: Notez le passage de la peur et le sentiment d'indignité d'Esaïe à la préparation et la disponibilité.

- Reliez la dépendance pieuse, la foi, et de la disponibilité.
- v.8: Réfléchissez sur la question de Dieu. Pourquoi Dieu at-il besoin pour demander si Esaïe Déjà a apparut bientôt? (Son apparition à Esaïe montre qu'il avait déjà lui chosi.)
- Qu'est-ce que personnellement ne sera sans avoir à faire avec la disponibilité pour les desseins de Dieu? Est-ce que Dieu n'impose pas instantanément sa volonté sur personne qu'il a choisit ?

4. Versets 9-13:

- Les versets 9-10 sont le message de Dieu que Esaïe a déclaré. Quelle sont vos pensées sur ce message? Si vous avez entendu ce tel message que sentiriez-vous?
- Dans le verset 11 Isaïe demande combien de temps qu'il a proclamé le message ou de prendre sa responsabilité. Pensez-vous que: parfois, les propriétaires font le ministère de l'église vous devez avoir tout type de contrat disponible finalement Cela mettra fin?

5. Discutez sur l'importance de la disponibilité pour faire le ministère, ou de toute autre responsabilité.

- Reliez la disponibilité de volonté et l'engagement.
- Est-il assez juste pour être disponible?

CHRONOLOGIE

Esaïe a vécu pendant le 8ème siècle A.C et y compris le temps d'Ézéchias que nous allons étudier la semaine prochaine. Il avait prédit la captivité d'Israël et le retour des Juifs à Jérusalem, mais il a également eu beaucoup à dire sur la venue du Messie (voir Isa. 53). En raison de cela, Il est probablement le prophète le plus connu: il a cité dans les temps du Nouveau Testament plus que tous les autres prophètes combinés.

▶ Préparez un petit symbole ,: tels que des pinces tenant un charbon ardent, pour représenter Isabella. Attachez-le à la chronologie près du symbole de Jonas.

▶ Dessous de la ligne, écrivez la disponibilité et sa définition.

OPTIONS D'ACTIVITÉ ■ ■

L'APPEL DE DIEU

Matériels: Document, stylos à bille

Instructions:

1. Posez la question: Quelle est la chose la plus difficile que Dieu pourrait vous demander de faire?

   • Vous pourriez penser, "Je ferai tout pour Dieu tant qu'Il ne m' envoie pas à l'Afrique comme missionnaire!» Mais si Dieu nous appelle, il nous équipe également pour le travail. Parlons de cela.

2. Lisez Ésaïe 6: 8, en se concentrant sur ". Me voici, envoie-moi" souligner que Dieu est plus intéressé par notre disponibilité que nos aptitudes.

3. Décrivez vos «disponibilités» et capacités. A quels moments et de quelle manière êtes-vous disponible? Quelles sont les capacités que vous avez qui sont utiles pour le service?

Disponibilité	Capacités

4. Donnez quelques idées aux membres du groupe quand ils partagent leurs listes.

5. Encouragez vos élèves pour demander à Dieu de leur montrer comment ils peuvent faire une différence.

EXPÉRIENCE!

ACTIVITÉS D'APPRENTISSAGE

Pour tester la disponibilité et la volonté pour servir des étudiants, donnzr à chacun d'eux une affectation pour éffectuer dans la semaine à venir ,: telles que la préparation pour le temps d'adoration de la semaine prochaine, en se préparant à mener la discussion, la préparation d'un jeu ou une activité pour ce groupe ou un autre ministère, etc. Les affectations peuvent être pour eux de faire individuelmente ou avec un partenaire ou un petit groupe. Fournissez-leur n' importe quel matériel qu' ils auront besoin.

APPLICATION PERSONNELLE

Discutez sur l'importance de la disponibilité dans le leadership chrétien:

1. Qu'est-ce qui se passe à un groupe avec un leader qui ne se présente pas Souvent?

2. Relatez les expériences à l'école ou au travail quand un chef d'équipe à des réunions ou de la présence manque Lors des travaux du groupe. En tant que membre, comment avez-vous ressenti?

3. Qu'est-ce qui se passe quand le leader est le seul qui est présente au travail du groupe et les membres montrent seulement occasionnellement?

4. Quelle est l'importance de la disponibilité individuelle à la réussite de l'équipe? (Le cas d'échéant, appliquez à des questions originales pour les activités de ce groupe.)

OPTIONS D'ACTIVITÉ

LE ROI EN ACTION

Matériels: Journaux, stylos à bille.

Instructions:

1. Demandez à chaque élève de penser à une façon dont il ou elle pourrait être impliqué sur au moins un des domaines du ministère de l'église, l'école du dimanche, ou de sensibilisation: comme la musique, l'enseignement, etc., et de l'écrire dans leur journal.

2. Encouragez les élèves à penser des résolutions spécifiques pour le ministère sur la base de session, rue d'aujourd'hui: comme l'enseignement des enfants, nourrissez les sans-abri, etc. Demandez-leur d'écrire en original Leurs pensées dans des revues, ainsi.

3. Divisez la classe en paires, et demandez aux élèves de partager deux ou trois de leurs objectifs avec un partenaire.

4. Demandez ensuite à chaque partenaire de prier pour l'autre, en engageant à la mission du Christ.

Références: Adapté de connexions Faith décembre / janvier / février (Kansas city: WordAction, 2002-3), P39.

CULTE EN ACTION

Instructions:

1. Demandez aux élèves de concevoir un service de culte qui se concentre sur un attribut de Dieu et de leur propre disponibilité de volonté de tester tel que discutez dans cette leçon.

2. Demandez à chaque élève de sélectionner la partie du culte de la semaine prochainequ' ils veulent concevoir ,: tels que la musique, le théâtre, le culte du premier plan, arts visuels, etc., alors permettez- leur de choisir quelle équipe qu'ils veulent participer pour créer les composants d'un service répertorié. Par exemple:

   ▶ * Drame: avoir ce groupe en écrivant un monologue ou un Adolescents croquis en essayant de comprendre Dieu.

   ▶ * Art symbolique: avoir ce groupe pour créer un "vitrail" image repré-sentant un attribut de Dieu en utilisant du papier de soie coloré et le tableau d'affichage.

   ▶ * Prière: Avoir ce groupe pour écrire une prière. La prière doit avoir deux pièces. La première partie vous devriez savoir l'attribut de Dieu et prier pour lui. La deuxième partie vous devriez demander à Dieu de nous aider à être plus semblables à lui dans cette zone.

   ▶ * Chansons: Si ce groupe vient avec une chanson qui met l'accent sur le Choix attribué de Dieu. Une bonne façon de le faire est de rechercher l'attribut de l'indice topique d'un livre de cantiques, ou choisissez une de leurs chansons ou refrains préférés de culte qui s'adapte le sujet.

3. Utilisez ce service pour fermer cette leçon ou de votre pasteur à collaborer en plein développement

4. Culte pour la congrégation entière.

5. Pratiquez ces choses pendant la semaine.

Références: Adapté de connexions Faith septembre / octobre / novembre (Kansas City: WordAction 2002), P76-77

AFFECTATION

1. Écrivez le nom de la personne a étudié de la Bible, la direction de la qualité de caractères ciblée (avec sa définition) et le verset clé dans votre journal.

2. Réalisez l'affectation de votre professeur a donné pour la semaine.

3. Lisez 2 Chroniques 29-32 en préparation de la leçon de la semaine prochaine.

28 EZÉCHIAS

DÉVOUÉ:
Engagé à respecter les commandements de Dieu à tout prix.

ENGAGE!

CULTE
Écritures suggérées: Psaumes 40:6-10 ou Ésaï 26:7-10

Chanson suggérée: Un Désir; Ceci Est Mon Desire

ACTIVITÉ MOTIVATION
- Demandez aux élèves de partager sur Comment ils effectuent personnellement leur temps calme. Demandez leur de partager d'autres moyens par lesquels ils expriment leur dévotion à Dieu.

OPTIONS D'ACTIVITÉ
MAINTENANT DÉFI TOUT DROIT

Matériels: 2 Chaises ou tabourets

Instructions:

1. Disposez 2 tabourets ou chaises sur 3-4 pieds Selon l'autre sur la hauteur du joueur.
2. Dites aux élèves que le défi est ouvert à tous. Le gagnant recevra un prix.
3. Le joueur doit coucher avec la tête ou de l'épaule sur un tabouret et les pieds sur l'autre.
4. Le joueur doit rester immobile et ne doit pas baisser ou de laisser son fond en aval-pendage. Notez le temps pour chaque joueur du point quand il ou elle s'allonge Jusqu'à ce qu'il ou elle donne en.
5. Celui qui reste droit pour les plus longs temps gagne.

   - Discutez de la façon cette illustration de la dévotion comme quelque chose synonyme «tenant». Ezéchiel, le leader pieusement dans la leçon, est allé à travers les défis qui l'ont poussé à abandonner. En fait, il y avait un point où il n'arrive pas. Mais les dirigeants chrétiens doivent rester immobile et droit car ils sont confrontés à des défis différents le long du chemin.

Référence: Adapté From- http://games4youthgroups.com/contest-games/Lying-between-two-stools. html

EXPLORE!

PASSAGE DE L'ÉCRITURE: 2 Rois 18-20

VERSET CLÉ: 2 Rois 18:5-6

ÉTUDE DE LA BIBLE
1. Avoir les étudiants pour partager ce qu'ils rappellent de leur roi Ezéchias de la lecture avancée. Maintenant, lisez 2 Rois 18: 1-8. Focus sur 2 Rois 18: 5-6. Comparez à 2 Chr 31: 20-21.

■ D'après ce que vous avez lu dans les versets originaux, pourquoi Ezéchias est considéré comme Dieu l'a consacré?

■ Sur la définition de la leçon de dévotion, l'obéissance et la passion se rapportent à déVotion.

2. 2 Rois 18: 1-16 (2 Chroniques 29-31): Ces versets montrent les actes de dévotion d'Ezéchias à Dieu.

■ Quels sont ces actes de dévotion?

■ (Énumérez et donnez un bref résumé, plusieurs étudiants comme demander pour leur idées)

■ Parlez de vos actes de dévotion à Dieu personnel.

■ Les actes de dévotion sont- ils limités au sein des ministères de l'église? Qu'est qui pourrait être un autre moyens de preuve d'un engagement d'un autre que les ministères de l'église fidèles?

3. Rois 18: 17-19 (2 Chr 32:. 1-23): Une grande menace des habitants de Jérusalem contre Ezéchias. Comment Ezéchias a réagi dans la situation?

■ Parlez à propos du personnel de «menaces» à votre dévotion à Dieu. Quelles sont les luttes personnelles communes dans votre foi qui testent votre engagement à obéir aux commandements de Dieu? Partagez des instances spécifiques.

■ Comment réagissez-vous à ces menaces?

■ Dans le passage de l'Écriture, comment Ézéchias a traité les intimidations ?

■ Quelle est l'importance a la prière pour maintenir et exprimer notre dévotion à Dieu?

4. 2 Rois 20: 1-11 (2 Chr 32:. 24-33): la maladie d'Ezéchias peut avoir été un des plus grands défis de sa foi. Discutez Sa prière dans 2 Rois 20: 2-3.

■ Mettez l'accent sur 2 Chroniques 32: 24-26: Ezéchias n' était pas un roi parfait et droit. Comme David et Salomon, il avait aussi ses points faibles. Considérant la réponse d' Ezéchias, le roi était le plus préferé?

■ Quel est le résultat de la repentance d'Ezéchias?

5. Ezéchias était un roi que tous a regardé à Jérusalem. Son dévouement et l'engagement ont influencé l'ensemble de Jérusalem d'obéir aux commandements de Dieu. Qu'est-ce que cela nous dit sur l'importance de la dévotion au leadership chrétien?

CHRONOLOGIE

Ezéchias était l' un des rois le Plus pieux du royaume de Juda au sud. Plus pieux roi Ezéchias était un des rois du royaume de Juda au sud. Malheureusement, il a fait une erreur désastreuse de jugement en révélant fièrement la richesse de son royaume aux ambassadeurs de Babylone. Le prophète Esaïe l'a confronté et prédit la chute de Juda aux Babyloniens qui a eu lieu quatre générations plus tard.

■ Préparez un petit symbole,: comme un ensemble de marches d'escalier, et placez-le sur la chronologie à une courte distance du symbole pour Esaïe.

■ Dessous de la ligne, écrivez Dévoué et sa définition.

EXPÉRIENCE!

ACTIVITÉS D'APPRENTISSAGE

Discutez sur diverses façons créatives d'exprimer et de maintenir notre dévotion à Dieu nos vies quotidiennes. Comment pouvez-vous aider les uns les autres et se tenir mutuellement responsables "pour honorer les commandements de Dieu à tout prix»?

APPLICATION PERSONNELLE

Imaginez ce qui pourrait arriver en vous et dans votre monde si vous et votre groupe avez été consacré aussi au Seigneur comme Ezéchias. Qu'est qui pourrait changer? Rédigez un paragraphe à ce sujet dans votre journal intitulé, " Imaginez seulement ..."

OPTIONS D'ACTIVITÉ

DÉVOTION SHÉMA ARBRE

Matériels: Tableau et la craie ou un marqueur tableau blanc

Instructions:

1. Dans la partie supérieure de la planche, écrivez "Devotion" et tracez une boîte ou un cercle autour de lui.

2. Dites aux élèves de tracer des lignes de connexion au mot principal et notez la façon qu'ils savent moyenant d'être consacré aux commandements de Dieu et se sont engagés à la vie chrétienne. Démontrez quelques exemples sur la façon de faire cela comme un guide pour les étudiants.

Exemple Shéa:

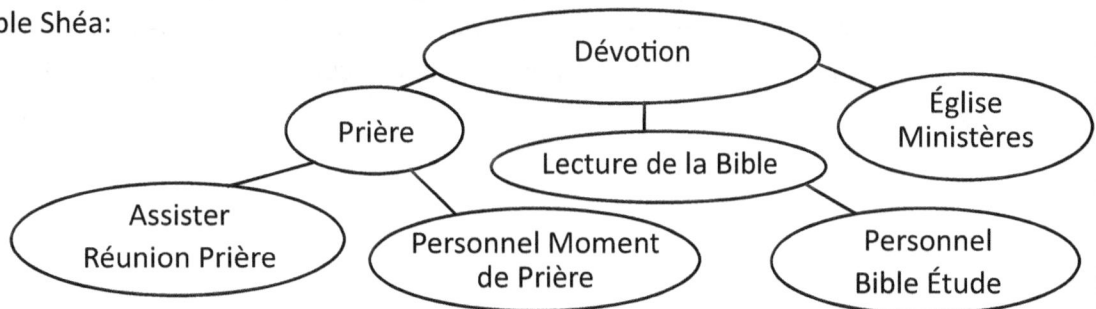

UNE PLACE POUR DIEU: UN ACTE DE DEVOTION

Matériels: Journal portable, stylos / Crayons

Instructions: Demandez aux élèves de revues pour leur activité.

1. Pour chacune des affirmations suivantes, les élèves énumèrent un endroit différent (même si elles peuvent rapporter à Dieu dans plus d'un titre dans les lieux).

2. Dans la même catégorie, dites-leur d'écrire les raisons qu'ils ont énumérés particulièrement cet endroit.

Catégories de dévotion / réflexion (exemple de tableau):

"Priez Dieu"   Endroit/s:
"Ecoute Dieu"   Endroit/s:
"Parlez à Dieu"   Endroit/s:
"Attendez pour Dieu"   Endroit/s:

3. Après que les élèves ont rempli les détails, passez pour discuter l'activité. Demandez aux élèves de partager certaines de leurs réponses puis demandez les suivantes:

    - «Quels sont les meilleurs lieux que vous pensez r être avec Dieu? Pourquoi?"

    - «Pourquoi est-il important de trouver un bon endroit pour prier, écouter, parler, ou attendre à Dieu?"

    - «Est-ce que l'un de lieu de travail est également bien pour lier à Dieu ou est-il bon de trouver plusieurs spots pour cette relation?"

Références:

Rick Keller-Scholz et Jeannie Pomanowsk. Enseignement Manuel des activités pour Percée!

La Bible pour les jeunes catholiques: An Introduction to gens de foi. Winona, dans le Minnesota: Appuyez sur Saint Mary, Christian Brothers Publications, 2006. p 95. http://books.google.com.ph/ livres de id = RKPMJx8VE3kC & pg = PT91 et PT91 & lpg = dq = Deborah + + activité bible & source = bl & ot s = Q849O7Bpex & sig = p9vkkvQJC3oQ_90vonEsYdyoK0 & hl = tl & ei = azK2SplZhorqA-HYxO8J & sels = X & oi = book_result & ct = résultat = 2 & resNum # v = onepage & q = & f = false, consulté le 20 Septembre de 2009.

AFFECTATION

1. Écrivez le nom de la personne a tudié de la Bible, la direction de la qualité de caractère ciblée (Avec sa définition) et le verset clé dans votre journal.

2. Lisez 2 Rois 22-23 en préparation de la leçon de la semaine prochaine.

29 JOSIAS

JUSTICE:

Faire ce qui est juste et encourager les autres à faire de même.

ENGAGE!

CULTE
Écriture Suggérée: Proverbes 14:34, 21:21 or 1 Jean 3:7-10

Chansons Suggérées: Prendre Ma Vie (Sainteté)

ACTIVITÉ DE MOTIVATION
- Essayez d'acquérir un clip du film "Le Dernier Empereur de Chine" pour ilustrer quel roi enfant qui ressemblerait. Envisagez d'utiliser des clips documentaires de Geographie Nationale ou Decouverte le chanel sur le même sujet.

EXPLORE!

ÉCRITURE DE PASSAGE(S): 2 Chroniques 34

VERSET CLÉ(S): 2 Chroniques 34:2

ÉTUDE DE LA BIBLE
1. 2 Chroniques 34: 1-2: Dieu utilise des gens de toutes formes et tailles, même de tous les âges, pour révéler sa volonté.
   - Seriez-vous prêt à suivre un tel jeune leader?
   - Vous-même en tant que jeune personne, sentez-vous votre âge vous donne une petite voix insignifiante? Pensez-vous que vos opinions et vos pensées sont à l'étude par la société?
2. 2 Chroniques 34: 3-13: Dieu révèle à ceux qui cherchent, peu importe comment les jeunes commencent à lui chercher.
   - Parlez de la façon dont Dieu s'est déroulé progressivement l'activé de Josué et sa volonté de le faire.
   - partagez des réflexions sur l'importance de la croissance personnelle et de maturité dans la manipulation des responsabilidades.
3. 2 Chroniques 34: 14-33: Pourquoi Josias déchire ses vêtements (v 19).? Quel était ce signe de de ventas? Que croyez-vous qui a causé une telle préoccupation avec le roi? Est-ce que la Parole de Dieu a effet sur les gens aujourd'hui? Pourquoi ou pourquoi pas? Donnez des exemples.
4. 2 Chroniques 35: 1-19: Pourquoi était-il important de célébrer la Pâque? (Voir . 18-19.)
5. Josué a utilisé sa jeunesse et ainsi la puissance. Discutez des choses qu'il a pendant son règne à Jérusalem.
   - Dieu a mis Josiah dans un siège de forte puissance qui a grandement contribué à la réforme de Jérusalem. Peu de jeunes aujourd'hui ont donné un tel privilège. Dans votre propre vie, quels sont les possibilités et privilèges simples et par quel exemple vous pouvez faire en Septembre pour ce qui est droit et encouragé les autres? (À qui avez-vous mangé ou kuya?)
   - Laissez les élèves de partager avec les autres comment ils pourraient être plus influent à leurs propres amis ou familles.

6. Discutez encore sur quelles leçons importantes qui peuvent être prises à partir de l'exemple de Josias. Rappotez les caracteristiques de zèle, le dévouement et l'audace de Josias.

CHRONOLOGIE

Bien que l'on était un temps relativement court entre le règne d'Ezéchias et celui de son petit-fils Josias (57 ans), beaucoup de mal avait été fait par les deux rois entre les deux et le peuple de Juda avait de nouveau écarté du Seigneur. Même si beaucoup de bien a été accompli pendant le règne de Josias, il était trop sort de la fin de Juda a été scellé (voir 2 Chroniques 36: 15-16)

- Préparez un petit symbole, comme un rouleau (Livre de la Loi), pour représenter Josias. Placez-le sur la chronologie près Ezéchias.
- Dessous de la ligne, écrivez la droiture et sa définition.

OPTIONS D'ACTIVITÉ ■ ■

VÉTILLE

Matériels: 30-40 petits morceaux de bonbons

Instructions: La liste dressée au-dessous contient des questions de l'étude de la section biblique. Arbitrairement, (pas dans l'ordre inscrit) posez les questions à vos étudiants. S'ils obtiennent la réponse correcte, ils obtiennent un morceau de bonbon. S'ils sont inexacts ou ne savent pas, encouragez-les à chercher le passage pour trouver la réponse correcte. Soyez sûr de prévoir le temps pour une discussion après chaque question.

Questions:

Section 1 - 34:1-2

- ▶ Quel âge avait Josias lorsqu'il devint roi? 8 ans
- ▶ Vrai ou faux. Josias était un roi désobéissant. Faux

Section 2-34: 3-13

- ▶ Que fait Josias quand il avait douze ans? Il a commencé à détruire le hauts lieux de Juda et de Jérusalem et les idoles qui ont été dans le pays.
- ▶ Qui Josias a adoré? Le Dieu de David, son père.
- ▶ Listez trois façons que Josias a nettoyé Juda et de Jérusalem? il a réduit les idoles, il a détruit les hauts lieux, il a coupé le bas l'autel, il a éparpillé Leur poussière sur la tombe de ceux qui ont leur sacrifié, il a brûlé les os de prêtres sur les autels.
- ▶ Quel est l'ordre de Josias après qu' il a enlevé les idoles de Juda? la réparation de la maison / temple de Dieu.

Section 3-34: 14-33

- ▶ Qu'est ce qui a été trouvé dans la maison de Dieu? le Livre de la Loi de Moïse
- ▶ Pourquoi Josias déchire ses robes? Il a entendu les paroles de la loi. Il a senti honte et coupable pour la désobéissance de son peuple à Dieu.
- ▶ Qu'est ce que Josias a dit en ce sens du livre de la loi? Hulda, la prophétesse.
- ▶ Quelle a été la conséquence de la désobéissance du peuple? La colère de Dieu Serait coulé, ils seraient punis.
- ▶ Josias serait puni? Pourquoi ou pourquoi pas? Non, parce que son cœur était tendre, et ont humilié en déchirant ses vêtements et les pleurs .
- ▶ Est-ce que Juda serait échappeé à la punition? Non, ce qui se passerait après le temps de Josias.

> ▶ Quelle alliance Josias a fait (une promesse) pour faire? Pour marcher après le Seigneur, gardez ses commandements, les statuts, et les témoignages de tout son cœur et de l'âme, et obéir à la Parole du Seigneur qui a écrit dans le livre.
> ▶ Est-ce Josias est un leadership qui garde le peuple d'Israël en obéissant à Dieu? Oui.

EXPÉRIENCE!

ACTIVITÉS D'APPRENTISSAGE

Discutez sur les situacions dans la communauté qu'elle a besoin d'une réforme. Choisissez l'un et un plan pour moyen d'aborder la question en tant que groupe. Comment la Parole de Dieu peut être appliquée dans cette situation? Comment Dieu pourrait être fiable à utiliser un groupe de jeunes gens qui lui sont consacrés? Priez ensemble, en demandant à Dieu pour la sagesse et la direction pour savoir comment de procéder, puis décidé quelles mesures doivent être prises et quand. (Enseignant: Que les étudiants insistent de baigner dans chaque étape du processus dans la prière, nous ne faisons pas face l'obscurité seule Ils ont besoin de la puissance et de la protection du Saint-Esprit ...)

APPLICATION PERSONNELLE

Pensez à un moment où, à cause de votre jeune âge, vous sentez que vous ne pouviez pas traiter ou les propriétaires qui font face au problème. Comment sentez-vous? Si vous aviez été fiable pour surmonter vos inhibitions, qu'est ce ce qui aurait pu vous faire différemment? Qu'est ce qui aurait pu le résultat? Ecrivez à ce sujet dans votre journal.

OPTION D'ACTIVITÉ

JUSTICE CHANT/POÈME

Matériels: Papier et l'écriture ustensile pour chaque élève, ou des instruments de musique guitares que les élèves jouent (si disponible). Tableau blanc, marqueur tableau blanc.

Instructions: Cette leçon sera préférable de faire si les élèves savent à l'avance pour faire des instruments de musique guitares ou qu'ils jouent à la leçon. Qu'ils pourraient exigé également la leçon pour faire dans un endroit original où ses instruments qui sont (comme le piano/clavier dans un sanctuaire) et ce ne sera pas une perturbation à d'autres activités ayant lieu autour de la classe.

Sur le tableau blanc écrirvez quelques suggestions possibles pour leurs chansons:

> ▶ Beaucoup de chansons pop choeurs ou versets 2-3 Ayez un choeur qui se répète après chaque vu, et un pont qui se passe après le dernier chœur et qui répète le retour du chœur. C'est typique, mais pas nécessaire. Encouragez d'utiliser leur créativité.
> ▶ Les rimes sont utiles (mais pas toujours nécessaire) Avis ayant une chanson qui s'écoule. Les paroles ne sont pas rimées dans chaque ligne, mais peuvent rimer dans toutes les autres lignes.
> ▶ Encouragez l'utilisation du langage visuel. photos de mots sont souvent bien fait en utilisant des métaphores (une comparaison sans l'usage ou comme: Vous êtes

mon âme à l'eau) et similies (une comparaison en utilisant comme ou comme: il a besoin de vous comme une plante qui a besoin de pluie). L'utilisation de métaphores nous aide pour exprimer nos sentiments ou pensées que nous pourrions pas être avec les concepts de la famille par le biais / sentiments / expériences que nous connaissons.

Donnez à chaque élève un morceau de papier et l'écriture ustensile. Demandez-leur de commencer à travailler individuelmente avec les groupes ou pour écrire un poème qui peut être transformé en une chanson. La chanson doit être sur les choix et le caractère de la droiture de Josias. Encouragez les élèves à faire des applications aussi personnelles dans le poème tant dans les expériences et les sentiments qu'ils ont dans la vie ainsi que des choix de comment ils vont agir.

ACTION COMMUNAUTAIRE BRAINSTORM

Matériels: Tableau blanc, marqueur tableau blanc, instruments d'écriture et le papier / revues pour étudiants, lecteur vidéo, copie vidéo de «mille questions»

Instructions: Segway-travers en Soulignant que Josias était jeune, mais fiable pour faire des grands changements dans sa confiance par le biais de la société apporté à Dieu. Ils ont la capacité d'aider à créer un changement positif où ils vivent.

Demandez aux élèves d'identifier les endroits dans leur Communauté où ils reconnaissent les problématiques. Demandez-leur de partager comment ils voient Ces questions dans la vie des personnes, Demandez aux élèves d'identifier les endroits dans leur Communauté où ils reconnaissent les problématiques. Demandez-leur de partager comment ils voient Ces questions dans la vie des personnes, les moyens dans les questions de préoccupation initiales ou causer de la douleur pour les personnes. Écrivez les réponses à bord ou une feuille de papier. Si possible, demontrer une partie de la vidéo "Mille questions» à la classe (en commençant par la ligne "Combien de prières soulèvent en ce moment" à la fin de la vidéo. Cela peut être trouvé sur www.youtube.com. Terminez en demandant: «Serez-vous prêt à aider à apporter le changement de Dieu à cette communauté?" Donnez aux élèves la possibilité de répondre en se tenant debout de manière appropriée ou d'une autre.

Demandez aux élèves de réfléchir ensemble sur certains moyens spécifiques qu'ils peuvent commencer à mieux comprendre les blessures du peuple dans leur communauté et les moyens qu'ils peuvent apporterde l'encouragement, la guérison, la discussion et / ou des solutions à des problèmes qui affectent la vie des gens dans la communauté .

Écrivez les idées dans le tableau et aux élèves de rédiger des notes et des pensées en revue.

Demandez à un élève à la fin du temps dans la prière.

Cherchez des façons de suivre avec les étudiants qui sont entrain de suivre intentionnellement en engageant grâce à ce genre de questions. Trouvez des façons de parler avec eux, priez avec eux, les encouragez à poursuivre, et apprendre de ce qu'ils sont entrain d'apprendre. Cherchez des moyens d'aider les élèves à faire du réseautage dans les organisations ou les groupes qui travaillent déjà avec des questions ou des groupes comme originales.

Références: "Mille questions" (Consulté le 15 septembre 2009), disponibles à partir www.youtube.com. Internet.

RÉPONDRE À NOTRE VOISIN

Instructions:

Avoir la fracture de groupe en paires (ou des groupes de trois si c'est plus sûr d'approprié). Dites-leur le but de cette leçon pour écouter les autres autour d'eux avec un cœur de Christ et cherchez la réponse en Christ.

Voici quelques questions et des conseils pour aider leurs interactions avec les gens qu'ils rencontrent.

Remarque: Le but de poser des questions est non seulement pour obtenir une réponse, mais pour vraiment comprendre ce que cette personne connaît, penser et de sentir. Gardez le contact visuel quand une personne parle, afin qu'ils sachent ce qu'ils partagent avec vous est important. Dites à la personne de parler, ne l'interrompte pas. Cherchez à trouver des moyens d'encourager ou de soutenir les gens que vous rencontrez.

Conseils pour guider la conversation:

- Présentez-vous.
- Demandez quelles choses qu'ils pensent ou quelles sont les choses qui les concernent.
- Si vous pourriez demander de prier pour eux.

Conseils pour votre attitude:

- Sortez avec la foi que Dieu travaille déjà dans la vie des personnes que vous allez rencontrer, et approchez les gens et les maisons en toute confiance.
- Priez continuellement comme vous allez. Dieu va devant vous!
- Attendez-vous à l'inattendu.
- Attendez que les gens veulent partager sur leur vie.

C'est correct si les gens ne veulent pas parler. Respectez une personne s' ils ne veulent pas répondre ou sont méchants. Si les gens ne veulent pas parler être prêt pour les écouter. Que leurs paroles soient la chose la plus importante!

Lorsque les groupes retournent pour faire partager leurs expériences, ce qu'ils ont ressenti et ce qu'ils ont appris. Priez ensemble pour un coeur humble qui se soucie des gens.

Références: http://www1.salvationarmy.org/ihq/www_sa.nsf/ 766d2187c97e6bf180256cf4005d2284/fdb5578e5e1a3c9280256f0e004aed0e/$FILE/ mission_in_community-lr.pdf

AFFECTATION

1. Écrivez le nom de la personne a étudié de la Bible, la qualité de caractères de leadership ciblée (avec sa définition) et le verset clé dans votre journal.
2. Réalisez le projet de réforme de la communauté. Partagez un rapport avec votre église.
3. Lisez Daniel 1-3 en préparation pour la leçon de la semaine prochaine.

30 DANIEL-PARTIE 1

PURITÉ:
Restant non pollué par les influences du monde

ENGAGE!

CULTE
Écriture Suggérée: Psaumes 119:9-11 or 1 Timothée 4:12

ACTIVITÉ DE MOTIVATION

OPTIONS D'ACTIVITÉ		

CASSIE BERNALL: MODERNE MARTYR

Matériels: Nouveaux articles sur le massacre du lycée de Columbine du 20 Avril, 1999

Instructions:

Voici deux articles écrits sur Cassie Bernall, l'un sur des victimes de la fusillade du lycée Columbine qui a eu lieu en Avril 1999. De nombreux autres articles de journaux sont disponibles sur le même site, http: // www. geocities.com/CassieBernall/ ou visitez http://www.christianhistorytimeline. com/DAILYF/2002/04/jour-04-20-2002.shtml ou http://www.geocities.com/CassieReneBernall/ les résumés les plus concis des événements, des friandises y compris le compte de Rachel Scott, une autre fille qui professait la foi en Dieu avant qu'elle a été abattu le même jour.

Partagez les articles ou dans votre propre résumé des événements avec les étudiants. En leur permettant de répondre à leurs premières réactions. À ce stade, il peut être préférable de les diviser en petits groupes de discussion. Demandez-leur de mettre leurs têtes vers le bas et de fermer les yeux et d'imaginer eux-mêmes à la place de Cassie, ou une situation similaire à leur propre école. Après une minute ou deux, leur demandez de raconter leur groupe, aussi honnêtement que leur imagination leur permet, comment ils auraient réagi dans ces circonstances

(Les articles suivants sont les articles sur Internet)

Denver Rocky Mountain Nouvelles
par Carla Crowder, 1999

Un tueur Columbine a pointée son arme sur Cassie Bernall et lui a demandé la question la vie ou la mort : «Croyez-vous en Dieu" Elle a arrêté. Le pistolet était toujours là. "Oui,Je crois en Dieu, "dit-elle. (Alan Keyes dans la - Worldnet Daily, "Plusieurs des étudiants de Columbine High ont dit d'être avec une fille quand un homme armé a demandé du groupe que l'un d'eux a cru en Jésus-Christ. La jeune fille hésita un instant, puis elle a dit. «oui». Le tireur a dit "pour quoi?" --et l'a tuée ") c' était la dernière de cette chose 17 ans Christien on dirait jamais. Le tireur l'a demandé «Pourquoi?» Elle n' avait pas le temps de répondre avant qu'elle a été abattu. Cassie a entré dans la bibliothèque du lycée de Columbine pour étudier pendant le déjeuner. Elle a laissé un martyr.

Bien que beaucoup d'autres étudiants de Columbine sont déjà forte, chrétiens vocaux, la confession de Bernall dans le visage de la mort les a inspiré de garder la foi, peu importe à quel point il est. Elle a quelque chose que l'un des voleurs a fait quand Jésus était sur la croix. Elle a admis qu'elle croyait en Jésus-Christ avant sa mort ", Josué a déclaré Lapp, 16 ans, étudiant en deuxième année de Columbine et membre de l'Église St. Philipe de luthérienne. Il a Accroupi dans la bibliothèque, en cachant des hommes armés, il a apris que Bernall a été abattu après sa confession. Comment aurait-il réagi? «Il a fait la même chose qu'elle a fait," Lapp a dit. Il savait seulement que Bernall a passé dans le Hall-moyens scolaires bondés. Mais sa voix était encore interrompue quand il parlait d'elle. C'était juste ... elle est ... après elle a dit que, vous savez qu'elle est maintenant dans un meilleur endroit ", Lapp a dit. "Elle est morte pour sa foi. C'est pourquoi elle est morte et c'est la façon dont elle a vécu toute sa vie.

Elle a passé un martyr pour Jésus " cristal Woodman a dit , junior un membre du groupe de jeunes de Columbine et Bernall à West Bowles de l'Église communauté. Les filles ont utilisés pour bénévolat ensemble, tendre la main aux personnes dans le domicile centre-ville. Woodman, aussi, a échappé de justesse à la bibliothèque, et seulement après avoir demandé à Dieu d' «envoyer ses anges en bas." Teens comme Lapp et Woodman ne sont pas blâmés Dieu pour la violence de mardi. Ils ont lui remercié qu'ils sont vivants. "Tout le monde fait dehors, ils savent qu'ils fait pour une raison ou quelqu'un regardait pour eux," Lapp a dit. Les Églises originelle où les élèves adorent des innombrables veillées, des mémorials et des séances dans cette semaine. Le jeudi, une autre session de prière a jaillit dans la boue et dans le parc en face de Columbine. Au début, c'était juste un petit cercle.

L'équipe des filles de l'école la foi Christienne de Arvada était venu dans leurs sueurs marron pour prier sur le site. Des centaines de personnes bourdonnaient autour d'eux: des amis, des étudiants et des étrangers transportent des affiches, des fleurs et des lettres aux monuments géants qui poussent dans le parc. Les filles priaient et le cercle Grew. Vingt enfants, puis un 50. Holding mains, en chantant des hymnes. La voix des jeunes pour prier à haute voix sous un froid, ciel gris ardoise. Matt Baker, un du regardant enfant vêtu d'un jean baggy, un sweat-shirt et un Tommy Hilfiger YEL bas casquette de baseball tourné vers l'arrière, prié: "Si nous vous apprenez Dieu, nous savons que vous allez pencher tout de suite." Le cercle ne faisait qu'augmenter, l'éviction des équipes de télévision qui bousculent pour aller vivre.

Une centaine d'adolescents. Peut-être 120. Enfin tout le monde a grandi calme, capturé par une voix haut perchée douce. "La seule façon vous obtiendrez cela c' est par Jésus. Si vous ne Avoir Jésus, obtenir Jésus," dit-elle. "Vous ne savez pas si vous avez demain." C' était la voix de Sam Matherne, étudiant à Cherry Creek High School et membre de l'Orchard Road Christian Center. Elle aussi, était un ami de Rachel Scott. "Mon meilleur ami est mort là-bas, ne le laissez pas être en vain," Matherne a dit. À proximité, des gouttes de pluie crépitait sur les mémorials, barbouiller des affiches et des lettres. Une lettre à Bernall et à Dieu, écrit sur papier de cahier blanc, sous une tente a resté sec. "Ce doux, innocente belle fille (est) l'un de vos plus précieuses créatures et le monde a subi une grande perte" Mais, comme chez les adolescents d'origine y ils voient, selon l'ami de Bernall Woodman: "Maintenant, elle est dans les cieux. Elle est tellement mieux que n' importe d'entre nous. "

Séminaire Phoenix
DelHousaye par Kent, 1999

Lorsque Cassie Bernall a proclamé si hardiment sa foi en Jésus Christ, son Dieu n'a pas la sauvé. Les paroles qui venaient dans sa bouche lui coûter la vie, et les gens se demandent pourquoi une jeune fille se mettait en danger pour une croyance religieuse.

Même si elle a cru en Jésus, pourquoi n' a t-elle pas menti à ce sujet? Tout ce qu'elle avait à faire était de fermer sa bouche et elle s' éloigna Pour pourvoir respirer encore.Est ce qu' elle n'a pas pensé à sa famille, à ses amis, d'elle-même? Donc, beaucoup d'entre nous à pied de cette tragédie de Columbine High School à Littleton tonne, Colorado, avec de nombreuses questions sans réponse. Cependant, une chose est claire: Les deux jeunes tueurs avaient maille à partir de certains de leurs camarades de classe, à savoir les athlètes, cravates et chrétiens minoritaires. Oui, les chrétiens.

Ils ont autorité à Colorado clairement d'établir les deux tueurs qui ont été anti-jock et anti-minorité, mais seulement dans les derniers jours à la nation qu'elles avaient été considérées vraiment anti-chrétienne, même anti-foi. Sans doute, beaucoup sont morts en raison indisponible de leur profession de foi, mais rarement le martyre est clairement affiché de manière telle qu'elle était au lycée de Columbine. Pressé avec les questions, de nombreux chrétiens diraient qu'ils allaient mourir pour leur foi, mais peu ont pris à partir de cette question.

Le 20 Avril, Cassie Bernall a été pris partir. Lorsque le tireur lui demanda si elle croyait en Jésus, elle a répondu sans hésitation que qu'elle a fait. Le tireur n'aimait pas sa réponse, alors il a tiré et la tué . Nous grinçons des dents parce que nous ne comprenions pas cet acte avant. Ne devrait pas Dieu protège Placé ceux qui ont leur foi en lui? Si Dieu n' existe vraiment, pourquoi devrais-je permettre à son enfant de souffrir comme ça?

C'est une question légitime. Pour trouver une réponse, nous devrions demander la famille et les amis de deuil de Cassie. Ils vous disent que Cassie est maintenant dans les bras de son père céleste parce qu'il lui veut . La tâche qu'elle avait sur Terre pour accomplir était achevée, même si nous pensons de notre perspectif, il a écourté. Si Cassie a donné une autre occasion de répondre à le tireur qu'elle ne changerait pas sa réponse parce qu'elle comprend maintenant que Dieu tient son lieu de plus près dans le ciel Parce qu'elle si étroitement à lui sur Terre. Son acte de courage n'était pas en vain parce que le monde a vu la beauté de sa foi et de la gloire de son Dieu.

Références: Denver Rocky Mountain Nouvelles, par Carla Crowder, 1999 (titre de l'article pas donné) et le Séminaire Phoenix, par Kent DelHousaye, 1999 (titre de l'article pas donné) accessible sur le site http://www.geocities.com/CassieBernall/ le 19 Septembre 2009.

EXPLORE!

ÉCRITURE DE PASSAGE(S) : Daniel 1 et 3

VERSET CLÉ(S) : Daniel 3:17-18

ÉTUDE DE LA BIBLE

1. Dan. 1: 1-8: Lisez le passage et discutez sur la volonté de Daniel. (Enseignant: donnez un aperçu en ce qui concerne les lois hébraïques sur les denrées alimentaires.)
   - Pourquoi était-il important d'éviter les nourritures du roi et du vin?
   - Qu'est-ce que les attractions mondaines influencent de vos pairs aujourd'hui? Comment pouvez-vous éviter aussi bien d'être influencé?
2. Dan. 1: 9-16: Comment Daniel a maintenu l'honneur de la volonté de Dieu dans sa pureté et celle de ses compagnons? Qu'avez-vous vu des conséquences positives pour le maintien de la pureté?
3. Dan. 1: 17-21: Wow! Leur sagesse était incroyable! Où est-elle venue? Pensez-vous que Dieu pouvait lui accorder la sagesse ainsi?

4. Dan. 3: 8-18: Discutez sur l'attitude des trois amis dans l'image.
   - Qu'est ce qui était plus précieux pour eux, la vie ou la pureté?
   - Qu'est-ce que le mot «pureté» signifie pour vous? (Choisissez un mot philippin et expliquez pourquoi vous avez choisi ce mot.)

5. Dan. 3: 19-27: Discutez de ce qui est arrivé dans ce passage. C'est une histoire impressionnante de la Présence de Dieu ainsi que sa délivrance: un ange, ou peut-être Jésus lui-même, était dans le four avec eux! Quel impact d'origine des trois devaient avoir par ce qu'ils ont choisi de maintenir leur pureté, même dans le visage de la mort. Encore une fois, Dieu a honoré leur engagement. Dieu pourrait choisir de vous pour utiliser la même manière. Vous allez garder votre témoignage fort et pur?

6. Dan. 3: 28-30: le roi Nebucadnetsar a loué le nom de Dieu à la suite de l'intégrité et l'affichage de la puissance de Dieu. Quels ont été les résultats de cet événement? Maintenir votre intégrité Comment pourrait influencer les gens autour de vous? Comment pouvez-vous être sûr que Dieu à la gloire?

CHRONOLOGIE

▶ Daniel et ses trois amis Hanania (Schadrac), Mischaël (Méschac) et Azaria (Abed-Nego) ont été capturés par le roi Nebucadnetsar et emmenés à Babylone Pendant le règne de Joakim, un des derniers rois de Juda.

▶ Préparez un petit symbole ,: comme une fournaise ardente, pour représenter Daniel et ses trois amis. Attachez-le à la chronologie à une courte distance du roi Josias.

▶ Dessous de la Pureté ligne d'écriture et sa définition

EXPÉRIENCE!

ACTIVITÉS D'APPRENTISSAGE

Envisagez d'utiliser l'histoire de Rachel Scott, une autre des victimes de Columbine. (Voir http://en.wikipedia.org/wiki/Rachel_Scott et suivez le lien pour "Rachel Larmes: la Tournée spirituelle de Columbine Martyr Rachel Scott") Demandez aux élèves de prendre en considération les effets profonds de la vie et de la mort de Rachel en raison de sa foi.

APPLICATION PERSONNELLE

Il est possible un jour que votre foi peut vous mettre dans une situation de vie ou de mort où vous aurez à choisir l'opportunité de maintenir votre intégrité et la pureté devant Dieu, ou donner à la pression. Imaginez comment vous aurait répondu si vous aviez été dans la situation de Schadrac, Méschac et Abed-Nego, ou Cassie Bernall et Rachel Scott. Qu'aurais-tu fait? Écrivez vos pensées dans votre journal.

AFFECTATION

1. Écrivez le nom de la personne a étudié de la Bible, la direction de la qualité de caractères ciblée (avec sa définition) et le verset clé dans votre journal.

2. Lisez Daniel 6 avant la réunion de la semaine prochaine.

31 DANIEL-PARTIE 2

VIE DE PRIÈRE:
Reconnaissant le besoin de communication avec mon Dieu en tout temps

ENGAGE!

CULTE
Écriture Suggérée: Psaumes 5:1-8

Chansons Suggérées: Faim; Respirer

ACTIVITÉ DE MOTIVATION
- Demandez aux Élèves de partager ce qui est réel qu'ils croient dans la prière. Demandez-leur d'énumérer ou decrire les différents types ou partis de la prière (Comme louange de reconnaissance, confession, Faire des Demandes, intercédez pour les autres). Lequel de l'un sont plus importants? Lesquels pratiquons-nous le plus? Lesquels Faisons nous négliger Souvent?

EXPLOREZ!

ÉCRITURE DE PASSAGE(S): Daniel 6

VERSET CLÉ(S): Daniel 6:10

ÉTUDE DE LA BIBLE
1. Dan. 6: 1-3: Qu'apprenons-nous au sujet Daniel de ce passage? Pourquoi le roi Darius lui Prend en tant qu'administrateur?
2. Dan. 6: 4-5: Quelle étaitla plainte des autres Administrateurs de et des satrapes ? Que pensez-vous sur leurs motifs de chercher des accusations Contre la Portée de Daniel?
3. Dan. 6: 6-15: Qu'est que nous Pouvons apprendre de Daniel sur la réponse au décret du roi? Pourquoi il a continué de faire Ce qui avait fait avant, en dépit de la nouvelle loi contre lui? Discutez sur l'importance de la vie et le ministère du travail de la prière de Daniel en exil à Babylone.
   - Comment Savez-vous sur l'importance de la vie de prière de Daniel?
   - Quel est l'important de votre vie de prière? Avez-vous régulierement l'habitude de la Prière?
   - Pourquoi la prière est important dans la vie d'un leader chrétien?
4. Dan. 6: 16-18: Nous Pouvons voir dans la réaction du roi, Daniel était spécial Pour Lui. Malheureusement dans la nature de la raison de leurs lois, il était impuissant pour sauver Daniel. Cependant, le roi Darius semblait avoir Peu d'espoir en Dieu de Daniel. Avez-vous déjà été dans une situation désespérée, qui semblerait que Dieu a intervenu?
5. Dan. 6: 19-23: Ici, nous voyons la puissance de la prière. Comment Daniel a été sauvé des lions affamés? Si Dieu est assez puissant pour sauver quelqu'un des lions, il n'existe aucune menace qu'Il ne peux pas vaincre?

6. Dan. 6: 24-27: Quels ont été les résultats de prière exaucée?

■ Demandez à vos amis et voisins qui ont été surpris quand Dieu a répondu à vos prières?

■ Avez-vous pensé rappeler de donner la gloire à Dieu pour répondre la prière?

7. Dan. 6:28: Quelles preuves avons-nous que Daniel a continué sa vie de prière?

OPTIONS D'ACTIVITÉ

ACTES DE PRIÈRE

Matériels: Morceaux de papier

Instructions: Donnez aux élèves un morceau de papier et laissez-les de faire un personnel de prière en utilisant les «Actes» comme un guide pour inclure les éléments suivants: adoration, confession, donner les remerciments et de supplication. Expliquez les termes si nécessaire, en mentionnant la supplication qui peut inclure l'intercession pour les besoins des autres, et pas seulement votre propre.

PRIÈRE JOURNALIER DE DANIEL

Matériels: Cahiers Propres / revues des élèves

Instructions: Donnez aux étudiants un ordinateur portable ou faites désigner la partie de leurs revues comme leur «Prier journalier de Daniel ". Après avoir discuté avec les élèves de la vie de prière de Daniel et comment il s'est déplacé le cœur de Dieu pour intervenir dans sa situation en effectuant un miracle juste pour sauver sa vie des lions, il a trouvé le courage de faire leur mode de vie prière de jeunes en commençant avec un engagement pour prier comme Daniel (le matin, à 3h00 et avant d'aller au lit). Alors ils devraient écrire dans la revue Leurs heures exactes, les circonstances et location lorsque qu' ils ont prié et à propos ce qu'ils priaient. Dites-leur de faire partir le lendemain et que le journal sera vérifié lors de votre prochaine réunion. Après avoir vérifié la semaine suivante, les encouragez de continuer à écrire dans leur journal et de prier, même si vous ne allez pas le vérifier. Encouragez-les à prendre leur engagement pour parler à Dieu sur une base régulière.

CHRONOLOGIE

Daniel a occupé un poste élevé dans un gouvernement étranger à travers le règne de trois rois différents. Il a eu évidemment beaucoup d'influence, et ses convictions spirituelles, y compris les friandises de son habitude de prière pour le seul vrai Dieu qui a connu l' influence par les rois qu'il a servi.

▶ Si vous aimez, vous pouvez préparer un autre petit symbole ,: comme un lion, pour représenter Daniel au cours du ministère et de l' ajoutez à la chronologie.

▶ Dessous de la ligne, écrivez vie de prière et sa définition.

EXPÉRIENCE!

ACTIVITÉS D'APPRENTISSAGE

Passez du temps pour discuter de la prière et les expériences des élèves avec la prière-réponse ou sans réponse. Discutez pourquoi Dieu répond à nos prières: parfois Il ne répond pas. Demandez aux élèves de diviser en groupes de 2 ou 3 et ensuitevous leur demandez de discuter les points suivants:

▶ Quelles sont vos préoccupations de prière pour ce moment?

▶ Avez- vous vraiment confiance que Dieu a le pouvoir de répondre à vos prières?

▶ Croyez- vous que c'est la volonté de Dieu pour répondre à votre demande spéciale?

Donnez aux groupes le temps de prier ensemble concernant des inquiétudes de leur prière spécifique.

APPLICATION PERSONNELLE

Trouvez les versets sur la prière ,: tels que Colossiens 4: 2, dans le Nouveau Testament. Réfléchissez sur l'importance individuelle de la vie de prière de l'un et écrivez une réponse dans votre journal. Peut-être que vous souhaitez d'établir une salle 3x / jour de prière comme Daniel.

OPTIONS D'ACTIVITÉ

PRIÈRES EXAUCÉES

Matériels: Morceaux de papier

Instructions: Donnez aux élèves un morceau de papier ou faites créer le tableau suivant dans leurs journaux. Encouragez-les à lister au moins 10 prières exaucées qu'ils ont vu dans leur vie prière.

Demande de Priere	Quand Répondu	Comment Répondu	Personne Instrumentale

AFFECTATION

1. Écrivez le nom de la personne a étudié de la Bible, la qualité de caractères de leadership ciblée (avec sa définition) et l'aspect clé dans votre journal.

2. Lisez Jérémie 1 et 2 en préparation pour la semaine prochaine.

32 JÉRÉMIE

PASSIONNÉ:
Impossible de cacher la vérité, même en face de la persécution,

ENGAGE!

CULTE
Écritures Suggérées: Psaumes 25:4-10

Chansons Suggérées: Cri Votre Fame; Jours d'Élie

ACTIVITÉ DE MOTIVATION
Divisez les élèves en groupes de 3 ou 4. Donnez à chaque groupe une grande feuille de papier et des crayons ou stylos marqueurs. Demandez-leur de lire et de discuter comment ilustrer Psaume 115: 2-8. Encouragez-les à le rendre pertinent à la culture d'aujourd'hui. Donnez-leur le temps de terminer leurs dessins. Si le temps leur permettre de partager des commentaires au sujet de leur illustration avec les autres groupes.

OPTIONS D'ACTIVITÉ ■ ■

AÉROPORT

Matériels: Papiers colorés et texturés différents

Instructions: Expliquez que vous allez avoir un concours disponible sur le papier d'avion volant. Dites à vos enfants qu'ils peuvent utiliser n'importe quelle conception d'avions en papier et qu'ils veulent prix seront décernés pour les meilleurs avions.

Demandez aux enfants de choisir les partenaires. Après les paires, choisissez leur papier, donnez- leur 10 minutes pour concevoir et créer leurs plans. Ensuite, Prenez le temps et organisez des concours pour les choses: comme la distance, l'acrobatie, la longueur du temps dans l'unicité de l'air et de la conception. En outre, donnez de prix pour les plans qui ont volé la plus courte distance, le séjour dans l'air les plus brefs délais, et c'était les plus dangereux pour les passants innocents. Faites-en un moment amusant et optimiste pour les jeunes.

Après les prix, combinez deux ou trois équipes de conception pour former de petits groupes. Demandez aux enfants de relater la réponse et discussion en explorant les questions suivantes:

▶ Si vous avez obtenu un prix pour votre relation avec Dieu, Quel serait la sentence intitulé?

▶ Que pouvez-vous voir de votre emplacement actuel en vol? Quelles sont les grandes questions pour vous dès maintenant dans votre relation avec Dieu?

▶ Quels sont vos plans de vol? Où voulez-vous aller dans votre relation livré avec Dieu?

▶ Quelles sont les choses spécifiques que vous pouvez faire pour atteindre les ces objectifs dans votre relation avec Dieu?

▶ Comment ce groupe peut vous tenir responsable que vous exécutez votre nouveau de vol planifié?

SOURCE: Rydberg, Denny. "Publishing Group Inc.« constructeurs de fiducie, Loveland, Colorado 1993, p. 116

EXPLOREZ!

ÉCRITURE DE PASSAGE(S): Divers passages de Jérémie (voir ci-dessous).

VERSET(S)CLÉ: Jérémie 20:8-9

ÉTUDE DE LA BIBLE

1. Jér. 1: 4-10: Lisez le passage et partagez des pensées sur la vocation que Dieu a prévu pour chacun de nous avant que nous sommes née.

   - Comment sentiriez-vous? Comment pensez-vous que Jérémie se sentait?
   - Quelle promesse pouvez-vous prétendre de ce passage?

2. Jer. 2: 9-13: Les Israélites avaient "échangé leurs Gloire» pour les idoles. Qu'est-ce que cela signifie?

   - Est-ce que les Philippiens ont fait la même chose? Si oui, comment?
   - Qu'est-ce que Dieu dit à notre pays aujourd'hui?

3. Jer. 02:20, 26-28: Il ya beaucoup d'idoles qui peuvent conduire les gens dans le mauvais sens.

4. Jer. 4: 19-22 Qui a causé ce sentiment d'angoisse à Jérémie? Qu'est ce qui pourrait provoquer un angoisse pour se sentir comme cela aujourd'hui? sentez-vous ce genre d'angoisse pour les gens de votre propre pays? Que pourrait-il vous motiver à faire?

5. Jer. 15: 15-21: Réfléchissez sur la prière de Jérémie et la réponse du Seigneur. Quelle était la promesse de Dieu à Jérémie?

6. Jer. 17: 5-8: Comparez les conséquences pour celui qui se confie en l'homme, plus bas sur la dépendance de lui-même pour sa force et dont le cœur se détourne du Seigneur avec celui qui se confie en l'Éternel, Qui est la confiance en Lui.

7. Jer. 20: 7-13: Dans ce passage, Jérémie va d'une plainte amère à la louange.

   - Avez-vous déjà eu une plainte contre Dieu? Avez-vous n'hésitez pas à exprimer votre plainte à Dieu?
   - Jérémie était fatigué de l' opposition de ce message qu'il a reçu. Il voulait quitter. Mais comment il ressent quand il a essayé de tenir dans son message? Cette sensation de brûlure était un signe de la passion. Avez-vous quelque chose comme ça n'a jamais connu? Comment tu as senti?

8. Jér. 26: 1-19, Jérémie était fidèle pour proclamer la parole du Seigneur, même dans le visage de la mort. Il savait qu'il ne pouvait pas cacher la vérité, peu importe ce qui est arrivé. Comment les gens ont finalement répondu?

OPTIONS D'ACTIVITÉ

BALLON D'AFFIRMATIONS

Matériels: balle

Instructions: Distribuez des crayons, des deux bouts de papier, et deux ballons non gonflés à chaque personne. Demandez aux enfants d'écrire chaque nom sur leurs deux bouts de papier. Recueillissez les feuillets de papier et mélangez-les dans un chapeau. Demandez aux enfants de dessiner chaque deux noms du chapeau et écrire des affirmations à propos ces gens de l'autre côté des bouts de papier. (Si un jeune dessine son propre nom, demandez-lui d'attirer à nouveau). Rappelez aux jeunes de dire des choses positives. Demandez aux enfants d'insérer les affirmations dans leurs ballons, explosez les ballons et les attacher. Avez- vous formé un cercle avec les jeunes et battez les ballons autour de plusieurs minutes. Puis demandez aux membres de saisir deux ballons chacun. Un par un, les jeunes ont les ballons avec un stylo et les affirmations et lisez à haute voix les noms.

QUESTIONS: DE DISCUSSION

▶ Qu'avez-vous ressenti lorsque vous êtes celui qui donne les affirmations? Comment pensez-vous que l'autre personne se sentait lorsque l'affirmation étant donné?

▶ Comment vous avez senti quand quelqu'un vous a donné une affirmation?

▶ Comment sentiriez-vous différent si, comme prophète Jérémie, Dieu a parlé à vous pour donner un message aux personnes qui ne sera pas comme ce que vous direz?

Procédez à discuter sur l'histoire de Jérémie.

SOURCE: Rydberg,Denny."TrustBuilders" Group Publishing Inc.,Loveland, Colorado 1993 p. 85

LANCER CETTE BALLE

Instructions: Avoir les jeunes assissent en cercle afin qu'ils puissent voir tous les visages des uns et des autres. L'enseignant va d'abord lancer une balle à une jeunesse, il / elle veut répondre à la première question. Ce Puis les jeunes sera le seul à lancer la balle à un autre qu'il / elle veut répondre à la question suivante.

CHRONOLOGIE

Jérémie a commencé son ministère comme un prophète de l'époque du règne du roi Josias à travers la captivité du peuple de Juda. Grâce à lui, Dieu a continué à mettre en garde son peuple pou éffacer jusqu'au moment de leur jugement mérité.

▶ Préparez un petit symbole ,: comme une fenêtre avec des barres de fer, et le joindre dans le calendrier à côté de Daniel. Sous le symbole, écrivez 600 av.

▶ Dessous de la ligne écrivez passionné et sa définition.

EXPÉRIENCE!

ACTIVITÉS D'APPRENTISSAGE
Discutez les questions suivantes:

Imaginez que prophète Jérémie a rentré en Philippines. Quelles les préoccupations que ferais-il pour répondre? Qu'est ce qui pourrait arriver? Divisez en deux groupes et dramatisez vos idées, ou de restez en un seul groupe et de préparer un sketch pour l'église ou l'école du dimanche ou autre lieu.

APPLICATION PERSONNELLE
Comment pouvez-vous être avec Jérémie dans votre communauté? Votre message ne sera pas le même que Jérémie, mais ce message que Dieu vous a donné? Ecrivez à ce sujet dans votre journal. Pensez – vous quand et où vous devez partager votre message. Priez à ce sujet.

OPTIONS D'ACTIVITÉ

COMMENT LE DIT: CONSEILS

Matériels: Papier bulle, matériel d'écriture

Instructions: Divisez les jeunes en deux groupes. Donnez à chaque groupe un papier bulle et certains matériels d'écriture. Dites-leur de donner des directives ou des pourboires à effet avant pour confronter un ami ou quelqu'un qu'ils pensent qui sont en train de faire quelque chose de mal (par exemple un ami à propos quelques commérages). Informez les jeunes à réfléchir ensemble et trouvez Avec moins de trois lignes directrices. Puis ils doivent choisir quelqu'un pour partager ce qu'ils ont écrit.

AFFECTATION

1. Écrivez le nom de la personne a étudié de la Bible, la qualité de caractère de leadership ciblée (avec sa définition) et l'aspect clé dans votre journal.

2. Lisez Esther 1-8 en préparation pour la leçon de la semaine prochaine. C'est une longue cession mais c'est une histoire fascinante.

33 ESTHER

DISCRÉTION:
Aptitude pour évitez les mots ou actions indésirables pouvant avoir des conséquences

ENGAGE!

CULTE
Écritures Suggérées: Proverbes 16:20-23

Chansons Suggérées: Seigneur, Reigne En Moi

ACTIVITÉ DE MOTIVATION
Préparez un certain nombre d'études en cas, soit à partir de la vie réelle ou imaginaire, mais en ituaciones des scénarios réalistes, ce qui nécessite la confrontation ou la médiation. Demandez aux élèves de miner ou de discuter comment ils gèrent normalement ce genre de situations. (Après la leçon ils auront une chance de revoir leur approche basée sur ce qu'ils ont appris.)

OPTIONS D'ACTIVITÉ

NOUVELLES RECHERCHES

Matériels: Ressources Internet (articles imprimés) ou journaux

Instructions:

1. Fournissez les journaux récents ou imprimez les gros titres des sites web de nouveau relance.
2. Distribuez à l'origine des étudiants et leur demandez de chercher des exemples de personnes qui ont sauvé, sauvé, ou prié pour leur société ou d'un pays.
3. Demandez aux élèves de partager leurs découvertes. Demandez-leur de parler en particulier sur le «héros» dans leurs choses de nouveau article.
   - Comment le «héros» dans l'histoire est venu avec une façon d'aider ou contribuer à résoudre la question à portée de main? Etait- il gras? Agressive? la cause ? A- t-il fait beaucoup de préparation et de penser avant et pendant le processus d'aide?
4. Demandez à chaque élève de ce qu'ils feraient s' ils étaient dans la situation de leur chosir «héros».
   - Comment gérez-vous les situaciones sensibles ou désespérez   de confronter avec les gens difficiles ?

Références: connexions Faith décembre / janvier / février (Kansas city: WordAction, 2006-7), P36

LE GARDE

Matériels: Petites balles molles

Instructions:

1. Les joueurs forment un cercle et deux bénévoles - le Client et le le garde - aller dans le milieu.

2. Le garde du corps doit essayer de protéger son / sa client (e) des boules qui sont projetés par ceux en formant le cercle.

3. Si le client est touché, les deux bénévoles changent les rôles. Une fois le nouveau client a été touché, sélectionnez deux nouveaux bénévoles.

4. Donnez-leur le temps de partager des commentaires sur la façon dont il était difficile de protact le client des boules.

5. Lancez l'étude de la Bible et relatez l'activité à l'histoire d'Esther.

Références: http://www.games4youthgroups.com/contest-games/Bodyguard.html

EXPLOREZ!

ÉCRITURE DE PASSAGE(S): Esther 4-7

VERSET CLÉ(S): Esther 4:16

ÉTUDE DE LA BIBLE

1. Esther 4: Esther a reconnu à quel point était la situation de son peuple et a demandé l'aide de Dieu pour lui. Discutez comment Esther a préparé pour la mise en confrontation nécessaire.

   ■ Versets 12-14: Mardochée dit à Esther qu'elle était le seul espoir des Israélites pour la survie, ce qui implique que celle qui n'était pas en position par accident. Parlez sur les situacions dans lequelles l'un est " Pris au milieu Middle" d'une situation critique susceptible d'avoir encouru des risques. Partagez le contexte de la situation et comment vous sentiez à l'époque.

   ■ Versets 15-16: Pourquoi Esther était si préoccupée ? Les récits historiques montrent que Xerxès était un roi dangereux impulsif et imprévisible. En dépit de sa haute position, la vie d'Esther était en risque. Comment Esther a répondu les paroles de Mardochée?

   ■ Comment avez-vous habituellement répondu quand les gens vous demandent la médiation de quelque chose ou de confronter quelqu'un de fixer un conflit?

   ■ Remarquez les mots courageux d'Esther dans le verset 16. Avez-vous déjà pensé que de la même façon quand vous accepté d'être médiateur dans un conflit?

   ■ Quels sont les risques inhérents à cette telle médiation?

2. Esther 5: 1-8: discutez sur la façon que Esther s'approche et parle avec le roi.

   ■ Notez les mots utilisés pas Esther quand elle a parlé au roi. Quel est l'importance de notre manière de parler lorsque quelqu'un s ont confrontés pour résoudre un conflit? Partagez les idées personnelles sur la bonne façon de le faire.

   ■ Parlez de la façon dont des éruptions cutanées et insensibles des autres mots peuvent provoquer des conflits.

3. Esther 5: 9 chapitre 6: l'audace et la discrétion d'Esther ont conduit à l'honneur de Mardochée et l'exécution de Haman. En fin de compte, les Juifs ont été sauvés.

- Laissez les étudiants de partager leurs expériences personnelles des bénédictions qui ont suivi une médiation réussite et confrontatée.
- En revanche, qu'est ce qui arrive lorsqu'une confrontation est manipulée de façon incorrecte?

4. Reliez le pouvoir de discrétion de la sagesse, de l'audace et de la douceur.

- Dieu nous exhorte à faire tout dans l'amour (cf. 1 Cor 16:14 et Eph. 4 :. 2). Avoir la discrétion est une façon de montrer l'amour dans nos relations avec les gens. De tout ce qui a été discuté pendant cette leçon, examinez quelle est la discrétion et comment il est important pour les chrétiens de pratiquer cela.

CHRONOLOGIE

- Peu de temps après le règne de Josias, Jérusalem a été conquis par le roi Nebuchadnezar de Babylone. Les personnes, y compris le cousin d'Esther Mardochée, ont été pris en captivité. Environ 50 ans plus tard, Babylone fut conquis par Cyrus, roi de Perse. Son règne a été suivie par Darius et Xerxès Puis, le roi d'Esther.
- Préparez un petit symbole , comme un sceptre, pour représenter Esther. Placez-le sur Jérémie près de la chronologie. Sur la ligne entre Jérémie et Esther écrivez l'année 500 avant JC (Esther devient reine dans 478 av)
- Dessous de la ligne, écrivez discrétion et sa définition.

OPTIONS D'ACTIVITÉ

FABRICATION DE JOURNAL

Matériels: Papier de format A4, stylos de couleur et d'autres instruments d'écriture.

Instructions:

1. Divisez la classe en deux ou trois groupes et demandez- leur de signaler à propos de la situation des Juifs en ce moment dans l'histoire.

2. Encouragez les élèves à examiner et résumer l'histoire ou permettre-leur de reconstruire une version contemporaine de l'histoire.

3. Encouragez-les à ajouter leurs réflexions sur la discrétion d'Esther (par exemple une Interview créatif avec Esther pour le journal).

4. Chaque groupe devrait présent pour travailler dans la classe, en partageant les points de vue différents avec l' autre.

EXPÉRIENCE!

ACTIVITÉS D'APPRENTISSAGE

Reportez à des études de cas a discuté plus tôt. Qu'avez-vous appris de la leçon sur Esther qui pourrait vous aider à gérer les différemmentes situaciones? Considérez l'importance du moment dans l'exercice de discrétion. Comment pouvez-vous appliquer à votre discrétion dans l'approche originale de cas d'études?

APPLICATION PERSONNELLE

Êtes-vous une personne de discrétion, ou vous faites habituellement "n'obtenez pas" jusqu'à ce qu'il soit trop tard? James donne de conseils sages. Lisez Jacques 1:18. Qu'est-ce que cela a à voir avec discrétion? Ecrivez à ce sujet dans votre journal et demandez à Dieu de vous aider à développer cette qualité importante.

OPTIONS D'ACTIVITÉ

BOMBES DE PRIÈRE

Matériels: Liste de prière, une chaise, tissus

Insructions:

1. Demandez aux élèves de partager s' ils ont un besoin urgent de prière ou grave.
2. Quand un étudiant partage quelque chose, tous les autres membres doivent lui écouter attentivement.
3. Priez pour celui qui partage par environnant en plaçant leurs mains sur l'épaule de la personne ou à l'arrière.

AFFECTATION

1. Écrivez le nom de la personne a étudié de la Bible, la qualité de caractère de leadership ciblée (avec sa définition) et l'aspect clé dans votre journal.
2. Lisez Esdras 7: 1-10, 27, 28 en préparation de la leçon de la semaine prochaine.

34 EZRA

CONSCIENCE:
Étant guidé par un sens aigu du bien et du mal

ENGAGE!

CULTE
Écritures Suggérées: Psaumes 119:9-16

Chanson Suggérée: Fire Raffineur; Guérir nos Terres

ACTIVITÉ DE MOTIVATION
Planifiez un voyage! Imaginez qu' il a été une sorte de crise et vous avez besoin de se déplacer les personnes de votre baranggay vers un autre emplacement plus de 200 km à un endroit où vous n'avez jamais été. Quels facteurs vous devez considérer? Comment allez-vous les convaincre d'aller avec vous? Quels plans vous besoin de faire pour leur bien-être? Quels sont les éléments essentiels que vous devrez prendre? Comment allez-vous les préparer à la vie dans le nouveau emplacement?

OPTIONS D'ACTIVITÉ

MOT ET VIE CORRESPONDE

Matériels: Morceaux de papier, de couleur si désiré.

Instructions:

1. Préparez une liste de versets bibliques qui habituellement nous sommes habitués comme base pour les situacions morales comme pratiques «prier sans cesse», «être fort et courageux ..." Faites deux copies de la liste de référence d'écriture.

2. Préparez une liste de problèmes pratiques ou contemporaine ou les situations que les gens sont confrontés. Ces situaciones doivent correspondre aux sages de le choix de l'écriture du passage.

3. Pour le jeu réel, divisez les élèves en deux groupes et donnez à chaque groupe une copie de la liste des versets (Cela ne devrait indiquer la référence, pas le passage lui-même).

4. L'enseignant ou animateur se tiendront à l'avant tandis que les deux groupes seront à l'extrémité opposée de la chambre. Il devrait y avoir une certaine distance entre les élèves et l'enseignant.

   • L'enseignant choisit une situation et lit à haute voix deux fois seulement. Les étudiants seront ensuite regardés leur liste et, avec leur Bibles, essayez de trouver Le verset le plus approprié pour lire la situation. Quand un groupe a décidé, un représentant déroulera à l'enseignant de montrer le choix de verset.

5. L'enseignant jugera si le verset est effectivement pertinent à la situation qui a été lu. S' il est, le groupe qui obtient un point. Cela pourrait être un meilleur des cinq jeu, ou selon la limite de l'équipe qui a les réponses les plus correctes.

Note: le groupe peut défendre leur réponse à l'enseignant ou à l'autre groupe. L'enseignant choisira si le point du groupe est vraiment pertinent.

EXPLOREZ!

ÉCRITURE DE PASSAGE(S): Esdras 8:15-23; 9:1-10:17

VERSET CLÉ(S): Esdras 7:10

ÉTUDE DE LA BIBLE

1. Esdras 8: 15-23: Ezdras était un homme d'action et de prière. Remarquez comment il a fait les préparations et organisé les gens pour leur voyage. Il a accordé une attention aux détails, comme il a appelé les prêtres pour se joindre dans leur voyage.

   ■ Dans les versets 18 et 21-23 Esdras a reconnu l'importance de la présence de Dieu et grâce pour aller vers un défi. Partagez les réflexions sur combien devrions-nous demander et permettez la direction de Dieu dans tout ce que nous faisons.

   ■ Laissez les élèves de partager les instances de personnel là où il a demandé habituellement des conseils (Que ce soit au travail ou à l'école, ou à une certaine responsabilité).

2. Ezra 9: Comment Esdras a réagi à l'injustice qui a découvert parmi son peuple?

   ■ Pensez aux exemples courants de l'injustice dans le monde d'aujourd'hui. Qu'est-ce que vous sentez lorsque vous lisez et regardez à propos, ou observez-les dans la vie quotidienne?

   ■ Discutez comment Esdras a prié sur la situation. Qu'est-ce que vous faites ou comment vous le faites. Pour prier sur l'injustice que vous voyez?

   ■ Partagez des réflexions sur le rôle des chrétiens dans la guérison de mal social. Quel devrait être votre part en tant que jeunes chrétiens? Pensez-vous que les chrétiens ont adéquatement influencé positivement dans le monde d'aujourd'hui? Pourquoi les injustices et le péché galoppe toujours?

3. Ezra 10: Discutez comment les Israélites a répondu ou réagi pour entendre la prière d'Esdras. C'est la réponse parfaite de Dieu les gens ont souhaité qui vivent dans le péché.

   ■ Partagez le personnel des histoires pour être déclaré coupable du péché et de repentir par ce qu' en voyant l'acte de repentance d'une autre personne. Il pourrait également être les situacions qui dans le message du pasteur, une lecture de la Bible, ou le témoignage d'une personne que vous avez condamné à repentir.

4. Discutez sur la façon dont la direction de Dieu dans sa vie peut influencer les autres sur le même chemin.

5. Raccordez la fidélité, la justice et l'influence de la conscience.

OPTION D'ACTIVITÉ ■ ■

MILLE QUESTIONS *pour étude de la Bible la question numéro 2.*

Matériels: TV et lecteur de CD ou, Ordinateur de bureau / ordinateur portable

Instructions:

1. Jouez la vidéo et nous avons tous de le regarder.

2. Discutez en général ce qu'ils ont ressenti pendant et après de le regarder.

3. Explorez les problèmes présentés dans le clip vidéo (utilisez les organisations de l'étude de la Bible comme un guide).

4. Demandez aux élèves ce que la vidéo présente comme la réponse chrétienne aux problèmes posés.

5. Discutez de ce que les élèves voient des problèmes dans leurs contextes similaires ou communauté et laissez chacun d'identifier d'une manière pratique d'aborder à la lumière de la Parole de Dieu et de son amour.

6. Demandez à chacun d' engage à leurs réponses identifiées et désignez un associé de responsabilité pour les étudiants ou les laissez choisir leurs partenaires.

7. Laissez les étudiants d'écrire leurs points de vue dans leur journal.

Références: Mille questions. Sommet du leadership Willow Creek. De http://www.youtube.com/ regarder? V = YiNBmNl88Pk ?; Consulté le 21 Septembre de 2009.

CHRONOLOGIE

- Le livre d'Esdras commence pendant le règne de Cyrus, roi de Perse, qui a permis les Juifs de retourner à Jérusalem pour reconstruire le temple. Cependant, cette arrivée est probablement revenu avant Esdras lui-même était né. Son groupe a conduit Esdras à Jérusalem dans le deuxième tour, Près de 80 ans plus tard, sous le règne d'erxes Artax-, le successeur de Xerxès, le roi de Esther. Israël n'était plus une nation indépendante. Même s' ils avaient été autorisés à retourner dans leur patrie, ils étaient sujets de l'Empire perse.

- Préparez un petit symbole ,: comme un parchemin, pour représenter Esdras. Placez-le sur le temps chronologie suivante d'Esther.

- Dessous de la ligne, écrivez de conscience et sa définition.

EXPÉRIENCE!

ACTIVITÉS D'APPRENTISSAGE

Être consciencieux nécessite de prêter attention aux détails et de Connaître bien Parole Dieu. Jouez queque sorte de Bible perceuse ou le jeu d'association qui exige aux élèves de trouver les écritures qui, compte tenu appliquer à des situations.

OPTIONS D'ACTIVITÉ

ENSEIGNANT JOUE LE SKEPTIC

Matériels: Liste de prière, une chaise, tissus

Instructions: L'enseignant agira comme un sceptique incrédule étudiant et demande les étudiants d'incliner dans certains sujets, comme les étudiants essaient de convaincre l'enseignant sceptiques à travers leurs opinions. C'est examiner les convictions des élèves sur un certain sujet de pratiques.

1. Préparez une liste de «controversée»habituellement nous laissons les questions morales de chrétiens . Ce qui suit sont les exemples:

▶ Est-ce qu'Il est accepté pour les chrétiens de boire du vin ou des boissons alcoolisées tant qu'ils n'arrivent pas ivre?

▶ Est-il correct d'être physiquement avec le petit ami ou une petite amie intime de l'un tant qu'ils n'ont pas de rapports sexuels réels?

▶ Esct ce qu'il est accepté pour les chrétiens de tolérer l'homosexualité parmi leurs amis?

2. L'enseignant poser une question et laisser les élèves exprimer leurs pensées sur la question. Alors l'enseignant posera des questions supplémentaires, en appuyant sur la preuve, interprétation raisonnable et de soutien convaincant de la déclaration. Il serait important de demander si leurs opinions en faisant écho à la question du serpent biblique de la Genèse: «Est-ce que la Bible a vraiment dit ça"

3. Fondamentalement, le but est d'appuyer les membres du groupe d'examiner les raisons de leur pensée et de trouver des raisons de leurs conclusions.

Références: Morrison, Eleanor Shelton et Virgil E. Foster. Enseignement Creative dans l'Église. New Jersey: Prentice-Hall, Inc., 1963

APPLICATION PERSONNELLE

- Avant nous pouvons guider les autres en ce qui concerne le bien et le mal, nous devons nous assurer notre propre «boussole morale» est réglé sur "vrai Nord" la vérité de la Parole de Dieu. Confessez les domaines de votre vie qui ne correspondent pas aux attentes de Dieu.

- Esdras était un expert dans la loi de Dieu. Qu'est ce que vous avez besoins de faire maintenant pour vous devenir un expert dans la Parole de Dieu? Donnez votre engagement dans votre journal.

OPTIONS D'ACTIVITÉ

L'ÉCOUTE DE DIEU

Matériels: Plusieurs feuilles de papier court (vous pouvez recycler le papier de rebut qui peut avoir une page blanche sur un côté.) l'Utilisation du papier journal peut être aussi une option; Stylos; Bandez les yeux (mouchoir ou tout tissu)

Instructions:

Préparation:

1. Ecrivez diverses questions ou divers péchés de votre groupe de jeunes ont beaucoup envisagés. Écrivez un péché par papier. Vous pouvez laisser les documents en blanc, juste soulignez après le match que les documents représente les péchés ou les problèmes courants que le visage de la jeunesse chrétienne. Les exemples sont: le sexe avant le mariage, la tricherie, le mensonge, l'alcool, la haine, l'apathie, etc.

2. Répartissez-les sur le sol, mais assurez-vous qu'il ya des domaines claires que les étudiants puevent marcher pour rendre à l'autre côté de la salle.

Jeu Actuel:

1. Choisissez une personne qui pourrait être la «voix de l'Esprit Saint." Ne laissez pas le reste du groupe de savoir qui est la personne. C'est choisir la personne qui sera la seule à conduire les joueurs des yeux bandés dans les bonnes directions.

2. Nommez quelques «voix perdues» qui seraient confondre les joueurs des yeux bandés et les amener à marcher sur les papiers. Le reste des étudiants auront les yeux bandés pour jouer le jeu.

3. Une personne jouerait à la fois. Ceux qui ont leur tour sont en attente pour attendre à l'extérieur de la salle. Demandez-leur de s'aligner pour être plus organisé.

4. "Bandez les yeux des participants et dites- leur que leur objectif est d'atteindre l'autre côté de la« vie »sans toucher les feuilles de papier."

5. Lignez le reste du groupe au long des deux parois latérales de la chambre- Ils ne peuvent pas manger à côté de la personne des yeux bandés, et ne peuvent pas les toucher. Ils ne peuvent ni bouger de leurs positions de départ. Seule la personne qui joue le "Saint-Esprit" peut se déplacer le long des murs". Demandez quelles choses qu'ils pensent ou quelles choses les concernent. Si vous pourriez demander de prier pour eux.

Conseils pour votre attitude:

• Sortez avec foi que Dieu travaille déjà dans la vie des personnes que vous allez rencontrer, et approcher les gens et les maisons en toute confiance.

• Priez continuellement comme vous allez. Dieu va devant vous!

• Attendez-vous à l'inattendu.

• Attendez que les gens veulent partager sur leur vie.

C' est correct si les gens ne veulent pas parler. Respectez une personne s'ils ne veulent pas répondre ou sont méchants. Si les gens ne veulent parler pour être prêt à écouter. Leurs paroles sont la chose la plus importante!

Lorsque les groupes retournent pour partager à propos leurs expériences, comment ils se sentaient, et qu'ils ont appris. Priez ensemble pour un coeur humble qui se soucie des gens.

Références: http://www1.salvationarmy.org/ihq/www_sa.nsf/ 766d2187c97e6bf180256cf4005d2284/ fdb5578e5e1a3c9280256f0e004aed0e/$ FILE/mission_in_community-lr.pd

 AFFECTATION

1. Écrivez le nom de la personne a étudié de la Bible, la qualité de la direction de la qualité de caractères ciblée (avec sa définition) et l'aspect clé dans votre journal.

2. Lisez Néhémie 1 et 2 en préparation de la leçon de la semaine prochaine.

35 NÉHÉMIE

DÉTERMINATION:

L'accomplissement des objectifs donnés par Dieu qui sont indépendamment nécessaires à l'opposition.

ENGAGE!

CULTE

Écritures Suggérées: 1 Théssalossiens 2:1-9 *(portant sur la détermination)*

Chansons Suggérées: De Ton Côté

ACTIVITÉ DE MOTIVATION

Divisez la classe en deux ou trois groupes. Fournissez une sorte de blocs jouet de construction ou d'autre construction de jouet ou de matériel de construction et nous avons les groupes en compétition pour voir quel groupe peut créer la plus haute structure stable.

OPTIONS D'ACTIVITÉ

PYRAMIDE HUMAINE

Instructions:

- Le défi des étudiants pour former une pyramide humaine en utilisant l'ensemble du groupe. Pour ce faire, ayez des gens dans une rangée sur les mains et les genoux. Demandez-leur de continuer à obtenir au dessus de l'autre sur les mains et les genoux pour continuer à former la forme d'une pyramide. Vous pouvez à l'heure de l'événement si le groupe est petit pour qu'ils fassent dans un certain laps de temps.
- Plus tard dans l'utilisation de cette leçon comme un exemple. Tout comme ils avaient besoin d'être concentré, continuez à essayer, et de motiver les uns les autres à construire la pyramide, Néhémie devait montrer les mêmes caractéristiques dans la construction de la muraille de Jérusalem.

RÉPONDRE À NOS VOISINS

Instructions:

Avoir la fracture du groupe en paires (ou des groupes de trois si c'est plus sûr appropriée ou plus). Dites-leur le but de cette leçon c'est d'écouter les autres autour d'eux avec un cœur au Christ et cherchez la réponse en Christ.

Voici quelques questions et des conseils pour aider à guider leurs interactions avec les gens qu'ils rencontrent:

Conseils pour être un bon auditeur:

- Le but de poser des questions n'est pas juste pour obtenir une réponse, mais pour vraiment comprendre ce que cette personne connaît, pense et sent.

- Gardez le contact visuel quand une personne parle, afin qu'ils sachent ce qu'ils partagent avec vous est important.
- Laissez les gens parlent, ne pas les interrompre.
- Cherchez à trouver des moyens d'encourager ou de soutenir les gens que vous rencontrez.

Conseils pour guider la conversation:

- Présentez-vous.
- Demandez quelles sont les choses qu'ils pensent, quelles choses les concernent.
- Demandez si vous pouviez prier pour eux.

Conseils pour votre attitude:

- Sortez avec foi que Dieu travaille déjà dans la vie des personnes que vous allez rencontrer, et approchez les gens et les maisons en toute confiance.
- Priez continuellement comme vous allez. Dieu va devant vous!
- Attendez-vous à l'inattendu.
- Attendez que les gens veulent partager sur leur vie. C'est correct si les gens ne veulent pas parler. Respectez une personne s' ils ne veulent pas répondre ou sont méchants. Si les gens ne veulent parler, être prêt pour écouter. Leurs paroles soit la chose la plus importante!

Lorsque les groupes retournent partager leurs expériences qu'ils ont été, comment ils se sentaient, et ce qu'ils ont appris. Priez ensemble pour un coeur humble qui se soucie des gens. Discutez également s' il existe des moyens tangibles dans votre classe qui peuvent aussi s'engager certaines des questions que les gens partagent.

Segue en disant comment Néhémie ecourage et la détermination nécessaires pour accom- plir ce que Dieu lui demandait de faire. Avoir le verset de l'écrite de passage de la leçon.

Références: http://www1.salvationarmy.org/ihq/www_sa.nsf/766d2187c97e6bf180256cf4005d2284/ fdb5578e5e1a3c9280256f0e004aed0e/$FILE/mission_in_community-lr.pdf

EXPLOREZ!

ÉCRITURE DE PASSAGE(S): Néhémie 4:1-6:16

VERSET CLÉ(S) : Néhémie 2:4-5

ÉTUDE DE LA BIBLE

1. Demandez aux élèves de partager à propos ce qu'ils ont appris de Néhémie et sa quête lecture avancée dans les chapitres 1 et 2. Quel genre de personne semble être? (assurez que les élèves reconnaissent l'esprit de prière de Néhémie.)

2. Neh. 4: 1-6: Quel a été genre de l'opposition de Néhémie et les personnes confrontées? Quelle a été la répon initiale de Néhémie? Quelle a été la réponse du peuple?

3. Neh. 4: 7-23: Néhémie était un excellent organisateur et stratège. Mais ses plans nécessitaient un engagement fort de la part du peuple.

   - Pourquoi pensez-vous qu'ils étaient si désireux de conformer aux instructions de Néhémie? (Néhémie n'était pas de demander de faire quelque chose qu'il n' était pas d'effec tuer lui-même, il se couchait un exemple de détermination.)

■ Voir 9. Qu'est-ce que ce regard indique sur l'approche de Néhémie au défi? (Il était un homme de prière et d'action.) Qu'est ce que cela dit de nous?

4. Néh. 5: 1-13: Quelle était la question dans ce passage? Voir Lévitique 25: 35-43. (Assurez-vous que les élèves comprend qu'ils étaient les abus qui ont lieu. Les Israélites avaient été ordonnés de ne pas profiter de l'autre financièrement par l'imposition d'intérêts sur les prêts, etc. Et ils n' étaient pas certain à asservir l'autre.)

■ Comment comparer cette situation similaire à des questions d'injustice sociale que vous avez observé dans votre communauté?

■ At-il été bon pour Néhémie pour devenir tellement en colère? Discutez de la signification de «vertueuse indignation." Est-il approprié pour les chrétiens? Quand?

5. Neh. 5: 14-19: Ces versets donnent un autre exemple de l'engagement de Néhémie à la justice. Quels étaient ses normes de personnel pour le leadership? Quel genre d'exemple il donne à eux dans la fonction publique?

6. Néh. 6: 1-14: Deux fois dans ce passage Néhémie a exercé un grand discernement. Ses ennemis tente de distraire, d'intimider et de tromper lui dans l'arrêt des travaux. Que pensez-vous sur le secret de discernement de Néhémie?

7. Neh. 6: 15-16: la détermination de Néhémie a payé hors le travail qui a été fait en 52 jours! À qui Néhémie a dit de donner ses ennemis le crédit pour cette réalisation? Pourquoi les nations environnantes ne perdent leur confiance en soi?

CHRONOLOGIE

■ Néhémie arriva à Jérusalem plusieurs années après les réformes d'Esdras. Là-restant du livre de Néhémie et Esdras Néhémie décrivent comment ils ont travaillé ensemble pour amener le réveil et la réforme Parmi les personnes une fois de plus. C' est le dernier épisode de notre étude de l'histoire de l'Ancien Testament.

■ Préparez un petit symbole ,: comme une barrière ou une partie d'un mur de pierre, pour représenter Néhémie. Placez-le sur la chronologie du côté d'Esdras.

■ Dessous de la ligne, écrivez Détermination et sa définition.

OPTIONS D'ACTIVITÉ

MUR DE NÉHÉMIE

Matériels: Papier et l'écriture ustensile pour chaque élève, ou l'activité peut se faire sur un tableau blanc ou un tableau noir (Marqueur à tableau blanc, craie, gomme); Bibles.

Instructions:

▶ Après avoir examiné le passage de l'instructeur remettra une feuille de papier et un instrument d 'écriture à chaque élève. L'instructeur demandera aux élèves de dessiner un mur avec de très grandes roches. A l'intérieur de chaque roche d'étudiant va écrire une émotion ou le sentiment de Néhémie et le peuple sent dans toute l'histoire. Les élèves peuvent regarder à travers le passage pendant l'exercice.

▶ Après 6 minutes, demandez aux élèves de partager ce qu'ils ont écrit avec la classe Leurs photos en affichant sur le mur.

EXPÉRIENCE!

ACTIVITÉS D'APPRENTISSAGE

Discutez des questions suivantes:

Enseignant: Trouvez un exemple moderne du jour (Peut-être une vidéo ou un article) du leadership semblable à Néhémie-Quelqu'un qui n'a pas abusé de la position de leadership, mais a sacrifié pour le bien de son peuple, ou quelqu'un qui a passé leur vie à un terme à une certaine sorte d'injustice sociale. Demandez aux élèves de répondre et de discuter des besoins de leur propre communauté et comment ils pourraient être abordées.

APPLICATION PERSONNELLE

Néhémie était un homme de détermination, mais qui a beaucoup compté sur Dieu. Son livre est entrecoupé de brèves prières requérantes avec l'aide de Dieu et de l'esprit-flexion de l'œuvre de Dieu en Son nom. Demandez à Dieu de vous aider à devenir une personne de prière. Déterminez pour commencer à développer une habitude de la conscience de Dieu toute la journée.

AFFECTATION

1. Écrivez le nom de la personne a étudié de la Bible, la direction de la qualité de caractères ciblée (avec sa définition) et le verset clé dans votre journal.
2. Lisez Job 1-3 en préparation pour la leçon de la semaine prochaine.

36 JOB

PATIENCE:
Tranquillement durable souffrance en raison de la souveraineté de Dieu

ENGAGE!

CULTE
Écritures Suggérées: Jean 5:7-11

Chansons Suggérées: Ma Vie Est En Toi, Seigneur; Dieu Fera Une Route

ACTIVITÉ DE MOTIVATION
Demandez aux étudiants de penser avec de bon gens qu'ils connaissent qui a beaucoup souffert. Comment chaque personne at-elle fait face à leur douleur et / ou la perte? Font-Ils confiance patiemment en Dieu, ou deviennent amer et en colère contre l'injustice de tout cela?

OPTIONS D'ACTIVITÉ

VIE MODERNE DE JOB LE JOUR D'ADOPTION

Instructions: Identifiez et discutez les différents personnages trouvés dans le compte de Job. Encouragez-les à parler sur comment chacun des personnages sentent sans doute. Demandez-leur de créer une version moderne de l'histoire. Ce qui pourrait être comme l'histoire si c'est arrivé dans notre vie? Permettez aux élèves de faire du bénévolat pour divers rôles. Vous pouvez avoir autant de messagers ou «amis de Job» comme nécessaires pour accueillir la classe. Pas besoin d'un script. Demandez aux élèves de prendre le temps d'imaginer ce qu'ils, eux-mêmes, feraient vraiment s' ils étaient impliqués dans un tel incident. Demandez-leur d'adopter leurs rôles en fonction de ce qu'ils pensent seraient vraiment dire et faire dans cette situation.

EXPLOREZ!

ÉCRITURE DE PASSAGE(S): Job 1-2, 19, 42

VERSET CLÉ(S): Job 1:21-22

ÉTUDE DE LA BIBLE
1. A partir de votre devoir de lecture (Job 1) décrit l'emploi et sa vie avant les attaques de Satan.

2. Décrivez la scène quand Satan arrivait devant le Seigneur. Il est difficile d'imaginer pourquoi Dieu tolère même la présence de Satan. Que pouvons-nous apprendre de ce chapitre 1 et 2 Sur les capacités et limitations de Satan? Qu'est ce que Satan espère obtenir?

3. Job 1:20-22, 2:9-10: Décrivez la réponse initiale du travail aux tragédies qui l'ont frappé. Il a passé les tests de Satan? Après une semaine de souffrance, ce qui n'a finalement la malédiction de Job? (Voir Job 3:1)

4. Dans les 30 prochains chapitres du livre, Job et ses trois amis se relaient de faire des discours à mesure qu'ils explorent les raisons possibles pour lesquelles Dieu a permis de telles choses qui se produire à Job. Il a basé sur leur connaissance de Dieu et le monde, les amis sont sûrs que Job doit avoir quelque chose pour mériter ce genre de traitement. Ils l'accusent de caché et sans lui conseiller de se repentir. Job, a irrité par leurs paroles insensées, insistez sur son innocence et de contester Dieu commence à s'expliquer.

   ■ Job 19: 1-24: Décrivez l'attitude de Job de ce point.

   ■ Job 19: 25-27: En dépit de tout ce qui s'est passé, Job a encore espoir. Expliquez. (Voir aussi 13:15)

5. Beaucoup des amis de Job ont dit des choses qui étaient correctes et vraies, mais pas utiles parce qu'ils ont dit qu'ils étaient en mauvais temps ou dans le mauvais sens. Quelles sont les choses importantes pour retenir lors de réconforter ceux qui souffrent? (Enseignant-- vous devez Proposer certaines des lignes directrices suivantes: Ne parlez pas trop, surtout là pour écouter, assurez-vous que vous comprenez les situations- ne jugez pas de la personne; n'éssayez pas de répondre sans réplique; utilisez les versets de la Bible avec soin et amour ;. priez pour et avec lui / elle)

6. Dans les chapitres 38 à 41, Job obtient qu' il a demandé pour : Dieu lui répond. Mais la réponse est écrasante. Dieu révèle Sa grandeur à Job et reconnaît Job dans sa propre petitesse en comparaison.

   ■ Job 42: 1-6: Décrivez la réponse de Job. Qu'est-ce qu'il ressentait de ce point?

   ■ Job 42: 7-17: en dépit de ses reproches, qu'est-ce que dans les versets originaux nous montre de Dieu sur l'attitude et relation avec Job?

7. Comment décrivez-vous l'issue de cette histoire? Dieu a été glorifié? Que pensez-vous de Job et ses confrères ont apris de la situation? Que pouvons-nous apprendre de Dieu? Comment cette histoire affecte votre foi?

OPTIONS D'ACTIVITÉ ■ ■

MUR DE NÉHÉMIE

Matériels: une copie de la fiche d'activité pour chaque élève ou la paire. (Voyez la feuille de travail suivante a intitulé " Chronologie de la Vie de Job")

Instructions: Attribuez aux élèves de numéroter les éléments dans l'ordre chronologique. Cela peut être fait comme une cession ouverte de la Bible en paire avant la leçon, ou comme une activité individuelle d' examen de type quiz après la leçon.

Chronologie De La Vie De Job
avec des réponses

_ (1) _ Job était un homme riche avec sept fils, trois filles, 7000 moutons, 3000 chameaux, 500 paires de bœufs, 500 ânes et un grand nombre de serviteurs.

_ (6) _ la maison où tous ses fils et filles festoyaient se sont effondrés, en les tuant tous.

_ (2) _ Satan arrivait devant Dieu pour demander la permission de tester Job.

_ (5) _ Les Chaldéens ont formés les parties, volé ses chameaux et tué tous ses serviteurs.

_ (17) _ Job était un vieil homme riche avec sept fils, trois filles, 14 000 moutons, 6000 chameaux, mille paires de boeufs, des ânes et de nombreux petits-enfants et arrière-grand-1000 petits-enfants.

_ (3) _ Les Sabéens ont attaqué, tué les serviteurs de Job et ont portés outre de tous ses bœufs et des ânes.

_ (4) _ Le feu du ciel est arrivé et a brûlé les brebis de Job et avec les serviteurs.

_ (14) _ Job a réclamé l'innocence, disant que Dieu lui avait fait du tort, mais avait toujours espoir en Dieu.

_ (11) _ les amis de Job venaient et asseyaient pendant une semaine avant que quelqu'un dit quelque chose de lui.

_ (15) _ Dieu a répondit à Job.

_ (7) _ Job déchira son manteau, sa tête rasée, et tomba sur le sol, pour adorer.

_ (8) _ Satan venait devant Dieu une deuxième fois pour demander la permission pour torturer Job physiquement.

_ (9) _ Job se couvrit de plaies douloureuses qu'il a gratté avec la poterie cassée.

_ (10) _ la femme de Job lui ai dit de maudire Dieu et de mourir.

_ (16) _ Job est débordé et honte et se repent de questionner Dieu.

_ (12) _ Job maudit le jour de sa naissance.

_ (13) _ les amis de Job se sont relayés raisonnement avec lui et pour lui demander de se repentir.

EXPÉRIENCE!

ACTIVITÉS D'APPRENTISSAGE

En tant que groupe, discutez de la patience et de sa définition, et qu'est ce que cela signifie que Dieu est "Souverain." L'une des principales leçons de Job, c'est que la sagesse et la puissance de Dieu est au-delà de ce que nous pouvons imaginer, et si ce n'était pas pour le fait que Dieu a choisit d'être concerné avec la préoccupation de l'humanité, les gens sont très insignifiants en comparaison. Nous ne devons jamais présumer que nous savons comment gérer les choses mieux que Dieu. (Enseignant: utiliser un exemple de couture, point de croix: comme pour montrer aux élèves de retourner seul, il semble désordonné et il est difficile de comprendre la conception pour expliquer, "Parfois, notre vision de la vie est comme regarder l' ... arrière. Il ne peut être Jusqu'à ce que nous serons au ciel que nous comprenons vraiment ce que Dieu faisait. «Montrez la face avant." Mais Dieu voit le produit fini avant même qu'il a commencé, et il sait exactement ce qu'il fait. ")

APPLICATION PERSONNELLE

Les leçons du livre de Job sont difficiles à comprendre et à accepter. Ecrivez dans votre journal ce que vous avez appris et comment vous sentez en vers Dieu. Quelle raison il pourrait avoir ou pour votre souffrance et la souffrance de quelqu'un que vous connaissez? Surposons que, quoi qu'il arrive, vous allez continuer à lui faire confiance et apporter la gloire à Lui. Ne laissez pas Satan de gagner la bataille!

OPTIONS D'ACTIVITÉ

CONFORT CALME

Instructions: Demandez aux élèves d'autant de façons de démontrer car ils peuvent penser pour réconforter quelqu'un sans parler (chant est acceptable). Ils peuvent travailler à deux pour créer différents scénarios dont on a besoin reconforter et l'autre sans mots pour donner des soins appropriés.

POÈME POUR SUOFFRIR AMI

Matériels: à la surface sur laquelle enregistre brainstorming résultats, papier, stylos

Instructions: Après l'étude de la Bible sur Job, demandez aux élèves de penser à quelqu'un qu'ils connait -qui souffre d'une certaine façon. Comment faire les choses qu'ils ont appris de l'histoire de Job s' appliquent à la souffrance de cette personne? Demandez-leur ce remue-méninges sur ce qu'ils pourraient être capable de dire à cette personne qui serait vraiment un encouragement-évitez les erreurs de les amis de Job! Puis demandez-leur d'écrire leurs pensées sous la forme d'un poème pour la personne qu'ils pensent.

AFFECTATION

1. Écrivez le nom de la personne a étudié de la Bible, la qualité de caractères de leadership ciblé (avec sa définition) et l'aspect clé dans votre journal.
2. Lisez Matthieu 1: 18-2: 23 en préparation de la leçon de la semaine prochaine.

37 MARIE, MÈRE DE JÉSUS

OBÉISSANCE:
En soumettant à Dieu et il a placé les personnes en autorité sur moi

ENGAGE!

CULTE
Écritures Suggérées: Luc 1:46-55

Chansons Suggérées: La main de Potter

ACTIVITÉ DE MOTIVATION
Commencez par poser les questions suivantes:

1. Combien de dirigeants du monde entier vous pouver penser qui sont les femmes? (Coeur Aquino, Gloria Arroyo M., Hillary Clinton, etc.)

2. Que pensez-vous sur la présence de femmes comme chefs de file dans notre société aujourd'hui?

3. Est-Marie, la mère de Jésus, un chef de file? De quelle manière pourrait-elle être considérée comme un leader?

   ■ (Les Ecritures parlent d'un certain nombre de femmes qui sont devenues leaders dans la société et dans l'église. Aujourd'hui, nous allons apprendre d'une femme très importante dans la Bible qui est devenu un chef de file dans la justice à travers son obéissance à la volonté de Dieu.)

OPTIONS D'ACTIVITÉ

LA MAIN DU POTIER

Matériels: Clay, Appareil photo, MP3 ou lecteur de cassettes, etc.

Instructions:

1. Les étudiants auront toute disposition d'écouter la main du potier (Hillsong).

2. Donnez un peu d'argile à chacun des étudiants. permettez- leur de faire n' importe quelle forme de celui-ci.

3. Donnez aux élèves les directions pour savoir comment faire la forme d'un pot ou un bocal.

4. Expliquez que l'obéissance est la soumission à Dieu et il a placé un autorité sur nous, en lui permettant d'avoir son chemin dans la formation de nos vies.

5. Prenez une photo de chaque produit individuel avec son fabricant.

EXPLOREZ!

ÉCRITURE DE PASSAGE(S): Luc 1:26-56, 2:1-19

VERSET CLÉ(S): Luc 1:38

ÉTUDE DE LA BIBLE

1. Luke 1:26-37: These verses announce that the miraculous and the impossible were to occur in Mary's life. What are Gabriel's words that explain to Mary how this would happen?

2. Review Luke 1:11-20. How did God's Words to Mary compare with those given to Elizabeth and Zechariah?

3. Luke 1:34, 38: What was Mary's response?

   ■ Quelles sont les choses qui ont été révélés à Marie? Pourquoi pensez-vous que ces choses ont révélé à elle? Ces choses affectent comment serait sa vie?

   ■ Quels sentiments auraient pu avoir sur elle entandent ces choses? Quelles sont les craintes, es doutes et les attentes qu'elle pourrait avoir?

   ■ Comment est-ce que vous pensez que Marie se sentait au sujet de la naissance donnante au Messie qui a été promus?

   ■ Étant donné le temps et la culture dans lequel Marie vivait, est-ce que vous pensez que Marie se sentait suffisamment spéciale pour être utilisée par Dieu?

   ■ Est-ce que vous pensez qu'elle comprenait tout vraiment?

4. Luc 1:38: Sa réponse avait le sens comme si elle était une servante de Dieu. Qu'est-ce que Dieu demande de vous? Si vous répondez à Dieu de la même manière que Marie, qu'est-ce que vous direz? " Je suis le serviteur du Seigneur. Par conséquent, je vais..."

5. Pourquoi est-ce que vous pensez que Dieu a choisi Marie?

6. Luc 1:42-45: Comment est-ce que vous pensez que Marie se sentait face à la salutation d'Elizabeth?

7. Luc 1:46-55: Que révèle la chanson de Marie au sujet d'elle et son attitude?

   ■ Quels sont quelques-uns des thèmes de sa chanson?

   ■ Qu'est-ce qu'elle dit au sujet de son interprétation a l'égard de Dieu?

   ■ Qu'est-ce qu'elle dit au sujet des plans de Dieu?

   ■ Comment est-ce que cette chanson compare avec ce qui se trouve dans Zacharie dans les versets 67-79?

OPTIONS D'ACTIVITÉ ■ ■

ADOS DANS L'HISTOIRE

Matéreils: Bibles, Stylos

Instructions:

1. Demandez aux élèves de trouver des références verset s bibliques pour adolescents personnages de la Bible.

   • (par exemple Joseph, David, Daniel, Esther, et de Marie)

2. Demandez-leur de trouver quelques-uns des personnages les traits de ces adolescents (honnêteté, intégrité, etc.) et de les écrire sur le papier.

3. Demandez ensuite:

- Dieu les appelle à faire quoi?
- Quels obstacles qu'ils ont confrontés?
- Comment ils ont les surmonté?
- Quel a été le résultat de leur obéissance à Dieu?

4. Discutez sur l'obéissance de Marie plus en détail à l'aide du tableau ci-dessous.

	TRAIT DE CARACTÈRE	CADEAUX	CAPACITÉS	RESSOURCES
Marie				
Moi- même				

5. Ils complètent le tableau, demandez-leur de comparer leurs dons, les capacités et les ressources avec Marie.
- Avez-vous l'impression que vous avez plus ou moins à offrir?
- Savoir que nous faisons à propos le rôle de Marie dans le plan de salut de Dieu, comment pensez-vous de la possibilité de votre impact sur le monde pour Dieu?
- Croyez-vous que Dieu peut prendre ce que vous avez lui offrir, qu'il semble aussi petit, et l'utiliser pour son royaume?

6. Encouragez-les à suivre la modélisation des adolescents à utiliser la Bible de Dieu. N'oubliez pas ce sont des gens comme nous - juste des gens ordinaires.

Références: connexions Foi en décembre / janvier / février (Kansas city: WordAction, 2006- 7), P18

GOLDEN BELL

Matériels: Tableaux individuels blancs (de petite taille) ou du papier, des marqueurs ou stylos à bille

Instructions:

▶ Après l'étude de la Bible, demandez aux élèves de s'asseoir par eux-mêmes sur leur chaise ou le sol.

▶ Encouragez-les à écrire leurs réponses à la question à choix multiples sur le tableau blanc de papier lorsque instructeur leur donne un signal.

▶ Si leur réponse est correcte, ils devraient tout simplement rester dans leurs sièges et de garder pour continuer le jeu. Si la réponse est incorrecte , ils peuvent laisser leurs sièges et aller à un "parc d'attente" où ils doivent rester jusqu'à ce qu'ils obtiennent une question «de la deuxième chance". Après cinq questions, donnez une «deuxième chance» question à ceux dans le parc d'attente seulement.)

▶ Après 10 questions, donnez un prix approprié pour quelques «survivants».

Exemple de question: Qui a décidé sur le nom "Jésus" pour le bébé?

A. Marie   B. Joseph   C. Gabriel   D. Dieu.

EXPÉRIENCE!

ACTIVITÉS D'APPRENTISSAGE

Discutez: Quelles sont les leçons, vérités, les attitudes et les réponses que nous pouvons apprendre de Marie? Dans quelles situations nous ne devrions pas soumettre? (Rappelez-vous Daniel et ses trois amis.)

APPLICATION PERSONNELLE

Pendant la semaine, écrivez sur les possibilités que vous avez pour exercer l'obéissance. Dans quelles situaciones l'obéissance sera difficile?

OPTIONS D'ACTIVITÉ ■ ■

MA PLACE DANS CE MONDE

Matériels: Ma place dans cette feuille mondiale pour chaque élève, stylos

Instructions:

▶ Les élèves doivent comprendre que Dieu est toujours à la recherche de personnes pour apporter son message dans le monde.

1. Donnez aux élèves ma Place dans le document du monde de Dieu.
2. Demandez-leur de remplir chaque zone en répondant à la question au fond.

MA PLACE DANS LE MONDE	
Famille	Amis
Église	École

3. Comment Dieu peut m'utiliser dans chaque domaine de ma vie pour faire une différence?
   - (Vous pourriez jouer la chanson de Michael W. Smith, "ma place dans ce monde», comme ils font l'activité.)

Références: connexions Foi décembre / janvier / février (Kansas city: WordAction, 2006-7), P21

AFFECTATION

1. Écrivez le nom de la personne a étudié de la Bible, la qualité de caractère de leadership ciblée (avec sa définition) et l'aspect clé dans votre journal.
2. Lisez Matthieu 3 et Jean 1: 19-34 en préparation de la leçon de la semaine prochaine.

38 JEAN-BAPTISTE

ALTRUISME:
Avoir le seul but d'esprit de remplir le dessein de Dieu pour ma vie

ENGAGE!

CULTE
Écriture Suggérée: Philippiens 3:12-14

Chansons Suggérées: Une façon

ACTIVITÉ DE MOTIVATION
- Comme vous commencez la leçon, demandez aux élèves à propos leurs idées de que cela signifie d'être auto-moins dans le ministère. Qu'est-ce qui ressemble?

  Encouragez la participation de chacun des élèves.

EXPLOREZ!

ÉCRITURE DE PASSAGE(S): Luc 1:5-24; Luc 3:1-20

VERSET CLÉ(S): Luc 1:17

ÉTUDE DE LA BIBLE
1. Luc 1: 15-17: Qu'est ce qui devait être le but de Jean dans la vie?
   - Comment était-il pour vivre sa vie? (Apportez ce sujet aux étudiants: demande leur sur leur notion d'essayer de vivre une vie libre de tous les conforts.)
   - Comment Jean a vraiment vivre sa vie juste avant qu'il est sorti pour prêcher et pour baptiser les gens publiquement? (Voir aussi Matthieu 3: 5)
2. Luc 3: 1-3: Où et quand Jean commence à faire son ministère?
3. Luc 3: 4-14: Dans le cadre de son but dans la vie comme a indiqué dans Luc 1: 15-17, qu'est-ce qu'il prêche?
   - Remarquez comment Jean a parlé à la foule (en relation avec lui dans son être gras témoin).
4. Luc 3:21 Qu'est-ce qu'il a dit de Jésus dans ce passage? Que pensez-vous de la signification de cet acte?
5. Jean 3:27-30: Qu'est-ce que ce passage nous dit de John? De quelle manière pouvons-nous être comme Jean?

CHRONOLOGIE
- Jean Baptiste était comme un nouveau type de prophète, annonçant l'arrivée de l'Agneau de Dieu. Il est né quelques mois avant Jésus, et a commencé son ministère public, Jésus commença quelque temps avant.
  - Préparez un petit symbole, comme un criquet, pour représenter Jean Baptiste. Placez le sur la chronologie au 5 Colombie-Britannique, près de la symbole de Marie.
  - Dessous de la ligne, écrivez désintéressement et sa définition.

OPTIONS D'ACTIVITÉ ▪ ▪

QUI VEUT GAGNER UN MILLION?

Matériels: 30-40 petits morceaux de bonbons

Instructions:

C'est un jeu individuel. Chaque élève tirera son numéro de priorité pour la possibilité de choisir une question. La volonté des enseignants pour préparer au moins 10 questions pour chaque catégorie ou le niveau (avec de Poids de valeur correspondante: P300, P200 et P100). Chaque élève aura donné au moins trois chances de choisir une question. S'il obtient une bonne réponse sur sa question choisie. Il gagnera le poids de valeur correspondante mais s'il obtient la mauvaise réponse, le même montant sera compté comme démérites (déduits de son points). Après au moins trois tours, celui qui a le plus grand nombre de points sera le seul à répondre à la «question de jackpot". L'enseignant doit départager des questions préparées en cas où certains auront le même nombre de points.

EXPÉRIENCE!

ACTIVITIÉS D'APPRENTISSAGE

▪ Demandez aux élèves de répondre aux questions suivantes dans le cadre d'un groupe de discussion:

1. Comment pensez-vous que Dieu va utiliser votre vie comme une jeune personne? (Considérez les avenues de l'école, la maison et l'église.)
2. Qu'est-ce que cela signifie d'être simple d'esprit qui concerne votre but dans la vie?
3. Quels sont les moyens pratiques que vous "pouvez penser dans lequel vous pouvez afficher ou exercer votre altruisme?

APPLICATION PERSONNELLE

▪ Pensez à des façons pratiques que vous "pouvez exercer votre ministère et l'altruisme dans les responsabilités de leadership cette semaine. Écrivez vos pensées dans votre journal.

AFFECTATION

1. Écrivez le nom de la personne a étudié de la Bible, la qualité de caractères de leadership ciblée (avec sa définition) et l'aspect clé dans votre journal.
2. Lisez Ésaïe 52: 13-53: 12 et Jean 13: 1-17 en préparation de la leçon de la semaine prochaine.

39 JÉSUS

SERVITEUR-LEADERSHIP:
Aimez Ceux que je plomb à travers le service d'abnégation

ENGAGE!

CULTE
Écritures Suggérées: Philippiens 2:1-11

Chanson Suggérée: Fait moi un Serviteur

ACTIVITÉ DE MOTIVATION
■ Pensez dans une façon pratique et inattendue dans laquelle vous pourriez servir humblement les études dans votre classe. Si vous êtes incapables de penser à autre chose, pensez à quelque chose de semblable à ce que Christ a fait quand il a lavé les pieds de ses disciples. Lorsque vous avez terminé, demandez aux élèves d'exprimer des sentiments et leurs réactions concernant ce que vous avez fait.

OPTIONS D'ACTIVITÉ
CHANSON DE RECHERCHE

Matériels: Livres de chansons chrétiennes, services de recherche sur Internet.

Instructions:
1. Apportez dans certains livres de cantiques et laissez aux élèves de choisir quelle chanson qui semble mieux résumer le message de la leçon d'aujourd'hui.
2. Dites-leur de lire les mots de ces chansons. Laissez plusieurs de partager les mots d'un regard ou deux de leurs chansons.
3. Chantez un ou deux des chansons ensemble maintenant ou culte pendant le temps de classe.

JÉSUS DIT
Instructions:
▶ Jouez le jeu comme Simon dit, le nom de Simon remplacement avec Jésus ».

▶ Jouez autant de tours que vous pouvez dans quatre ou cinq minutes (grandes classes qui peuvent obtenir un seul tour).

▶ Dans le jeu de Jésus dit, quand une personne fait une erreur, Ce personne est hors du jeu. Heureusement, le même n'est pas vrai dans notre voyage spirituel, comme nous le verrons dans notre étude de la Bible.

EXPLOREZ!

ÉCRITURE DE PASSAGE(S):MATTHIEU 20:20-28; JEAN 13:1-16
VERSE CLÉ(S): MATTHIEU 20:26-28

ÉTUDE DE LA BIBLE

1. Matt. 20: 20-23: Quelle était la mère des fils de Zébédée (Jacques et Jean) semblent penser à propos ses fils? Lisez Marc 10: 35-40. Qu'est-ce que Jacques et Jean semblent penser d'eux-mêmes?

2. vv. 24-28: Quelle a été la réaction du reste des disciples à cette demande?

   ■ Jésus a utilisé cette occasion comme une occasion d'enseignement. Plutôt que de gronder Jacques et Jean pour leur audace, qu'est-ce qu'il enseigne les disciples?

   ■ Qui a utilisé comme un exemple?

   ■ Avez- vous Pensez qu'ils ont vraiment compris qu'il a parlé à propos de ce point?

3. Jean 13: 1-7: Imaginez le Dieu Tout-Puissant, le Créateur de l'univers, le Roi des rois et Seigneur des seigneurs a lavé vos pieds. Comment pensez-vous que les disciples se sentaient? Pensez-vous qu'ils ont compris encore qu'est ce qu'Il essayait de les enseigner?

4. vv. 12-17: Qu'est ce que Jésus essaie de leur dire de cela? Quel exemple de leadership qu'Il donnait à les disciples? Que pouvons-nous apprendre de l'exemple de Jésus?

5. Reportez-vous à votre devoir de lecture dans Ésaïe 52 et 53. Esaïe prophétise à propos de la venue du Messie. Il a dépeint comme un Serviteur Souffrant. Selon cette prophétie, Est-ce que c'était le premier service rendrait Jésus?

6. Lisez Jean 6:37-40. Si Jésus était un serviteur, son maître était plus bas? Selon Pour être 40, c' était la volonté de ce maître?

7. Si nous sommes chrétiens, plus bas est notre Maître? Quelle est la volonté de ce maître de nos vies? (Reportez-vous à des passages précédents et Phil 2:1-11)

CHRONOLOGIE

■ Roi Hérode, le plus bas était en vigueur au moment Jésus est né, Il estmort l'An 4 A.C tandis que Marie, Joseph et Jésus vivaient en Egypte. Une fois Hérode fut mort, il était sûr pour eux de retourner en Israël. Jésus était âgé d'au moins deux années d'ici, Il devait être né avant ou pendant 6 A.C. Sa crucifixion était probablement vers 27 après J.-C. La vie de Jésus, mort et résurrection était l'accomplissement de la promesse de Dieu à Abraham beaucoup d'années avant que toutes les nations du monde à travers la progéniture d'Abraham. Cette bénédiction est toujours en cours comme la Bonne nouvelle de Christ atteint les endroits reculés du monde.

■ Préparez une grande croix comme symbole pour représenter Jésus-Christ, le parfait Serviteur Leader. Placez-le sur la chronologie et écrivez 0 pour indiquer ci-dessous le point de démarcation entre la Colombie-Britannique et après J.-C.

■ Dessous de la ligne, écrivez-Servant Leadership et sa définition.

OPTIONS D'ACTIVITÉ

MOTS CLÉS

Matériels: Bible et la craie ou un tableau blanc et un marqueur

Instructions:

1. Demandez à quelqu'un dans la classe de lire Matt 20: 20-28. Ensuite, demandez aux élèves de trouver qu'est ce qu'ils pensent sont les mots clés du passage, en particulier les versets 26-28.
2. Demandez-leur de dresser la liste sur la craie ou un tableau blanc.
3. Suivez en demandant pourquoi ils se sentent ces paroles originales qui sont importantes.
   ▶ En option: fourniture de matériels d'artisanat et demandez aux élèves de créer une salle de classe dans les décorations originales en utilisant des mots clés.

Références: connexions Faith décembre / janvier / février (Kansas city: WordAction, 2002-3), P35

EXPÉRIENCE!

ACTIVITÉS D'APPRENTISSAGE

Au cours de sa vie terrestre, Jésus Principalement a axé sur le service des pauvres et des nécessiteux.

Discutez les pauvres et les nécessiteux dans votre communauté. Choisissez un individu ou un groupe dans le besoin et comment vous prévoyez les servir cette semaine. Quel bon matériel ou service vous le pouviez? Passez du temps dans la prière, en demandant à Dieu de guider vos plans. Paroissien pleinement réaliser vos projets. Si possible, priez avec ceux que vous servez.

APPLICATION PERSONNELLE

Regardez à nouveau Phil. 2: 3-5 et répondez aux questions suivantes dans votre journal.

- ■ Est- il votre propre attitude comme celle de Jésus-Christ?
- ■ Où voulez vous tomber à court de son exemple? Qu'est-ce qui doit changer?
- ■ Quelle est une façon spécifique, vous pouvez mettre en pratique les versets 3-4?

AFFECTATION

1. Écrivez le nom de la personne a étudié de la Bible, la direction de la qualité de caractères ciblée (avec sa définition) et le verset clé dans votre journal.
2. Lisez Marc 1: 14-20 et Luc 9: 46-56 en préparation de la leçon de la semaine prochaine.

40 JEAN (DISCIPLE DE JÉSUS)

RELATIONEL:
Avoir un lien d'amour avec les autres en Dieu

ENGAGE!

CULTE
Écritures Suggérées: Jean 15:1-17

Chanson Suggérée: Nous sommes un dans le lien d'amour; Nous allons défendre

ACTIVITÉ DE MOTIVATION
Remuez une discussion pour introduire la leçon:

- Demandez à chaque élève de nommer un type de relation qui existe. (Par exemple la mère fille, amis, patron-subordonné, petit ami- petite amie, etc.)
- Demandez comment certains étudiants à propos leurs relations avec les personnes qui ont été dans ces derniers temps. Tout va bien? Y at-il des conflits?
- Discutez sur la lecture de fond pour que les étudiants familiarise avec l'Apôtre Jean (Voir Assigné lecture à la fin de la leçon 39). De ces passages, qu'est ce qui peut être dit à propos de la personnalité ou le caractère de Jean quand il était encore un apôtre?

OPTIONS D'ACTIVITÉ

AMOUR MAINTIENT TOUTE CHOSE

Matériels:
Une grande feuille de carton, du papier kraft ou bristol marqueurs / crayons / stylos
Vieux magazines, des journaux et d'autres sources d'images
Ciseaux
De la colle ou du ruban adhésif transparent

Instructions:
1. Écrivez les mots «amour est ...» sur le conseil en caractères gras.
2. Demandez aux élèves de terminer la phrase.
3. Laissez les élèves de partager pourquoi ils définissent l'amour de cette façon.

Variation
1. Divisez en petits groupes autour de la salle.
2. Fournissez de vieux magazines, des journaux, et des ciseaux.

DOCTEUR QUACK QUACK

Instructions:

1. Choisissez un étudiant pour être Docteur Quack Quack. Envoyez lui hors de la salle ou à l'extérieur du reste du groupe où il ne voit pas ce que les autres font.

2. Demandez à tout le monde de former un cercle, face à l'intérieur, et se tiennent la main.

3. Demandez-leur de garder leurs mains ensemble et essayez de tordre la formation. Certains peuvent se glisser sous et entre deux personnes, croisement entre les mains, etc. de deux personnes La notion est de devenir un cercle emmêlé pour Docteur Quack Quack de fixer. Assurez-vous pas de mains qui seront DELIÉ tout en faisant tout la torsion.

4. Lorsque l'enchevêtrement est fait, Docteur Quack Quack en appel. Donnez-lui le temps de regarder le problème. Les autres devraient être coopératif avec le médecin comme il essaie de le résoudre. Après une tentative raisonnable, il est correct si le médecin donne jusqu'à.

5. Après l'activité laissez les élèves de reposer pendant un certain temps (Leurs bras pourraient blesser) et en passant pour discuter qu'est ce qu'il garde dans leurs mains d'eux-mêmes qui sont liés tout enchevêtrement. Reliez l'activité au type de connexion que Jean, le bien-aimé voulait pour communiquer. Ce lien devrait être trouvé entre tous les croyants, enracinés dans leur relation avec Dieu.

EXPLORE!

ÉCRITURE DE PASSAGE(S): 1 Jean 2:9-11; 4:7-12, 19-21

VERSE CLÉ(S): 1 Jean 4:12

ÉTUDE DE LA BIBLE

1. De la lecture de fond, nous pouvons remarquer que Jean semble être loin d'être relationnelle. Demandez aux élèves à propos de leur évaluation d'eux-mêmes.
   - Comment êtes-vous relationné? Avez- vous facilement approché les gens?
   - La différence entre être «social» et être «relationnelle».

2. Jean 2: 9-11: Discutez le passage:
   - Que signifie le passage de «Être dans la lumière»?
   - Que dit le passage sur le caractère d'un vrai chrétien?
   - Comment un chrétien peut être connecté avec l'être relationnel?
   - Rappelez-vous les deux plus grands commandements que Jésus a dit au jeune homme riche. Qu'est-ce alors un, est le rôle de l'amour dans le christianisme? Comment est-il important de marcher comme Jésus?

3. Jean 4: 7-12: Quelle est la source de l'amour du chrétien et quel acte de sacrifice que Jésus a fait avec lui?
   - Quelle devrait être la source de notre amour pour les autres selon le verset 7?
   - Parlez de ce qui vous motive à aimer quelqu'un. Pensez à une relation que vous chérissez ces derniers temps. Qu'est-ce qui vous faites aimer la personne et faites l'effort de maintenir une bonne relation avec elle?
   - 4: 9-11: Notre amour pour Dieu devrait venir en premier et ceci apporte notre amour pour notre voisin. Dans le passage, comment Dieu at-il montrer son amour pour nous? Quelle est alors la bonne réponse à son acte d'amour?
   - 4:12 Qu'est-ce que le passage implique sur la ressemblance à Christ?

4. Jean 4: 19-21: Ce passage est lié a Jean 2: 9-11. Laissez les élèves de partager librement leurs opinions sur le passage. Laissez les élèves de réfléchir à des questions d'origine:

- Y at-il quelqu'un que vous savez que vous sentez que vous avez le traitement moyen des utilisateurs de bien ces derniers temps?
- Comment montrez-vous l'amour pour les autres?
- Avez-vous choisit les gens que vous aimez?
- Pensez-vous que la plupart des chrétiens d'aujourd'hui sont en train de faire ce que le passage a dit?

CHRONOLOGIE

- Jeann et son frère Jacques a connu comme le «fils du tonnerre». Au début de sa vie comme le cas de disciples où il y avait Jean qui ne semble pas trop aimer. Son expérience avec le Christ avait apparemment un impact profond sur lui. Plus tard dans la vie, il a écrit beaucoup de choses sur l'amour, que nous avons étudié aujourd'hui. Jean a survécu les autres disciples. Peut-être qu'il était le seul qui n'est pas mort d'un martyr, il a été en expérience pour long terme en exil sur l'île de Patmos.
- Préparez un petit symbole, un coeur rouge: tels que, pour représenter Jean. Placez-le sur le calendrier à côté du symbole pour Jésus.
- Dessous de la ligne, écrivez relationnelle et sa définition.

OPTIONS D'ACTIVITÉ

LES CHOSES QUI SIGNIFIENT TELLEMENT
(activité proposée pour la question n° 3)

Instructions:

Préparation:

* Il est conseillé d'avoir des étudiants préparés comme une mission.

1. Demandez aux élèves d'apporter un objet qui a " la valeur sentimentale" pour eux. L'objet doit avoir une histoire émotionnelle ou inoubliable attaché à elle.

2. En examinant la question 3 dans l'étude de la Bible, laissez chaque élève de partager sur l'objet et partager l'histoire derrière elle.

3. Pour les sujets de discussion, demandez aux élèves de partager la santé de sa relation avec la personne l'objet c'est de connecter (sont-ils toujours sur la bonne termes? Quelle a été la personne qui a contribué à leur vie?). Cependant, ne forcez pas les élèves de partager s' ils ne veulent pas vraiment. Respectez les questions confidentielles.

4. Un autre point de discussion porte sur la complexité des relations. Les choses ne sont pas toujours facile dans toute relation. Il serait bon de souligner, s' il ya des étudiants qu'apportent les objets pour représenter un tournant dans leurs relations, que ce soit bon ou mauvais.

5. Comme vous écoutez les étudiants, mener la discussion sur la façon dont Dieu valorise notre relation avec lui (voir les sous-questions / sujets).

EXPÉRIENCE!

ACTIVITÉS D'APPRENTISSAGE

1. Voir un clip vidéo d'une question sociale actuelle qui est soit à l'échelle nationale ou mondialement large (par exemple, la guerre, luttes politiques, les injustices, etc.) Discutez de ce que l'amour chrétien Might Be fiable pour faire dans une telle situation.

2. Demandez aux élèves de partager à propos un patron sympathique, enseignant, etc. Qu'ils ls savent. Comment sentez-vous d'avoir une bonne relation avec une personne qui est dessus de vous dans l'autorité? Comment pouvez-vous appliquer cela aux gens qui se tournent vers vous?

APPLICATION PERSONNELLE

Qu'est-être relationnel ont à voir avec le leadership chrétien? Qu'est-ce que ce ressembler à être un leader chrétien d'amour? Ecrire à ce sujet dans votre journal.

OPTION D'ACTIVITÉ

L'AMOUR APPLIQUÉ

Matériels: De petits morceaux de papier, un panier, bol, ou tout ce qui pourrait tenir les morceaux de papier

Instructions:

1. Sur des morceaux de papier, écrivez les échantillons des situaciones d'enseignants qui devraient envisager comme des étudiants . Le point principal serait pour eux d'expliquer comment ils seraient montrer l'amour chrétien dans la situation donnée.

Les situaciones d'exemples:

- Pour mon ami qui ne connait pas encore le Christ.
- Pour mes parents
- Pour mes frères et sœurs
- En tant que travailleur de l'étudiant ou de bureau
- Comme un petit ami / petite amie
- Pour un étranger
- Pour les pauvres dans ma communauté

2. Pliez les papiers et les mettre dans un panier ou un bol et laissez chaque élève de choisir une. Une fois que tout le monde a pris une déclaration, faites- leur prendre les tours, puis une première lecture de la déclaration en expliquant comment l'amour chrétien peut être démontré.

AFFECTATION

1. Écrivez le nom de la personne a étudié de la Bible, la direction de la qualité de caractères ciblée (avec sa définition) et le verset clé dans votre journal.

2. Choisissez une personne avec qui vous avez besoin pour améliorer votre relation. Ecrivez Le nom de cette personne dans votre journal. Faites un don pour trouver un moyen d'améliorer votre relation avec cette personne dans cette semaine. Ecrivez à propos ce que vous avez fait et les résultats dans votre journal et être prêt de partager à ce sujet en classe la semaine prochaine.

3. Lisez Luc 5: 1-11 comme arrière-plan de la leçon de la semaine prochaine.

41 PIERRE

LE LONG DE LA VIE EN APPRENANT:
Continuellement Dieu me permet d' enseigner à travers mes expériences

ENGAGE!

CULTE
Écritures Suggérées: Jean 15:1-17

Chanson Suggérée: vous m'échangez; Binabago Mo Ako Araw-Araw

ACTIVITÉ DE MOTIVATION
- Montrez aux élèves une photo de personnes âgées qui étudient et une autre photo d'un adulte qui fait une erreur. Ensuite, demandez-leur pourquoi les gens devraient continuer à apprendre toute leur vie.
- Demandez aux élèves de définir les mots " Le long de la vie en apprenant», puis définissez un pour eux. Demandez aux élèves de partager des pensées différentes sur pourquoi ça ressemble dans la vraie vie.
- Partagez des histoires de personnes qui ont été appris le long de la vie spirituelle, émotionnellement, et intellectuellement.

OPTIONS D'ACTIVITÉ

TROUS

Matériels: Certaine façon de marquer le terrain de jeu avec une grille de 100 (10x10) carrée (bande, des morceaux de papier, etc.)

Instructions:

Trous est un jeu de mémoire lorsque la classe doit travailler ensemble pour passer à travers les places de la grille qui rappel le trous et laissez passer les carrés.

Avant la session de classe l'instructeur va créer une grille carrée de 10x10. Le carré en bas à droite de la grille sera l'entrée et le haut gauche de la grille sera la sortie.(Instructeurs peuvent faire varier la taille et la complexité de la grille selon la taille de la classe et la quantité de temps disponible.)

Dites à la classe, "Il y a un dicton qui dit: 'Si au début vous ne réussissez pas, essayez, essayez encore!' Nous allons examiner les moyens de mettre cela en pratique pendant ce jeu".

Expliquez à la classe c'est un domaine dont ils doivent homever, mais ils se cachent partout. Les étudiants peuvent déplacer que d'une case à la fois verticalement, horizontalement ou en diagonale, puis une attente pour vous de les faire savoir s' ils sont sûrs ou dans un trou. Si un étudiant tombe dans un trou, ils doivent aller à la fin de la ligne et le prochain étudiant aura disponible à chaque tou. Ils doivent soigneusement observer et travailler ensemble pour passer en toute sécurité de l'autre côté de la grille.

La Légende De La Grille (exemple):

X = trou

EXIT

			X				X	X
	X	X		X	X		X	
	X						X	
X		X				X		
X		X		X				
		X	X				X	X
		X			X		X	
		X	X			X		

ENTRÉE

Demandez aux élèves, "Qu'est-ce que vous avez fait pour passer à travers le labyrinthe?" Plusieurs fois dans la vie, nous devons apprendre de nos erreurs pour continuer à notre objectif. Cela est particulièrement vrai dans nos vies avec le Christ. Regardons le disciple Pierre et son voyage à travers les trous-de vie et les choix.

OOPS! J'AI FAIT UNE ERREUR!

Matériels: Photos (inclus dans la leçon)

Instructions:

1. Montrez aux élèves des photos de personnes en faisant diverses erreurs. (Trouvez d'autres s'ils ne sont pas efficaces pour votre contexte. Prendrez des photos d'échantillons sur la page suivante. Vous pouvez trouver des images similaires)

2. Demandez aux élèves de partager une erreur drôle ou embarsse erreur qu'ils ont fait et ce qu'ils ont appris de lui.

3. Dites: "Nous avons tous fait des erreurs dans la vie. Certains sont drôles tandis que d'autres sont plus graves et douloureux. Nous allons regarder Pierre, le disciple de Jésus, les erreurs qu'il a fait, et ce qu'il a appris d'eux ".

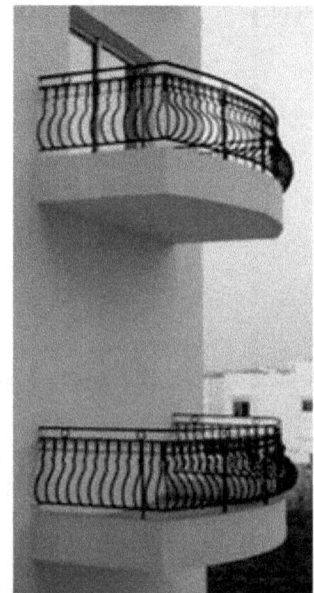

EXPLOREZ!

ÉCRITURE DE PASSAGES: Matthieu 4:18-20, Luc 5:1-11 (Appel de Pierre)
Matthieu 14:22-33 (Pierre marche sur l'eau)
Matthieu 16:13-20 (confession de Pierre)
Marc 14:29, 66-72 (Pierre nie Jésus)
Actes 2:14-41, 8:15-17, 10:25-48 (témoignage)
Galates 2:11-14

VERSET CLÉ(S): 2 Pierre 1:1

ÉTUDE DE LA BIBLE

1. Matt 4:18-20: Decrivez l'appel de Pierre: Quelle était son occupation? Jésus l'a appelé pour faire quoi? Qu'est ce qu'il a repondu?

2. Luc 5:1-11: Ce incident est probablement un compte rendu plus détaillé de celle donnée par Matthieu . Voici Pierre semble un peu sceptique au début. Q'est ce qui l'a convaincu que Jésus était Plus Juste que un professeur ordinaire? Qu'est ce que Pierrea appris au sujet de Jésus?

3. Matt 14: 22-33: Que pensez-vous à propos de Pierre en marchant sur l'eau? Était-il une unité d'organisation ou un échec de succès dans sa foi? (Voir le verset 31)

   ■ Il Semble que la foi de Pierre en Jésus avait grandi Peu ou il voulait même marcher sur l'eau. Peu à Peu, Pierre était entrain d'apprendre .

   ■ Imaginez vous êtes Pierre dans cette situation. Comment Pensez-vous quand Pierre a ressenti que Jésus marchait sur l'eau? Qu'auriez-vous fait si vous aviez été là? Qu'est ce que Pierre a appris au sujet de Jésus dans cette l'expérience ? Qu'est ce qu'il a appris à propos de lui-même?

4. Matt 16: 13-20: Comment Pierre a repondu à Jésus? Quelle était la bénédiction de Jésus envers la réponse de Pierre?

   ■ Remarquez que Jésus a dit c'était Dieu Qui a revelé la vérité de Jésus à Pierre. Quelle est votre réponse à la question de Jésus: "Qui dites-vous que je suis»?

   ■ Qu'est ce que nous Pouvons apprendre de la réponse de Jésus à pierre?

   ■ Voir Jean 1: 12-13. Comment Pierre a lié dans sa confession? Quel est le resultat de récevoir et de Croire en Christ?

5. Marc 14:29, 66-72: Avez-vous déjà ressenti incertain à propos de votre mention de la relation avec Christ aux autres? Comment Sentez-vous dans le déni ment de Pierre? Qu'est ce que dites-vous à Vos amis, quand ils vous demandent qui est Jésus?

6. Actes 2: 14-41, 3: 6, 12, 4: 8,13: Comment pensez-vous que Pierre a Changé dans son caractère?

   ■ Selon ces écritures, est ce que plus bas Pierre a parlé librement et avec sagesse?

   ■ Dans Actes 3:12 quel était la réponse de Pierre en vers les spectateurs? À qui at-il donné crédit?

   ■ Nous Voyons que Pierre a changé son discours et attitude à travers le travail du Saint-Esprit. (Voir Actes 2: 1-4)

7. Galates 2: 11-14: Même si Pierre n'était pas le principal dirigeant de l'église, il a fait une erreur dans sa discrimination contre les gentils. Qu'est que vous pouvez dire à propos de la Grâce de Dieu à ceux qui reconnaissent ses propres erreurs?

   ■ Reportez-vous à 1 Pierre et 2 Pierre. Quelle preuve pouvez- vous trouver que Pierre est devenu le rocher de l'Eglise?

CHRONOLOGIE

- ■ Pierre était Probablement a peu près la Même âge que Jésus. Après la mort du Christ et la résurrection, Pierre a consacré sa vie de repos à répandre l'Evangile et est mort par martyr à Rome parfois entre 66 et 68 A.D .

- ■ Préparez une petit symbole de: non Comme un rocher,pour représenter Pierre. PlaceZ-le à La chronologie de a Côté le symbole Jean, le disciple.

- ■ Sous la chronologie, Ecrivez le long de la vie en apprenant et sa définition.

EXPÉRIENCE !

ACTIVITÉS D'APPRENTISSAGE

Interviewer certaines personnes âgées. Demandez-leur de partager à propos des erreurs qu'ils ont fait et comment ils ont appris de leurs expériences.

APPLICATION PERSONNELLE

1. Lisez une biographie d'une grande personne et observez les façons dont ils a appris et il a grandi au fil du temps.

2. Pensez et écrivez dans votre journal à propos vos propres expériences d'apprentissage de vos erreurs. Si vous rencontrez toujours des sentiments de culpabilité lié à ces erreurs, les confessez au Seigneur et demandez son pardon. Demandez-lui de vous aider à apprendre de lui.

OPTION D'ACTIVITÉ

CRÉATION DE LEÇON DANS L'ENFANCE DE PIERRE

Matériels: Ustensiles d'écriture et de papier.

Instructions:

Demandez aux élèves de développer la leçon d'enfants à propos ce qu'il a appris de Pierre qu'ils devront ensuite un apprentissage sur une date future.

Quelques suggestions pour aider les jeunes à être efficace dans l'enseignement des enfants:

- ▶ Les Chansons avec les motions, les jeux et l'activité globale sont de bons moyens d'aider les enfants à s' engager.

- ▶ Les leçons doivent être simples et concentrées sur un thème ou une idée.

- ▶ Utilisez des aides visuelles et d'autres objets concrets pour aider à enseigner les enfants.

- ▶ Assurez- vous de Poser des questions pour aider les enfants à penser, comprendre, et appliquer ce qu'ils apprennent.

- ▶ Soyez prêt pour Dieu d'utiliser les enfants pour vous enseigner! Comme Jésus a dit, "Le royaume des cieux appartient à:. Ceux qui sont comme eux " Il ya beaucoup de choses que les enfants connaissent et disent qui sont les paroles, les enseignants et les adultes ont besoin d'entendre.

- ▶ Habitude de suggérer quelques éléments pour être utilisés dans la leçon. La classe peut travailler ensemble pour intégrer étant donné que le temps est permis.

- ▶ Un verset de mémoire .

- ▶ Une chanson avec des actions.

► Un jeu / activité.

► Une leçon de choses (que vous utilisez quelque chose de physique pour aider à expliquer quelque chose non physique: c'est- à dire droppez une balle peut aider à expliquer comment il ya naturellement Conséquences quand nous ne faisons pas confiance à Dieu et faisons ce qu'il a dit).

► Une embarcation.

Travaillez avec la classe ensemble pour déterminer le thème et les grandes lignes de la leçon . Divisez les élèves en petits groupes de chaque œuvre sur une section différente qui lie dans le thème principal. Plan pour les étudiants à enseigner la leçon aux enfants soit dans la communauté ou dans l'église dans la semaine suivante.

AFFECTATION

1. Écrivez le nom de la personne a étudié de la Bible, la qualité de caractères de leadership ciblée (avec sa définition) et l'aspect clé dans votre journal.

2. Lisez Jean 1 en préparation de la leçon de la semaine prochaine.

42 ANDRÉ

INGÉNIEUX:
Tirer le meilleur parti de ce que Dieu m'a confiée

ENGAGE!

CULTE
Écritures Suggérées: Matthieu 11:25

Chanson Suggérée: Une main de Potter

ACTIVITÉ DE MOTIVATION

Activité: Construction d'un Saint, Grand, Église netoyée

Matériel Nécessaire: bâtons, scotch, papier couleur, papier blanc, crayons

Instructions:

1. Notez les mots sainte Eglise, grande église et Église propre sur de petits morceaux de papier.

2. Divisez le groupe en petits groupes avec trois membres chacun pour faire correspondre les trois descriptions de ce genre d'église qu' ils vont construire.

3. Chaque membre du groupe choisira un des trois sans le dire à ses compagnons de groupe ce qui a été choisie.

4. Chaque membre du groupe commence la construction d'une église selon la description qu' ils ont choisi, sans parler au reste du groupe.

5. Décidez d'un délai et ayez tous pour démarrer et d'arrêter en même temps.

6. Après l'activité, demandez aux élèves les questions sur comment ils se sentaient en travaillant seul sur leur propre genre d'église sans savoir qu'est ce que leurs compagnons de groupe étaient entrain de faire, et combien il est important de savoir qui nous sommes dans le corps des croyants. Parlez de débrouillardise avec le regard de l'utilisation en ce qui concerne de ce qui a été prévu et lié avec le Royaume de Dieu.

OPTIONS D'ACTIVITÉ ■ ■

DÉBOUILLANDISE PRATIQUE

Matériels: Quelle que soit l'enseignant peut rendre les ressources disponibles.

Suggestions: gobelets jetables, des bâtons de barbecue, des pailles, papier de différentes tailles, bristol de différentes couleurs, des ciseaux, du ruban, de la colle, des morceaux de bois ou de Bam Boo, des clous, des marteaux, des bols, cuillères, ouvre-boîtes, condensé, ou cocktail de fruits, fruits frais, crème Nestlé, biscuits Graham, bandes de caoutchouc, fils, ter fil de la cute, sacs en plastique de toutes sortes, sacs de riz, farine sac, aiguille et du fil, restes de tissu ou de vieux vêtements, etc.

Instructions:

Placez une variété de fournitures sur une table au milieu de la pièce. Divisez le groupe en équipes de 3 ou 4. Dites-leur de faire quelque chose d'utile à partir de la sélection des produits fournis. Permettez-leur le temps de discuter ce qu'ils feront avant que tout le monde est permis de prendre des matériels sur la table. Seul un représentant de chaque groupe devrait être autorisé à aller chercher des matériels. Vous voudrez peut-être tiré les numéros pour déterminer quel groupe rassemblera des fournitures le premiers. Prévoyez suffisamment de temps pour l'achèvement des projets, leur permettez - puis d'admirer l'ingéniosité de l'autre.

ODEUR ET DIRE

Matériels: Grand sac de pandesal frais ou autre régal aromatique. Soyez sûr que c'est plus suffisant pour la classe.

Instructions:

Placez un grand sac de pandesal frais en quelque part dans la salle de réunion. Surveillez les réactions des élèves à l'arôme. Répondez aux questions à ce sujet, mais ne lancez pas de conversation sur le pandesal. Ils sont libres de manger s' ils le souhaitent. Ils sont libres de le partager avec tous ceux qu'ils souhaitent.

Appliquez cela à la leçon en leur demandant comment ils se sentaient quand ils sentaient le pandesal. Demandez-leur comment ils ont senti quand ils ont été autorisés à manger le pandesal . Était-il bon? Combien de pandesal avait préféré les autres? Combien avait sauvé un morceau pour prendre pour quelqu'un d'autre?

La leçon d'aujourd'hui est sur un homme qui a trouvé quelque chose de bon très bon. Dès qu'il était sûr qu'il avait trouvé une très bonne chose, il voulait partager avec son frère.

EXPLOREZ!

ÉCRITURE DE PASSAGE(S) : Matthieu 4:18-22, Jean 1:35-42, Jean 6:8-9

VERSET CLÉ(S) : Jean 1:41

ÉTUDE DE LA BIBLE

1. Matt. 4:18 Qui était André? Qui était son frère? Quelle était leur occupation?

2. Jean 1:35-40: Quel était le lien d'André avec Jean-Baptiste? Quelle a été sa réponse à la proclamation de Jean au sujet de Jésus?

3. Jean 1:41: Comment André montre son enthousiasme et la sincérité pour Être un disciple du Christ? Qu'est ce qu'il a fait pour faire un énorme impact sur la propagation de l'Évangile? (Le Maître: dans ce point même si nous ne savons pas qu'André était un grand évangéliste lui-même, il était celui qui a mené Pierre à Christ, et Pierre était un grand évangéliste nous l'avons vu dans les Actes.)

4. Matt. 4:20: Comment rapidement Andrew a répondu à l'appel de Dieu sur sa vie?

5. Jean 6:8-9: Pendant l'alimentation des cinq mille, c' était André qui a trouvé l'enfant avec les cinq pains et deux poissons et porté la nourriture à Jésus. Qu'est ce qui peut avoir dit à propos cet incident d' André? (Enseignant :. Essayez de faire ressortir l'ingéniosité d'André. Il était fiable pour voir ce que les autres ne voient pas, et il avait la foi de croire Jésus pourrait être capable de faire quelque chose avec cela.

CHRONOLOGIE

■ Comme nous l'avons vu, André était parmi le premier qui répond à l'appel de Jésus.

■ Bien que la Bible n'a pas parlé beaucoup d' André, nous pouvons apprendre de l'histoire de l'église sur la base d'autres documents que André est devenu un planteur d'église et mourut d'une mort atroce dans un martyr pour le Christ.

■ Préparez un petit symbole ,: tels que cinq pains et deux poissons, pour représenter

André. Placez-les dans la chronologie à côté du symbole de Pierre.

■ Dessous de la ligne, écrivez débrouillardise et sa définition.

OPTIONS D'ACTIVITÉ

VRAI-FAUX JEU: FAITS SUR ANDRÉ

Matériels: un buzzer, cloche ou autre bruiteur pour chacune des deux équipes; petite table ou un podium

Instructions:
Divisez le groupe en deux équipes. Un représentant de chaque équipe vient à la "stand" (une table entre les deux équipes) pour chaque question. Le «hôte» lit la question doit être résolue à qui, soit vrai ou faux. Le premier concurrent à frapper le bruiteur juin pour répondre à la question. Une réponse correcte dans son équipe obtient un point. S'il est incorrect, le point va automatiquement à l'autre équipe. L'équipe avec le plus de points à la fin du jeu gagne.

▶ Suggestions de questions:

1. André était l'un des fils de Zébédé. (F)
2. André était le frère de Simon Pierre. (v)
3. André était à l'origine un disciple de Jean Baptiste. (v)
4. André était un collecteur d'impôts. (F)
5. André était très réticents à suivre Jésus. (F)
6. André était désireux d'introduire son frère à Jésus. (v)
7. André était celui qui a introduit l'apôtre Paul à Christ. (F)
8. André ne croyait pas que Jésus était le Messie. (F)
9. André est devenu l'un des douze disciples de Jésus. (v)
10. André était le disciple qui a trouvé le garçon avec les pains et les poissons. (v)

Références: Ce jeu est vaguement calqué jeux télévisés tels que: Family Feud

EXPÉRIENCE!

ACTIVITÉS D'APPRENTISSAGE

Discutez avec le projet de service de groupe pour qu'ils puissent le faire dans l'église ou dans la communauté qu'il leur donner a l'occasion de travailler ensemble (par exemple le travail bénévole pour l'église, lecteur de propreté dans un quartier, même un court terme mission voyage). aidez -les à planifier qu'est ce qu'ils auront besoin pour faire dans la préparation. Soulignez l'importance de la débrouillardise pour trouver les choses dont ils auront besoin et de faire des affectations selon les forces de chacun.

APPLICATION PERSONNELLE

André était très proche de Pierre, Jacques et Jean, mais il n'a jamais mentionné comme un «cercle intime» de Jésus comme ces trois étaient. Bien qu'il aurait pu se sentir amer et envieux, la Bible ne lui représente pas de cette façon. Au lieu de cela, nous le voyons généreux, relationnel et ingénieux. Il avait trouvé des occasions fiables par laquelle il pourrait apporter l'honneur et la gloire à Dieu. Lisez les questions suivantes et écrivez vos réponses dans votre journal.

▶ Quelles sont les bonnes attitudes ou qualités voyez-vous dans la vie d'André qui pourraient être appliquées à nos vies aujourd'hui?

▶ Avez-vous déjà senti que vous étiez un personne, juste un insignifiant, personne non importante? Qu'est-ce qui vous a aidé à surmonter ce sentiment? Qu'avez vous appris dans cette classe qui vous aide de voir comme une partie importante de la famille de Dieu?

OPTIONS D'ACTIVITÉ

SERVICE DE PLANIFICATION DE PROJET ET DE DÉFENSE

Matériels: La craie de tableau, tableau blanc ou du papier kraft, instrument d'écriture

Instructions:

▶ Commencez par brainstorming sur ce genre de projets de service qui ont besoin dans l'église et / ou de la communauté. Écrivez les réponses au tableau.

▶ Par la discussion, déterminez les options qui semblent être les plus nécessaires et / ou les plus favorisées par le groupe et encerclées.

▶ Ayez le groupe des étudiants eux-mêmes selon le concept de projet qu'ils aiment le mieux. Chaque groupe doit avoir au moins trois et pas plus de cinq personnes en lui. Ceux-ci seront Leurs groupes de planification et de la défense.

▶ Pendant le reste de temps de la classe, le cas échéant, les groupes devraient développer des plans plus détaillés sur la façon d'aller sur leurs projets. Aidez-les à venir avec des questions par ce qu'ils pourraient être critiqués les plans. (Par exemple, combien de personnes qui seront nécessaires? Qui en bénéficiera? Quels matériels qui seront nécessaires? Quelles sont les ressources disponibles? Combien ça coûte etc.?)

▶ Pendant la semaine, les étudiants doivent projeter les détails du plan et de trouver les informations nécessaires à la défense de leur plan.

▶ La semaine prochaine, donner -leur quelques minutes pour rassembler et organiser leurs matériels et désignent les responsabilités aux membres du groupe. Les groupes seront ensuite un tour de rôle pour présenter et défendre leurs propositions de projet.

▶ Que par un vote ou une discussion menant à un consensus, aider -les à leur choix bas étroit en fonction de leur évaluation des projets proposés. Si le nombre d'étudiants et d'autres ressources le permettent, plus d'un projet peut avoir choisi.

PROJET DE DOCUMENTATION

Matériels: Appareil photo ou caméra vidéo, ordinateur

Instructions:

Créez un Power Point ou un projet de vidéo pour présenter votre service pour l'église. Montrez comment votre projet est lié à ce que vous avez appris en classe, ce que vous avez fait, les résultats et ce que vous avez appris de lui.

AFFECTATION

1. À la suite du projet de service décrit ci-dessus, le groupe peut décide sur une voie pour partager un rapport à l'assemblée (par exemple, le témoignage, courte présentation vidéo, etc.).

2. Écrivez le nom de la personne a étudié de la Bible, la qualité de caractères de leadership ciblée (avec sa définition) et le verset clé dans votre journal.

3. Lisez Jean 11: 1-12: 8 en préparation de la leçon de la semaine prochaine.

43   MARIE ET MARTHE

L'ÉCOUTE :
Honorer une personne à l'écoute de ses mots avec précaution

ENGAGE !

CULTE
Écritures Suggérées: Proverbes 4:1-4, 20-23

Chanson Suggérée: Chanson suggérée: Vous êtes digne pour mon Louange

ACTIVITÉ DE MOTIVATION
■   Demandez aux élèves de discuter sur la différence entre leur fonction et être une personne orientée. Expliquez chacun et donnez des exemples sans indiquer que l'un est meilleur que l'autre. Parlez des situations dans lesquelles une ou l'autre orientation est plus importante ou utile. Demandez-leur de dire qu'ils perçoivent eux-mêmes comme les plus naturels.

OPTIONS D'ACTIVITÉ ■ ■

SOUVENIRS D'ÉCOLE DU DIMANCHE

Instructions: Préparez des questions sur les histoires de la Bible qui sont couramment enseignées dans l'école du dimanche des enfants. Vous pouvez consulter le programme ou les histoires des livres pour les enfants. Il ya également des livrets bibliques qui sont disponibles dans les librairies chrétiennes que vous "pouvez utiliser.

Les exemples des questions sont :

▶   Combien de pierres David a ramassé en préparation pour lutter contre Goliath?

▶   Qui a connu pour avoir les cheveux très longs?

▶   Où Jonas a l'intention simplement d'aller à Tarsie ou Ninive?

▶   Qui sont les fils de Noé?

▶   Qui étaient les trois amis de Daniel?

▶   Combien d'hommes qui découpe un trou sur le toit d'une maison d'avoir leur ami guéri par Jésus?

▶   Où Paul allait lorsque Jésus lui est apparu et il a été aveuglé?

▶   Combien de frères que Joseph a rêvé?

▶   Qui était la mère de Jean-Baptiste?

▶   Qui était l'homme qui a appris une leçon par un âne?

▶   Combien de espions Rahab a caché dans sa maison?

▶   Qui était le prophète qui n' est pas mort, mais qui a été pris dans le ciel par un char de feu?

▶   Selon Genèse, qu'est ce que Dieu a créé le cinquième jour?

Vous pouvez regrouper les étudiants et les transformer dans un concours ou tout simplement laissez quelque réponse. Si quelqu'un répond correctement, demandez comment la personne s'en souvenait et si elle peut rappeler ou un dimanche d'activité de l'école en particulier qui l'a aidé à se souvenir la réponse. Si une personne a répondu incorrectement que personne ne pourrait répondre, demandez pourquoi Ce détail n'a pas tenu dans leurs esprits.

Après le match, demandez aux élèves s' ils se souviennent d'un professeur dans une certaine école du dimanche dans leur enfance qu'ils pensent qui était très engageante et faites leçons interressantes . demandez aussi quels étaient les principaux distractions pour eux qui ont causé de ne pas se concentrer sur la leçon d'école du dimanche.

Après le partage, enchaînez la leçon en disant Jésus doit avoir été un enseignant engagé depuis r quelqu'un par le nom de Marie qui était très attentiv à Lui. La sœur de Marie, mais il était préoccupé, concerné avec d'autres choses et n'a pas fait attention immédiate à Jésus.

"SHAGGIDY"

Instructions: Ce jeu teste la vigilance ou de vigilance des étudiants. C'est un jeu amusant qui nécessite une concentration.

► Attribuez un «leader d'action" qui dirigera l'action pour être imité par le reste des élèves.

► Enseignez le chant avec les actions: "Shaggidy, shaggidy, sha-po-po ". Le rythme est comme 01/02 au 01/02 - 1-2-3. L'action qui va avec peut être n'importe quoi. Les mouvements doivent inclure plus d'une partie du corps, comme deux bras, les bras à pied ou avec la tête, etc.

► Chaque ensemble de chanter (une ligne de "shaggidy") aura un mouvement accompagnement. Le leader va continuer à faire des actions à chaque chant pour réussir si le leader doit être très créatif.

1. Ayez tout le monde pour former un cercle, face à l'autre. Le leader se tient avec les autres. Décidez si l'imitation ira dans le sens de l'horaire ou anti-horaire.

2. Commencez à tout le monde pour chanter ensemble. Après quelques chiffres, laissez le leader de démarrer le premier mouvement.

3. La personne à côté de la chef de file (à droite ou à gauche, direction Selon lesquelle ils ont décidé d'aller avec) imitera le leader après elle termine une ligne de chant avec l'action d'accompagnement.

4. Les autres ne doivent pas suivre toutes en même temps. Après la deuxième personne se termine l'action, Ce serait le moment où la personne suivante fait l'imitation. (CECI N'EST PAS UN MIROIR D'IMITATION). Cela continue jusqu'à ce que l'action atteint à la dernière personne. Ce serait comme un effet domino.

5. Le leader doit continue à faire des actions (mais tout le monde doit chanter le chant en même temps) et le reste aura continué à suivre jusqu'à ce qu'une personne devient trop confus et la séquence d'actions sont mêlée.

EXPLOREZ!

ÉCRITURE DE PASSAGE(S): Luc 10:38-42; Jean 11:17-44, 12:1-8

VERSET(S)CLÉ: Luc 10:38-39

ÉTUDE DE LA BIBLE

1. Qu'avez-vous appris sur Marie et Marthe dans votre devoir de lecture? Quel était leur relation à Jésus? (Enseignant :. Soulignez Bethanie C'était une ville près de Jérusalem, Jésus a resté à la maison de Marie, Marthe et leur frère Lazare, peut-être plus d'une

ou plusieurs fois quand il était dans ce domaine.)

- ■ Jean 11:21-27: Qu'est-ce que Marthe a dit pour exprimer la profondeur de sa foi?
- ■ Jean 12:1-8: Comment Marie a honnoré Jésus? Qu'est ce que Marthe a fait à l'époque?

2. Luc 10: 38-40: Les deux Marthe et Marie ont été attentives à Jésus.

- ■ Martha assistait? Quelle était sa principale préoccupation? (Physique de Jésus cal besoin pour la nourriture et un endroit pour rester)
- ■ Pour quoi Marie assistait?

3. Luc 10: 41-42 Est- ce que Jésus a affirmé quelles sont sœurs? Pourquoi? Est que Marthe faisait quelque chose de mal? (Enseignant: Essayez de faire ressortir que l'attention de Marthe à ses importantes responsabilités comme c'était hôtesse, mais son attitude n'allait pas quand elle a critiqué Marie. Martha était trop orienté de tâche, selon Jésus, qui était moins important que ce que Marie faisait. Le fait que Marthe était «inquiete et bouleversée" indique qu'elle a été axée sur elle-même, plutôt que de profiter de l'occasion de servir Jésus.)

- ■ Quel était le mieux que Marie faisait?
- ■ Lorsque vous écoutez attentivement à quelqu'un, qu'est ce qui a indiqué dans votre relation pour eux? Comment elles profitent ça? Comment ça vous bénéficiez?
- ■ Comment sentez-vous lorsque vous essayez pour communiquer et la personne ou les gens à qui vous parlez ne font pas attention?

CHRONOLOGIE

- ■ La Bible indique que Marie, Marthe et de Lazare Leur frère étaient des amis de Jésus. Ils étaient probablement autour de l'âge de Jésus. Il est probable que Marthe était la plus ancienne, le chef de famille, car elle a invité Jésus dans «sa maison», comme il a dit dans Luc.
- ■ Préparez un petit symbole ,: comme une oreille, pour représenter Marie et Marthe et placez- le sur la chronologie à côté d'André.
- ■ Dessous de la ligne, écrirz l' Écoute et sa définition.

EXPÉRIENCE!

ACTIVITÉS D'APPRENTISSAGE

- ■ Divisez les élèves en paires. Les partenaires se relaieront pour parler et écouter l'un et l'autre. Pour 1 minute, 1 partenaire va essayer de parler sur le Partenaire 2 d' un sujet que tous les deux ne prêtent aucune attention (ignorez le Partenaire 1 ou agissez pour faire autre chose). Pendant la minute suivante, ils vont changer les rôles. Pour la prochaine partie, le Partenaire 1 sera de nouveau faire la conversation et le partenaire 2 va écouter attentivement, pour prendre contact avec les yeux et la réponse. Encore une fois, ils vont changer les rôles et le Partenaire 2 et le Partenaire 1 parleront tous les écoutent.
- ■ Apportez-les tous ensemble et leur permettre de partager et de ce qu'ils ont vécu comment ils se sentaient. Demandez-leur de penser à des situations où ils pourraient être mieux les auditeurs.

APPLICATION PERSONNELLE

- ■ Qui sont les personnes que vous écoutez vraiment? Qui sont les personnes que vous devriez écouter avec plus grande attention? De quelle manière pouvez-vous "s'asseoir aux pieds de Jésus" cette semaine? Ecrivez à ce sujet dans votre journal.

OPTIONS D'ACTIVITÉ

COURT FACE-OFF: MARTHE POURSUIT MARIE

Matériels: *Accessoires suggérés:* (facultatif) Toga et marteau pour le juge; Pupitre ou chaire pour le juge des costumes pour les avocats; Chaises pour la salle d'audience installé

Instructions:

1. Définissez la scène:
   - Imaginez que Marthe en tant que chrétienne "active" qui est toujours occupée pour nourrir les pauvres et de faire toutes sortes de ministères. En fait, elle est si occupée, elle prie à peine. Sa raison est qu'elle a tout simplement trop de choses à faire. Marie, dans l'autre main a commencé de couvrir où les femmes prie et culte tout le temps. Marthe devient irritée avec Marie pour manque de préocupation pour les pauvres et décide de prendre des mesures juridiques contre Marie pour ne pas faire ce que les chrétiens doivent faire.
   - Qu'est ce que Marie a décidé si Marthe l'a poursuit pour "Christien Mal practiqué»?
2. Choisissez les élèves pour agir comme suit:
   - Marie
   - Marthe
   - Juge
   - 2 ou 3 de chaque procureurs pour représenter les deux femmes.
   - Le reste pourrait agir comme jury.
3. Laissez chaque côté pour discuter de leurs arguments avant de commencer le procès.
4. Procédez à l'essai:
   - Demandez aux avocats se relaient pour présenter leur cas, l'argument de Marthe en premier.
   - Permettez à chaque côté pour présenter leurs arguments.
   - Le jury peut poser des questions et décide de présenter l'argument le plus convainquant le contexte.

Références: Taylor, Dean. «Marie et Marthe faute professionnelle" aux réunions creative, leçons bibliques, et de culte Idées. De http://books.google.com.ph/ books?id=sBCkYqb7XZoC&pg=PA67&lpg= PA67 & dq = mary + et + Martha + jeunesse + leçon + activité & source = bl & ots = 0ZxUlMq02X & sig = Nm5HNCBPlsKlXPTICRdpvZFnJUA & hl = tl & ei = LNvbSpLpItHakAWE4LTJDg & sa = X & oi = book_resul t & ct = résultat et resNum = 2 & ved = 0CAsQ6AEwAQ # v = onepage & q = & f = false; Consulté le 19 Octobre de 2009.

PASSER LE MESSAGE + RELAIS

Matériéls: Gobelets en plastique, selon le nombre d'équipes: 10 gobelets en plastique par équipe

Instructions:

Préparation:
- ▶ Stack 10 Gobelets en plastique en dessus de l'autre, en formant une pyramide. Demontrez cela pour le groupe.
- ▶ Prêt pour la déclaration que les joueurs doivent mémoriser. Ça peut être toute la déclaration, mais de garder plus pertinent pour la leçon, utilisez un verset de la Bible ou le verset clé de la leçon lui-même.

Jeu actuel:

1. Divisez les élèves en groupes de taille égale avec un minimum de cinq par groupe.

2. Demandez à chaque équipe de former une ligne, en gardant quelques pieds de distance de la cheminée de gobelet en plastique.

3. Dites-leur ce qui suit:

   a. Quand le jeu commence, le premier joueur aura exécuté pour les gobelets en plastique et de jeter tous les tasses sur le sol, puis pour une réempiler dans un pyramide de partage.

   b. Juste après le réempilage, le joueur ira à l'enseignant et l'enseignant chuchotera la déclaration au joueur.

   c. Joueur court vers la ligne et marquz le prochain joueur en chuchotant la déclaration de lui. Le joueur peut avoir la déclaration répétée jusqu'à ce qu'il a une bonne compréhension de celui-ci mais n'oubliez pas que c' est une course de sorte que la ligne doit continuer à avancer.

   d. Le prochain joueur puis les courses aux gobelets en plastique et désempile et les reempiler et remonter à la ligne suivante et les étiquettes en chuchotant la déclaration de lui. Cela continue jusqu'à ce que le dernier joueur complète le relais et il devra dire ce qu'il souvient de la déclaration. Le groupe qui termine la première réellement et donnez les victoires des états plus précis.

   e. Les gagnants peuvent être récompensés, si c'est facultatif.

4. Discutez de ce que les joueurs se sentaient:

   a. Quelle a été la chose la plus difficile à faire dans le relais? Pour empiler et réempiler les gobelets en plastique ou de se rappeler quelle était la déclaration? Pourquoi il avait cette tâche difficile?

   b. S'il était difficile de rappeler la déclaration, pourquoi était-il ainsi?

   c. Que ressent-on pour faire quelque chose et de rappeler quelque chose en même temps?

   d. Partagez sur les difficultés de multi-tâches dans n' importe quelle situation que vous »avez connu.

▶ Marthe pourrait avoir essayé d'écouter Jésus au milieu de toute la préparation qu'elle fait, mais il est clair qu'elle a choisi de donner la priorité. Marie, d'autre part, a donné toute son attention à Jésus et donc elle a été félicité. Il est difficile de comprendre un processus et vraiment un certain message lorsque vous êtes distrait ou si votre attention est divisée.

▶ les gens parfois essaient de plusieurs tâches par engrènement leurs tâches physiques autour de la vie spirituelle. Il ya ceux qui font leur lecture de la Bible tout navettage, ou ont leur réflexion d'écriture au travail, en essayant de mettre leurs pensées sur les questions spirituelles avec le reste de leurs sens sur une tâche. Cela peut entraver le Saint-Esprit de parler clairement ; Par conséquent, il ne peut pas être la personne qui reçoit ce que moi ou elle a besoin d'entendre sur le Seigneur. Grâce à Marthe et Marie, Jésus nous enseigne à prendre attention réelle à sa voix afin que nous puissions recevoir sa pleine sagesse : sans distraction et sans compromis.

AFFECTATION

1. Écrivez le nom de la personne a étudié de la Bible, la qualité de caractères de leadership ciblée (avec sa définition) et l'aspect clé dans votre journal.

2. Lisez Marc 15: 33-16: 20 en préparation pour la leçon de la semaine prochain.

44 MARIE MAGDALEINE

TÉMOIN FIDÈLE:
Dire la vérité sur ce qu'elle a vu et entendu

ENGAGE!

CULTE
Écriture Suggérée: Luc 24:45-49 or Actes 1:6-8

Chansons Suggérées: Mon Rédempteur est vivant

ACTIVITÉ DE MOTIVATION
Commencez par poser les questions suivantes:

1. Avez-vous déjà essayé de partager votre foi aux autres?
2. Qu'avez-vous ressenti droit avant de partager avec eux? Juste après?
3. Pourquoi vous partagez votre foi avec eux?
4. Quel a été le résultat de ce que vous avez partagé?

EXPLOREZ!

ÉCRITURE DE PASSAGE(S): Luc 8:1-3

VERSET CLÉ(S): Luc 8:2

ÉTUDE DE LA BIBLE

1. Luc 8: 1-2: Qui était Marie-Madeleine? Quel a été le cas de sa rencontre avec le Seigneur? Enseignant: remarquez aux étudiants qui n'avaient pas le nom de Marie-Madeleine. Plutôt, elle était de la ville de Magdala. Elle était "Marie-Madeleine" de la même manière Jésus de Nazareth était "Le Nazaréen" C'est Marie qui a désigné par un nom 14 fois dans les Évangiles:. Une fois comme "Marie (appelée Madeleine)" pour la distinguer des autres Maries (Luc 8: 2); deux fois simplement comme "Marie" mais le contexte indique clairement que Jean se réfère à (Jean 20:11, 16); et onze fois comme «Marie de Magdala."[1]

2. Luc 8: 3: Comment avez- vous Marie-Madeleine (et d'autres femmes) servi le Seigneur et de voyager pour faire les disciples? Le Maître: Ce Luc a écrit dans les originaux les femmes qui ont conttibué pour les besoins en équipement de Jésus et de ses disciples comme ils ont voyagé et servi. En raison de cela, nous supposons mai Ils étaient assez riches ou au moins financièrement indépendante. Même si, avant Jésus Marie chasse les démons, elle a probablement été un ostracisme. Elle n'a pas été fiable pour retourner dans sa famille et dans la communauté, mais maintenant, elle était un membre d'une nouvelle communauté fondée sur la grâce de Dieu acceptance.[2]

---

[1]Gary C. Burger, *What the Bible says about Mary Magdalene (New Media Ministries, 2005, accessed 15 March 2009); available from http://www.newmediaministries.org/DaVinciCode/ MaryBible_S.html; Internet.*

[2]Gary C. Burger, *qu'est ce la Bible dit à propos de Marie Magdaleine.*

3. Regardons d'autres passages de la Bible qui parlent sur Marie de Magdala. Lisez le passage et dites pourquoi elle a été mentionné. Enseignant: attribuez un ou plusieurs passages à chaque élève.

- Matt. 27:55-57
- Matt. 27:60-62
- Matt. 28:1-3
- Mark 15:39-41
- Marc 15:46-47
- Marc 16:1-3
- Marc 16:8-10
- Luc 24:9-11
- Jean 19:24-26
- Jean 20:1-3
- Jean 20:9-11
- Jean 20:17-19

4. Que pouvons-nous apprendre de la vie de Marie-Madeleine dans les passages originaux en partir? (Voir Activités d'apprentissage.)

CHRONOLOGIIE

- Comme vous a appris de la leçon, Marie de Magdala vivait aussi sur la terre au temps du ministère du Christ.
- Préparez un petit symbole pour représenter Marie de Magdala. Attachez-le au côté de l'emblème pour Marie et Marthe.
- En dessous de la ligne écrivez le Témoin Fidèle et sa définition.

EXPÉRIENCE!

ACTIVITIÉS D'APPRENTISSAGE

Divisez la classe en deux groupes et demandez-leur de répondre aux questions en tant que groupe dans l'original.

Ensuite, demandez-leur de partager leurs idées avec tout le groupe.

- Groupe 1: En regardant l'expérience Marie-Madeleine a un long avec les autres les femmes qui servaient au Seigneur, Comment pouvez-vous penser et faire dans votre situation actuelle pour devenir comme elle, un témoin fidèle?
- Groupe 2: Notant l'estime de soi que Marie affiche la raison de ce que Jésus vait fait dans sa vie, que pensez-vous qui est l'importance de l'estime de soi dans notre marche quotidienne avec le Seigneur, autant qu'elle Concerne les témoins de Dieu et être leaders chrétiens?

OPTIONS D'ACTIVITÉ

JE SUIS UN TÉMOIN: UNE ÉVALUATION

Matériels: Stylos à bille et de revues d'étudiants

Instructions: Écrivez les questions suivantes au tableau et demandez aux élèves d'écrire les questions et les réponses dans leur journal:

1. Quel mot décrit le mieux vous imaginez dans le domaine de témoignage pour Christ?

(Par exemple: un petit bateau dans une lourde, en cours d'exécution à travers une prairie de montagne, escalade une haute montagne, en chevauchant un lion, etc.) Expliquez pourquoi vous avez choisi cette imagerie.

2. Inscrivez la date que vous avez accepté Christ comme votre Sauveur personnel. Puis la liste des noms de personnes que vous avez été témoin.

3. Comment évalueriez-vous les «réalisations témoins" de Marie-Madeleine sur une échelle de 1 à 10, 10 étant le plus élevé? Comment évalueriez-vous Comparativement à elle?

APPLICATION PERSONNELLE

■ Soyez conscient de votre rôle cette semaine comme témoin fidèle à vos camarades de classe, amis et la famille. Trouvez des façons de servir le Seigneur à travers vos rencontres avec eux. Écrivez vos plans et les résultats dans votre journal.

OPTIONS D'ACTIVITÉ

COLEUR (SANS PAROLES) LIVRE

Matériels: Livre de couleur, bracelet, etc. pour la présentation de l'Evangile

Instructions: L'enseignant présente l'utilisation de la " livre sans parole " en présentant le plan du salut.

- Page Noire - le cœur pécheur (Romains 3:23)
- Rouge - le sang de Jésus-Christ, qu'importe notre péché (Ephésiens 1: 7)
- Blanc - un cœur purifié (1 Jean 1: 7)
- Vert - nouvelle vie en Christ (2 Pierre 3:18)
- Jaune (or) de la vie -éternel avec Christ dans le ciel (Jean 14: 2)

Après la démonstration, l'enseignant demandera les bénévoles pour essayer de présenter l'Evangile en utilisant le livre de couleur226 Fromation de Disciple à travers la Bible

ÉVANGILE PRÊT À PARTIR!

Matériels: Livre muet

Instructions: Après la discussion avec le groupe sur la vie de Marie-Madeleine, divisez -les en équipe de quatre membres chacun. Donnez une mission de sensibilisation pour durer un mois: Si chaque groupe sort de la proximité de l'église et de trouver un adolescent ou un groupe de jeunes à qui ils pourraient partager l'Évangile à travers le livre sans paroles et de leur propre témoignage personnel de ce que Jésus a fait dans leur vie. Chaque membre de l'équipe devrait avoir la chance de partager chaque semaine. Ils doivent écrire les noms, numéros de téléphone et les réponses (positives ou négatives) de ceux qu'ils partagent de référence et de l'évaluation de l'enseignant.

LE MOCHE MUR

Matériels: Carrés de bristol gris ou brun; Papier découpé d'une jeune personne et une foule de gens; Marqueurs; Bande

Instructions: Après avoir discuté avec les jeunes sur la vie de Marie-Madeleine, fixez au mur ou à bord de votre papier découpé d'une jeune personne et, loin de l'autre côté de la carte, une découpe d'une foule. Puis donnez chaque jeune un carré de bristol et un marqueur. Demandez-leur d'écrire sur leur papier à un obstacle qui empêche une jeune personne facilement à témoigner pour Christ. Une à la fois ils doivent manger à la carte à bande leurs documents entre les jeunes et la foule, place au sommet d'une autre, pour créer un mur.

Questions de discussion:

1. Avez-vous envie cette personne, avec ce mur en face de lui pour témoigner pour Christ?

2. Que pourriez-vous faire pour abattre ce mur ?

3. Clôturez avec la prière que Dieu va les aider à mettre en action leurs idées pour surmonter les obstacles à témoin.

AFFECTATION

1. Écrivez le nom de la personne a étudié de la Bible, la direction de la qualité de caractères ciblée (avec sa définition) et le verset clé dans votre journal.

2. Lisez Actes 8: 26-40 en préparation de la leçon de la semaine prochaine

45 PHILIPE

EVANGÉLISATION:
Compatissant pour partager la Parole de Dieu

ENGAGE!

CULTE
Écritures Suggérées: Ephesiens 4:1-16

Chanson Suggérée: Puissant Pour Sauver

ACTIVITÉ DE MOTIVATION
- Demandez aux élèves s' il ya quelqu'un d'entre eux qui a connu d' «Évangéliser ' quelqu'un. Demandez-leur qu'est ce qui était et ce qui est arrivé. (Ce serait une occasion pour eux de faire le rapport sur les résultats de leur mission de sensibilisation de la leçon 45.)
- Demandez le reste se ils ont déjà essayé de partager la Parole de Dieu avec les infidèles. Ce qui s'est passé à vos tentatives?
- Le travail est-il vraiment d'évangéliser?

OPTIONS D'ACTIVITÉ ■ ■

FAIM

Matériels: Papier ou le panneau d'affichage, marqueurs, ruban, Post, stylos

Instructions:

1. Avant la classe, affichez un panneau qui dit "FAIM" sur le tableau blanc ou le mur de la classe.

2. En classe, dites : «La plupart du temps, quand nous disons la faim, nous entendons physiquement la faim pour la nourriture. Mais il ya d'autres sortes de faims aussi. Par exemple, nous pourrions dire que quelqu'un est (Autres exemples: la faim pour attirer l'attention, de l'argent, le pouvoir, etc.) "faim d'amour."

3. Donnez aux élèves quelques-uns chacun Post-it notes. Dans l'origine ils ont écrit que de nombreux types différents de la faim, car ils peuvent penser, et puis un de les afficher sur le tableau blanc ou un mur sous le signe FAIM.

4. Après que les élèves ont eu le temps de faire cette activité, discutez des ils ont identifié à faim

5. Dites : «Dans notre étude de la Bible aujourd'hui, nous allons examiner en particulier la faim à travers l'histoire de Philippe et l'eunuque éthiopien spirituel. Nous allons découvrir comment Dieu utilise ses serviteurs pour remplir la faim grâce à la puissance de l'Esprit Saint.

Référence: Faith connections preteen Jun/Jul/Aug (Kansas city : Wordaction, 2002), p.44.

■ ■

EXPLOREZ!

ÉCRITURE DE PASSAGE(S):Actes:8:26-39

VERSET CLÉ(S): Actes 8:34-35

ÉTUDE DE LA BIBLE

1. Actes 8:26-29 Philipe a été «conduit» ou incité par l'Esprit Saint pour évangéliser. Discutez sur l'importance de la sensibilité spirituelle à l'évangélisation.

   ■ Quand vous y avez senti quelqu'un près de chez vous qui ont besoin des conseils ou un encouragement spirituel? Quand un ami ou un proche s'ouvre à vous sur un problème, avez-vous parfois l'impression que vous avez besoin de parler sur l'amour de Dieu?

   ■ Avez-vous essayé au hasard la distribution de tracter aux gens? Est-ce que la tâche que vous faites sentir comme vous faites l'évangélisation est efficace?

   ■ Dans le passage, qu'est ce que le Saint Esprit fait et dit à Philippe?

2. Actes 30-31: Philipe a remarqué ce que l'eunuque faisait et s'approcha de lui pour aider. Qu'est-ce que la présente loi a à voir avec la compassion?

   ■ Laissez les étudiants de parler sur le moment lorsque un camarade de classe a demandé à leur aide pour mieux comprendre une leçon. Demandez-leur s' il y a eu des moments qui n'ont jamais été quand il a été qu'ils s'approchaient qui a offert une assistance privilégiée à quelqu'un et de leur camarade de classe.

   ■ Voyez et soyez sensible aux besoins des autres et faire quelque chose pour aider la personne dans la compassion. Comment cela se connecte avec l'évangélisation? Quel devrait être notre motivation alors d' évangéliser? Est-il juste pour le plaisir d' «être chrétien» ou doit-il être un acte volontaire de la compassion?

3. Vv. 32-34: L'eunuque interrogé sur l'interprétation de Philipe sur l'écriture qu'il lisait. Cela montre l'intérêt et le désir de connaître Dieu sur véritable eunuque.

   ■ Quand un ami ou un proche de vous demande un conseil sur un problème, comment vous allez faire pour les aider? Avez-vous essayé votre réponse relative à la Parole de Dieu?

   ■ Avez-vous été approché pour parler dans votre foi, ou posé une question en ce qui concerne la foi et la religion? Comment avez-vous répondu à une telle occasion?

   ■ Avez-vous reteni de parler de «choses chrétiens»? Pourquoi?

4. C'est quoi «l'évangélisation» d'après vous?

   ■ Est-ce que cela signifie purement et simplement la persuasion plaine de convertir quelqu'un?

   ■ Peut-il être un processus progressif qui pourrait prendre un certain temps?

   ■ Qu'est ce qui peut-être d'autres façons d'évangéliser d'autres que les méthodes communes vous savoir?

5. Vv. 35-39: le partage de Philip de la Bonne Nouvelles a été efficace. Il peut avoir vu dans l'enthousiasme de l'eunuque de faire baptiser et de réjouire après Philipe a quitté. À votre avis, Quand pouvez-vous dire que quelqu'un a été évangélisé efficacement?

   ■ Parlez de la meilleure preuve reçue qu'une personne a salut. Faites vous les chrétiens qui pensent que vous savez le spectacle de cette preuve?

   ■ Parlez de vos propres expériences de l'acceptation de Christ. Comment était-il? Partagez le dans toute l'histoire.

CHRONOLOGIE

   ■ Philippe a choisi d'être l'un des sept hommes "connus pour être remplis de l'Esprit et la sagesse "(Actes 6: 3) qui s'occupe des besoins des veuves dans le coffrage et le nouvellement de l'église qui grandit rapidement à Jérusalem. Nous apprendrons plus tard dans les Actes (21: 8, 9) qu'il a connu comme "Philippe

l'évangéliste» et qu'il avait quatre filles célibataires qui étaient prophétesses.
- Préparez un petit symbole ,: comme un rouleau ou un char, pour représenter Philipe. Placez-le sur le calendrier à côté du symbole de Marie-Madeleine.
- Dessous de la ligne, écrivez évangélisation et sa définition.

OPTIONS D'ACTIVITÉ

PARTAGER MON HISTOIRE DE FOI

Matériels: Journaux, papier pour écrire des lettres, stylos à bille

Instructions:

1. Rappelez aux élèves de ce que Philipe à partager dans son arrivée quand il a ouvert et obéit à Dieu. Il a juste posé une question et a eu une conversation avec L'Ethiopien. Peut-être la meilleure façon de partager notre foi doit être naturellement en racontant l'histoire de notre propre salut, mais il faut bien connaître l'Évangile.

2. Encouragez-les à écrire leur propre histoire de foi dans leur revues.

3. Ensuite, écrirvez-les dans leurs propres mots, comment ils partagent de l'évangile avec un ami. Qu'est-ce que «l'évangile» comprend?

4. Demandez leurs réponses bénévoles de partager avec le reste de la classe.

5. Clôturez à une prière en demandant à Dieu de les aider à être ouvert à ceux avec qui il veut partager leur foi.

6. Demandez aux élèves de réécrire le contenu de cette activité sur papier à lettre afin pour l'envoyer à un ami ou un membre de la famille dans cette semaine.

Références: connexions Foi mars / avril / mai (Kansas city: WordAction, 2004), P27.

FAIRE VOLER UN CERF-VOLANT

Matériels: Matériels pour un cerf-volant

Instructions:

1. Si le temps le permet, Envisagez la leçon de cette semaine en faissant voler quelques cerfs-volants avec votre classe.

2. Préparez deux cerfs-volants. Si vous avez actuellement des cerfs-volants à la maison, demandez autour pour voir si quelqu'un fera un don de piles usagées, ou achetez de nouveaux à un magasin local. Si le temps le permet, vous pouvez envisager de faire des cerfs-volants en classe.

3. Demandez à vos élèves de mettre les cerfs-volants ensemble, et puis prendrez les uns à l'extérieur et la mouche. Soyez sûr que tout le monde a une chance de voler un cerf-volant pendant quelques minutes. (Notez: Attention à vos élèves toutes les lignes électriques de respiratoire personnels qui peuvent être proches.)

4. Lisez Jean 3: 8 à haute voix dans la classe. Comme ce passage de Jean nous dit, le Saint-Esprit en nous comme le vent; nous ne pouvons pas le voir, mais nous sentons ses effets.

5. Ensuite, passez quelques moments dans la prière, en permettant à votre temps aux élèves de réfléchir et de prier sur ce qu'ils ont appris dans la leçon

6. Dites: "Aujourd'hui, nous avons vu que quand une personne se sent spirituelle Hungar de connaître Jésus, l'Esprit Saint est à l'œuvre. Il a crée la faim en nous pour une relation plus profonde avec lui, et puis nous guider et nous donner la force de vivre pour Dieu. Avec le Saint-Esprit dans nos vies, nous pouvons voler aussi haut que dans les cerfs-volants d'origine dans notre relation avec Dieu ".

Références: connexions Faith mars / avril / mai (Kansas city: WordAction, 2004), P14

EXPÉRIENCE!

ACTIVITÉS D'APPRENTISSAGE

■ Expliquez au moins trois ou Démontrez des façons ou des idées créatives, sur la pratique d'évangélisation. Par exemple, un étudiant peut créer son propre ce qui suit:

▶ Assurez les livres ou des bracelets sans paroles et expliquez comment ils peuvent être utilisés.

▶ Affichez une liste de bons films ou des images chrétiennes de chemises avec messages chrétiens sur eux qui ont vendus dans les magasins locaux.

▶ Laissez les étudiants de remue-méninges sur leurs approches propres à l'évangélisation.

APPLICATION PERSONNELLE

Branchez cette leçon avec les leçons précédentes. Laissez les élèves de discuter sur les points nécessaires impliqués dans l'évangélisation. Comment l'évangélisation n' attache pas ensemble avec les dirigeants chrétiens? Comment un leader chrétien peut être un évangéliste dans son propre chemin?

OPTIONS D'ACTIVITÉ

PRIÈRE GUIDÉE

Matériels: Prière échantillon

Instructions:

1. S'il est approprié à votre groupe, donnez à vos étudiants la possibilité de prier une prière de salut.

2. Cette activité leur donnera une chance de parler à Dieu sur leur vie.

3. Demandez aux élèves de s'incliner la tête et les conduire dans la prière suivante dont ils devraient prier Dieu phrase par phrase.

Exemple:

Seigneur Jésus, j'avoue que je suis un pécheur. Je suis désolé, j'ai péché contre toi. S' il vous plaît pardonnez-moi. Je veux que tu sois mon Seigneur et mon Sauveur. Prenez le contrôle du trône de ma vie. Fais de moi la personne que tu veux que je sois. Je demande à Votre Saint-Esprit pour guider mes mots, les pensées et actions. Dans le nom de Jésus, je prie. Amen.

4. Assurez vos élèves que leur Dieu entend la prière et leur a pardonné. Ensuite, lisez à haute voix 1 Jean 1: 9 à partir du message, "Si nous admettons nos péchés, il ne va pas nous laisser tomber; il sera fidèle à lui-même. Il pardonnera nos péchés et nous purifier de tout faire ".

5. Fermez en priant une prière de louange et d'action de grâce à Dieu pour son amour et le pardon.

Références: connexions Faith décembre / janvier / février (Kansas city: WordAction, 2004-5), P8

AFFECTATION

1. Écrivez le nom de la personne a étudié de la Bible, la direction de la qualité de caractères ciblée (avec sa définition) et le verset clé dans votre journal.

2. Choisissez l'un des outils d'évangélisation créatives commentées dans l'activité d'apprentissage. Utilisez cette semaine et d'écrire sur les résultats dans votre journal.

3. Avant la leçon de la semaine prochaine, lisez Actes 4.

46 BARNABAS

ENCOURAGEMENT :
Aider les autres à voir leur potentiel donné par Dieu

ENGAGE !

CULTE
Écritures Suggérées: Ésaïe 41:8-20

Chanson Suggérée: La Lumière Va Dans Ta Parole

ACTIVITÉ DE MOTIVATION
Divisez le groupe pour les partenaires. Demandez-leur de partager les uns avec les autres pour des éloges mot et des encouragements. Quand ils reviennent au grand groupe, demandez-leur de part ager comment il a donné des réceptions encouragements.

OPTIONS D'ACTIVITÉ

CONCOURS D'ENCOURAGEMENT
Instructions:

1. Divisez les élèves en groupes en deux groupes, Selon combien ils sont. Un minimum de cinq par groupe serait plus idéal. Dites-leur qu'ils seraient acclamer d' escadrons, les équipes d'enracinement pour leur propre.

2. Demandez à chaque groupe de penser à un nom pour leur équipe. Donnez-leur quelques minutes pour réfléchir à une acclamation simple mais très encourageant (complet avec des chants et des mouvements). Qu'ils pensent des qualités qu'ils ne pouvaient "se vanter" à propos de leur équipe.

3. Après leurs préparatifs, demandez aux groupes d'effectuer un par un.

4. Après que chacun a Joué, l'animateur ou l'enseignant jugeront quel groupe a gagné. Peut être préétabli les critères utilisés pour juger. Assurez-vous que les élèves connaissent les critères.

5. Après l'activité, demandez aux élèves à propos leurs expériences de sport et à regarder l'applaudissement pour avoir participé à leur équipe favorite. Demandez-leur aussi que c'est d'être un des competiteurs, sachant que quelqu'un est en liesse pour vous.

6. Reliez cette leçon en disant Barnabas était une sorte de «leader d'acclamation'' pour les dirigeants de l'église primitive. Nous verrons comment, à travers la discussion de l'étude biblique.

ANALYSE VIDÉO

Matériels: TV et lecteur VCD ou un ordinateur

* Regardez la vidéo "Heart est le père" de ce lien (YouTube):
http://www.youtube.com/watch?v=B-SYmlj4kBE&feature=fvsr

Puissiez-vous le télécharger alors le graver sur un CD, ou le cas échéant, le regarder les étudiants avec l'ordinateur portable ou sur un PC.

Instructions:

1. Jouez la vidéo et laissez tout le monde de regarder.

2. Après avoir regardé, permettez aux élèves de parler librement de ce qu'ils ont ressenti quand ils ont vu.

3. Sur la carte, il suffit de faire deux colonnes intitulées: encourageur et a besoin d'encouragements. Laissez les élèves d' identifier l'identité quelle personne dans la vidéo qui s'adapte aux rôles identifiés. (= Encourageur Père / Fils = besoins d'encourager).

4. Discutez en utilisant les questions suivantes de guide (Puissiez-vous ajouter plus):

   a. Explorez les émotions:
      -- Quelle Pourrait avoir ressenti son dick ?
      -- Quel Rick pourrait avoir sentit à propos de cette situation?

   b. En quoi était un excitant à Dick Hoyt de ce fils?

   c. De quelles façons Rick n'a pas besoin d'encouragement?

   d. De l'exemple de Dick, comment peut-on être un excitant?

   e. Quelles étaient les choses Dick a vu dans ce fils que les gens ne voulaient normalement ?

   f. Mettez dans la peau de Rick, ce qui pourrait vous sentez vers un père comme Dick?

   Références: http://www.youtube.com/watch?v=B-SYmlj4kBE&feature=fvsr

EXPLOREZ!

ÉCRITURE DE PASSAGE(S): Actes 4:36-37, 9:26-28, 11:22-26, 15:36-41

VERSET CLÉ(S): Actes 11:23

ÉTUDE DE LA BIBLE

1. Actes 4: 36-37: Quel était le sens du surnom de Barnabas?
   - Pourquoi pensez-vous que les apôtres l'appelaient Barnabas?
   - Quelle est votre surnom donné par des amis à l'égli?

2. Actes 9: 26-28: Paul a connu comme un persécuteur redoutable de l'église primitive. Mais après Paul avait un changement de cœur, Barnabas "a pris sous son aile» et lui a apporté aux apôtres. Il aurait pu être pas facile de lui faire confiance, mais en quelque sorte que Barabas pourrait avoir confiance et croire qu'il est devenu un vrai chrétien.
   - Avez-vous déjà ressenti sceptique quand vous avez entendu parler d'une personne notoire qui devient chrétien? Est-ce que Barnabas a pris des risques en défendant Paul?
   - Le croiriez-vous si un de vos amis non-chrétien est devenu un chrétien? Seriez-vous fiable pour l'encourager par lui la présentation à votre famille de l'église?
   - Avez-vous le genre de réputation dans votre église , si vous avez recommandé quelqu'un à l'adhésion, est- ce que les dirigeants feraient confiance dans votre recommandation?
   - Quand nous étudions la vie de Paul, nous verrons que Barnabas a mentoré un grand leader chrétien. Barnabas pourrait voir le potentiel donné par Dieu à Paul pour toute la communauté chrétienne.

3. Actes 11: 22-26: Quel Barnabas a fait quand il est arrivé dans l'église d'Antioche? Quel fut le résultat lorsque Barnabas a donné l'encouragement à la communauté?
   - Qu'est-ce que le passage dit sur le personnage de Barnabas?
   - Si la Bible dit quelque chose sur vous, comment voulez-vous être décrit?

4. Actes 15: 36-40: Selon les écritures dans l'original, Paul et Barnabas avaient un grave conflit.

■ Pourquoi pensez-vous que Barnabas, en prenant Marc et recouvert sa décevante comportement passé (les abandonnez sur le chemin de la mission précédente)?

■ Apparemment Paul était plus intéressé à obtenir sur le travail de la mission en considérant plutôt que les besoins et le potentiel d'un individu. Quelle a été l'approche de Barnabas avec Marc? Encore une fois, qu'est-ce qu'il a risqué?

■ C'est une bonne chose pour savoir que quelqu'un croit en vous. Il vous donne envie pour essayer plus fort. Que pensez-vous de l'encouragement de Barnabas a fait pour Marc? Nous en apprendrons plus sur Marc dans une prochaine leçon.

CHRONOLOGIE

■ Barnabas était un Juif, et l'un des premiers convertis au christianisme. Il était un chef de file dans l'église de Jérusalem. Bien qu'il n'était pas un apôtre, il semble avoir été très respecté au sein de la communauté de foi. Lui et Paul entreprirent des voyages missionnaires ensemble églises de plantation des aires parmi les Juifs et Gentils. Ils étaient conformes pour défendre les libertés des croyants gentils contre les croyants juifs qui voulaient se conformer à un Certain lois juives.

■ Préparez un petit symbole , comme une main " pouces vers le haut ", pour représenter Barnabas. Placez-le sur la chronologie à côté du symbole de Philipe.

■ Sous la chronologie, écrivez encouragement et sa définition.

OPTIONS D'ACTIVITÉ

DÉBAT PAUL ET BARNABAS

Matériels: Feuilles de papier (pour la discussion annonce aperçue)

Instructions:

Préparation:

▶ l'enseignant devrait rendre les questions du guide ou de sujets pour les étudiants de structurer leur debat. Les questions de guide suivantes peuvent être utilisés:

• Est – il fiable à Marc pour ère comme un disciple après sa désertion?

• Est- ce qu'il devrait marquer encore pour être accepté comme disciple malgré ce qu'il a fait?

• Marc est de retour et cherche une seconde chance. Devrait-elle donner à lui? Pourquoi ou pourquoi pas?

Activité Propre:

1. Divisez les élèves en deux groupes. Mélangez la pièce de monnaie, ou laissez chaque groupe décide quelle équipe qui va défendre la décision de Paul ou Barnabas.

2. Dictez, écrivez sur la carte, ou soumettez les questions du guide pour le débat pour aider les élèves de formuler des idées.

3. es élèves doivent lire Actes 15: 36-40 et de leur donner quelques minutes pour discuter le passage selon la perspective de la personne de quel côté ils doivent défendre. Demandez aux élèves d'écrire leurs arguments sur le papier pour les aider à structurer leur débat.

4. Tirez la pièce de monnaie ou utilisez d'autres méthodes pour déterminer quel groupe qui sera le premier.

5. Pour la discussion elle-même, présentez le thème principal: "? Devrait avoir permis à Marc pour rejoindre un autre voyage de mission" Laissez chaque groupe de présenter leurs principaux arguments en premier. Après le tour de l'autre pour présenter la discussion sur les arguments.

EXPÉRIENCE!

ACTIVITIÉS D'APPRENTISSAGE

■ Discutez entre vous ce qui est vrai pour encourager par opposition à une simple flatterie. Pensez à quelqu'un que vous connaissez qui a besoin d'encouragement, ou qui n' a pas utilisé la puissance de Dieu, et prévoyez un moyen pour l'encourager.

■ Enseignant: Encouragez les élèves à former des relations mentorées moyennant qu'ils peuvent avoir aidé dans leur croissance spirituelle et d'aider quelqu'un d'autre aussi à développer leur potentiel donné par Dieu..

APPLICATION PERSONNELLE

Pensez à la différence d'un encouragement qui peut faire au sein d'une communauté ou d'un individu. Essayez d'être un encouragement pour quelqu'un tous les jours dans cette semaine. Écrivez au sujet de vos expériences dans votre journal.

OPTIONS D'ACTIVITÉ

PROGRAMME DE RÉFLEXION

Matériels: Tableau noir et craie / feuilles de papier pour l'inscription des idées

Instructions:

Pour la partie de l'activité d'apprentissage:

1. Découpez des petits morceaux de papier. Écrivez le nom d'un élève sur chaque morceau de papier et le pliez en deux. Mettez-les dans une boîte ou un récipient et mélangez-les.

2. Passez le récipient autour et laissez chaque élève de choisir un nom.

3. Une fois que les élèves ont lu le nom qu'ils ont choisi, dites-leur de réfléchir sur les compétences et les talents que leur personne a choisi.

4. Demandez à chaque élève de parler à propos de la personne qu'ils ont choisi pour les talents ou compétences qu'ils observent sur la personne.

5. Sur le conseil, l'enseignant va écrire les noms des étudiants avec leurs talents observés pour tout voir.

Pour l'application personnelle:

▶ Discutez ou de tenir une courte réunion au sujet d'un certain ministère de la jeunesse ou projet que le groupe envisage. Désignez des rôles et des responsabilités entre les étudiants en utilisant les talents sur les cotés de la carte. Demandez aux élèves de suggérer ce qui correspond à ce que l'emploi ou les choses que chaque per- sonne peut contribuer pour rendre le projet possible.

AFFECTATION

1. Écrivez le nom de la personne a étudié de la Bible, la qualité de caractères de leadership ciblée (Avec sa définition) et le verset clé dans votre journal.

2. Avant la réunion de la semaine prochaine, lisez Actes 9.

47 PAUL

DISCIPLE:
Celui qui confie la Grande Commission à un apprenant réceptif

ENGAGE!

CULTE
Écritures Suggérées: Matthieu 28:18 et Actes 1:8.

Chanson Suggérée: Dans les extrémités de la terre

ACTIVITÉ DE MOTIVATION
- Utilisez une illustration de la division cellulaire pour démontrer comment les croyants peuvent reproduire par eux-mêmes (utilisez les chiffres pour ilustrer la croissance exponentielle).
- Demandez aux étudiants de donner leurs idées sur ce que signifie être un faiseur de disciples, puis un expliquer la tenu de la définition plaine au-dessus.
- Partagez la vie réelle d'exemple de quelqu'un qui a des disciples d'autres succès. et la classe doit partager à une personne qui a eu un impact sur comment ils l'ont fait.

OPTIONS D'ACTIVITÉ
QUI A TOUCHÉ VOTRE VIE?

Instructions:
1. Demandez aux membre de la classe de partager avec une personne qui a eu un impact de leur d la façon dont ils l'ont fait.
2. Plus tard dans la leçon comment Paul a investi en Timothée pour aider Jésus, et de leur propre capacité à investir dans la vie de qulqu'un.

EXPLOREZ!

ÉCRITURE DE PASSAGE(S): Actes 9:1-19; 22:1-21; 26:1-23;
2 Timothée 1:11-14; 2:1-6

VERSET CLÉ(S): 2 Timothée 2:2

ÉTUDE DE LA BIBLE
1. Pour la lecture dans cette semaine, vous allez lire Luc (Luc est l'auteur des Actes compte de la conversion et l'appel de Paul. Plus tard, dans les Actes, Paul donne un compte rendu complet de sa conversion et appelant à certaines personnes.
   - Lisez Actes 22: 1-21 et 26: 1-23 et de les comparer avec ce que vous lisez dans Actes 9: 1-19. Quelle version donne le plus de détails? Comment les chefs personnels de Paul de sont différents de Luc?
   - Comment l'appel de Paul se rapporte à la Grande Commission?
2. 2 Tim. 1: 11-12: Paul avait une compréhension claire de son identité. Quels sont les mots qu'il a utilisé pour en décrire?
   - Quelle est votre identité en Christ? Comment vous décririez-vous?
   - Pourquoi pensez-vous Paul dit qu'il n'a pas honte? Honte de quoi? (v.12)

3. 2 Tim. 1: 13-14: Qu'est ce Paul demande à Timothée de faire? Comment Paul est accompli la Grande Commission? le message de Paul était pour Timothée seulement, ou peut-il s'appliquer à nous?

4. 2 Tim. 2: 1: Quel est le conseil de Paul à Timothée? Qu'est-ce que Paul Impliqué en appelant Timothée "mon fils?" Décrivez votre relation avec celui que vos disciples ou avec l'un des disciples.

5. 2 Tim. 2: 2: Quel est le conseil de Paul pour le disciple? Quel genre de personne est un bon disciple? Selon cette description, êtes-vous un bon disciple? Est celui que vous êtes des disciples est un bon disciple?

6. 2 Tim. 2: 3-7: Paul indique que Timothée sera face à des difficultés comme un serviteur de Jésus. Nous pouvons nous attendre la même chose. Par rapport l'endurance des difficultés, de quelle façon un leader chrétien est comme un soldat / athlète / agriculteur?

CHRONOLOGIE

■ Paul ne connaissait pas Jésus durant sa vie sur terre, mais il Lui a rencontré à travers la révélation sociale. Paul a affirmé qu'il a reçu l'Évangile par des hommes, mais de Christ Lui-même. Dieu a utilisé Paul pour répandre l'Evangile aux Juifs et Gentils, mais finalement de son accent était les Gentils. Il a planté parmi eux de nombreuses églises. Paul a écrit 13 lettres (épîtres) qui font partie de notre Nouveau Testament. Finalement, il est allé jusqu'à Rome, et plus loin peut-être, même si certains croient qu'il mourut à Rome en 62 après JC

■ Préparez un petit symbole, comme une plume d'écriture, pour représenter Paul. Placez-le sur le calendrier à côté du symbole de Barnabas.

■ Dessous de la ligne de disciples écrivez sa définition.

OPTIONS D'ACTIVITÉ

COMMENT PAUL ARRIVE UN DISCIPLE

Matériels: Bibles pour les étudiants

Instructions:

1. Demandez aux élèves: «Que pensez-vous que cela signifie disciple de quelqu'un" Ecrivez les réponses des étudiants sur une craie / tableau blanc ou grande feuille de papier pour tout le monde voir.

2. Dites, "Paul était un faiseur de disciples ou de mentor à Timothée. Je veux que vous regardiez sur notre passage aujourd'hui dans II Timothée 1: 3-14 et 2: 1-7. Nous allons examiner dans les écritures originales et a vu par pensée comment Paul a été mentoré ou disciple de Timothée.

3. Demandez à un étudiant de lire alors une demande pour la classe qui décrit des mots de ce que Paul faisait. Écrivez les réponses des élèves au tableau ou sur papier.

EXPÉRIENCE!

ACTIVITÉS D'APPRENTISSAGE

Enseignant: organisez à l'avance pour les étudiants qui être fiable pour interviewer à un pasteur, missionnaire ou un autre dirigeant de l'église qui concerne le disciple. Demandez aux élèves les questions préparées à poser, tels que:

• Qu'est-ce que la Grande Commission?
• Qu'est-ce qu'un disciple?
• Qu'est-ce qu'un faiseur de disciples?

- Comment vous faites disciple à quelqu'un?
- Comment pouvons-nous préparer pour devenir disciples?

APPLICATION PERSONNELLE

1. Lisez un livre sur la vie d'un grand ministre ou missionnaire et observez les façons dans lesquel les il a partagé l'Évangile, puis un des disciples les nouveaux croyants. Comment ont-ils transmis à d'autres la Grande Commission?
2. Ecrivez dans votre journal sur les façons dont vous avez été impliqué dans l'évangelisation. Si vous n'avez pas toujours quelqu'un comme disciple, pensez à quelqu'un que vous pouvez présenter à Christ, ou pensez à un nouveau croyant que vous Pourrait disciple. Demandez à votre formateur de disciples de l'aide pour démarrer.

OPTIONS D'ACTIVITÉ

PRACTIQUE DE DISCIPLE

Matériels: tableau / tableau blanc ou de la craie / marqueur

Instructions:

▶ Demandez aux élèves d'identifier l'identité de certains des éléments clés impliqués dans la discution du passage de l'Écriture. Demandez "Sur la base de ce que nous avons appris, que fait une personne à quelqu'un d'autre disciple?" Ecrivez les réponses au tableau.

▶ Aidez de souligner que est une relation de formation de disciple intentionnelle qui construit une autre personne et les signale Vers Jésus.

▶ Parlez du processus de disciples.

▶ Divisez la classe en groupes de deux ou trois et faites pratiquer les disciples d'un autre en utilisant les éléments qu'ils s'identifiaient du passage de l'Écriture. Selon le contexte Demandez à la classe de sortir dans la communauté et dans la prière des disciples pour chercher de l'occasion.

CARDMAKING POUR LES ENFANTS

Matériels: Papier de couleur, marqueurs / crayons, ciseaux, colle

Instructions: Disons, "Nous allons apprendre aux enfants à faire une carte. C' est une façon que nous puissions montrer que Christ les aime et ce que nous faisons trop. C'est un moyen aussi de commencer à construire une relation intentionnelle avec un enfant, tout comme Paul l'a fait avec Timothée. Nous allons d'abord pratiquer nous-mêmes, alors nous irons le faire avec les enfants dans notre église (ou la communauté) ".

Étapes à suivre pour faire une carte de coeur:

1. Coupez un morceau de papier de construction en deux, puis un match nul un demi-cœur.
2. Coupez le long de la ligne pour faire un coeur.

▶ Ce cœur peut être la carte elle-même, ou il peut être monté sur une plus grande pièce rectangulaire de papier cartonné ou bristol.

▶ Soyez créatif, mais gardez les choses simples. Vous voudrez peut-être d'écrire dans ou à l'interieur de la c arte.

AFFECTATION

1. Écrivez le nom de la personne a étudié de la Bible, la direction de la qualité de caractères ciblée (avec sa définition) et l'aspect clé dans votre journal.
2. Lisez Actes 12: 1-19 et 15: 36-41 en préparation de la leçon pour la semaine prochaine.

48 JEAN MARC

ENSEIGNABILITÉ:

Apprendre de mes erreurs pour être plus efficace à l'avenir

ENGAGE!

CULTE

Écritures Suggérées: Philippiens 3:12-14

Chanson Suggérée: Jésus, agneau de Dieu

ACTIVITÉ DE MOTIVATION

Jouez le jeu de tomate relais. Divisez la classe en deux groupes. Chaque membre aura toute cuillère en plastique disponibles dans sa bouche et s'en servira pour passer une tomate de la première personne à la dernière personne dans chaque ligne. Si la tomate tombe, Cette équipe doit recommencer à partir de la première personne en ligne. L'équipe qui termine en premier remporte le jeu.

OPTIONS D'ACTIVITÉ

RÉPONSE DE RELAIS DE TOMATES

Instructions: Après avoir joué le jeu tomate relais , tel que décrit ci-dessus, ayez les étudiants pour exprimer les sentiments de frustration, de l'embarras ou de la détermination qu'ils peuvent avoir quand ils ont éprouvé à plusieurs reprises de laisser tomber la tomate. Quelqu'un at-il abandonné? Comment l'équipe perdante se sentez-elle? ils seraient prêts à jouer à nouveau? Comme ils ont continué à essayer de porter la tomate, ont-ils appris toutes les techniques pour améliorer l' augmentation qui les ont aidés dans leur capacité? Aucun d'entre eux a tenté de d'encadrer leurs coéquipiers en faisant des suggestions utiles? Le conseil a été pris? At-il aidé?

   * Ce type de discussion pourrait être appliquée difficile de n' importe quelle tâche que vous souhaitez attribuer, les étudiants au lieu du relais tomate. Essayez de le rendre soumis de nouvelle chose, à laquelle ils seront presque éprouvent certainement encore une défaillance qui sont fiables à apporter des améliorations à mesure qu'ils apprennent de leurs erreurs.

COMMANDER PIMPERNEL

Instructions: Une personne est nommée à titre de commandant Pimpernel. Le reste du groupe essaie de suivre les ordres du commandant.

- Commandant Pimpernel: tapez sur la table avec l'index.
- Commandant plat: les mains sont à plat sur la table.
- Haut-commandant: les mains tendues se tenir debout sur la table, paume sur.
- Commandant Fist: les mains sont faites en poings sur la table
- Commandant Tour: le support sur le bout des doigts des mains comme des griffes sur la table.

Les seules commandes doivent être suivies lors du commandant mot a dit. Par exemple, si seulement le mot «plat» dit-on, l'action n'est pas effectuée sur l'intérêt. Ceux qui font des erreurs qui sont hors du tour. Le plus vite le jeu plus il devient intéressant.

Références: www.games4youthgroups.com/circle-games/commander-pimpernel.html

EXPLOREZ!

ÉCRITURE DE PASSAGE(S): Actes 12:12-13, 12:24-25, 13:1-13, 15:36-41

VERSET CLÉ(S): 2 Timothée 4:11

ÉTUDE DE LA BIBLE

1. Actes 12:12-13: Que pouvons-nous apprendre de ce passage de l'arrière-plan sur le terrain de Jean Marc? Quelles observations pouvez-vous faire de la fixation de cette histoire? (Enseignant. Relisez l'histoire de l'évasion de Pierre de la prison de sorte que les élèves comprennent le réglage. Notez que la maison était un lieu de rassemblement pour les croyants, et que la famille était assez riche apparement pour avoir une servante disponible.)

2. Actes 12:24-25: Qu'est-ce que ces versets essaient nous dire sur l'exposition de ministères de Jean Marc ?

3. Actes 13:1-5: Quel est le mot utilisé pour décrire Jean Marc en? Que croyez-vous ses fonctions auraient pu être?

4. Actes 13:13: Qu'est-ce que Jean Marc décide pour faire? Apparemment, il a quitté Paul et Barnabas avant que le travail a été terminé: Il a rentré chez moi, ils ont continué leur voyage.

5. Actes 15:36-41: Décrivez ce qui a eu lieu dans ce passage. Ici, nous voyons comment Paul se sentait anticipé à propos de Jean Marc. Quel fut le résultat? (Qui a emmené Paul avec lui? Qui a fait prendre Barnabas avec lui?)

6. 2 Timothée 4:11 intéressant, Jean Marc est mentionné dans une lettre ultérieure de Paul. Que dit Paul sur lui? Comment l'ont décrit en contraste avec la façon dont il a senti apparemment avant? Qu'est-ce que cela nous dit sur Jean Marc et sa capacité pour surmonter les erreurs du passé?

CHRONOLOGIE

- Jeann Marc, a également connu simplement comme Marc, ou plus tard l'évangéliste, a continué à faire une contribution significative à la croissance de la foi et de l'Église en écrivant l'Evangile de Marc.

- Préparez un petit symbole pour représenter Markc et placez-le sur la chronologie du côté de symbole de Paul.

- Dessous de la ligne écrivez enseignable et sa définition.

OPTIONS D'ACTIVITÉ

SYNTHÈSE DE ROUE

Matériels: Conseil craie, tableau blanc ou un grand morceau de papier et un marqueur de Manille

Instructions: Expliquez aux élèves l'analogie de la façon dont la synthèse de l'information, c'est comme les cercles concentriques en expansion constante qui mange de jeter une pierre dans un étang: que vous écoutez, lisez et apprendrez, "votre pensée évolue comme vous rencontrez de nouvelles informations, et le sens de plus en plus gros."[1]

---

[1]*Debbie Miller, lecture de sens: Compréhension enseignement au primaire (Portland, Maine: maison sten- Publishers, 2007), 159.*

Utilisez une «roue de synthèse» [2] (voir exemple ci-dessous) au schéma le développement de la vie et du caractère de la compréhension de Jean Marc. Dans le centre, les élèves d'écrire si leurs premières impressions de Marc. Un cercle devrait être ajouté pour chaque nouvelle révélation, en appuyant sur ce qui était précédemment connu avec.

L'anneau externe doit être une conclusion finale sur Marc et ce qui était appris de lui de l'étude.

Permettez aux élèves d'utiliser autant de bagues que nécessaire pour synthétiser ce qu'ils apprennent sur Marc, et d'utiliser leurs propres mots. Incitez-les seulement comme nécessaire pour les faire aller. Les phrases ont tenu dans l'exemple ne doivent ilustrer comment utiliser la roue et peuvent être modifiées.

Exemple:

Ayant appris que Marc l'auteur de l'Évangile selon Marc, nous pouvons conclure maintenant...

Alors nous avons appris que Marc (ou Paul ou Barnabas)...donc nous pensons que Marc...

Alors nous avons découvert cela...donc nous pensions...

Notre première impression de Marc était ...

Figure: Modification de "Synthèse roue de Ben," illustrée à la figure 11.4 de Miller, p. 162. Références: Miller, Debbie. Lisez avec Signification: Enseignement compréhension dans les classes primaires. Portland, Maine: Stenhouse Publishers, 2007.

EXPÉRIENCE!

ACTIVITÉS D'APPRENTISSAGE

Divisez la classe en petits groupes et demandez-leur de répondre à la discussion suivante questions:

1. Quels sont les échecs passés vous pouvez rappeler que que vous avez prévu "leçon de vie" comment vous êtes fiable pour apprendre quelque chose?

2. Décrivez comment et ce qui est arrivé qui sont fiables pour surmonter votre échec.

3. Quels sont les principes bibliques pouvez-vous penser qui peuvent nous aider à surmonter les échecs passés?

[2]Miller, lecture de sens, 160.

APPLICATION PERSONNELLE

Peut-être que vous pouvez penser d'erreurs ou d'échecs que vous ne voulez pas vraiment partager avec le groupe. Écrire dans votre journal. Que pensez-vous que Dieu peut vous leur enseigner? Réfléchissez sur les erreurs et les échecs de pièces jouent dans la croissance de notre peuple et les dirigeants chrétiens.

OPTIONS D'ACTIVITÉ

REPRÉSENTATION SPATIAL E

Matériels: une feuille de papier pour chaque petit groupe; marqueurs, crayons ou des crayons

Instructions: Après la lecture et l'étude de l'Écriture pour le Passage de cette leçon, divisez les élèves en groupes de trois. Demandez-leur d'utiliser les matériels fournis pour ilustrer, un diagramme ou organigramme ou une autre représentation visuelle, ce qui est arrivé à la suite de la décision de Jean Marc pour laisser Paul et Barnabas de retourner rapide à Jérusalem.

AFFECTATION

1. Écrivez le nom de la personne a étudiéde la Bible, la direction de la qualité de caractères ciblée (avec sa définition) et le verset clé dans votre journal.

2. Lisez Actes 16 en préparation pour la leçon de la semaine prochain.

49 TIMOTHÉE

DIGNE DE CONFIANCE:

Être une personne d'honneur que d'autres placent la pleine confiance.

ENGAGE!

CULTE

Écriture Suggérée: Proverbes 3:1-8

Chanson Suggérée: Fais de moi un serviteur

ACTIVITÉ DE MOTIVATION

■ Nom de l'activité: Suivez le guide

Choisissez un chef de file et d'instruire lui de faire une action (Encouragez-les à être drôle et maladroit) tandis que le reste du groupe l'imite. Préparez des simples récompense pour ceux qui ont suivi le leader le plus diligemment.

■ Alternative Activité: suivrez ce que je dis, pas ce que je fais

Enseignant: Suivi de l'activité avec des questions qui mettent en évidence la difficulté de suivre le leader, et l'embarras potentiel de faire les actions.

Dis: Le sujet d'aujourd'hui va nous dire quelque chose sur être un bon disciple du Christ. En notre monde d'aujourd'hui, nous voyons beaucoup de nos jeunes suivent Un certain personnes dans la façon dont ils parlent, robe et de vivre une vie mondaine, passionné pour les «trucs pas-si-bon» du monde d'aujourd'hui. Apprenons aujourd'hui Timothée, un des plus jeunes chefs de file dans la Bible, plus bas était un disciple attentif digne de confiance et est devenu un pasteur.

EXPLOREZ!

ÉCRITURE DE PASSAGE(S):   Actes 16:1-5; 1 Corinthiens 4:17;
                            2 Timothée 3:10-17

VERSET CLÉ(S): 1 Corinthiens 4:17

ÉTUDE DE LA BIBLE

1. Actes 16: 1-2; 2 Tim. 1: 5: Qu'est-ce que nous apprenons de Timothée dans les versets originaux?

   ■ Qui était sa mère et grand-mère?

   ■ À quelle occasion Paul ne répondait pas à Timothée?

2. 1 Tim. 04:12 Qu'est ce que cela nous dit sur l'âge de Timothée lorsqu'il a impliqué dans le ministère? Quelle était la charge de Paul à Timothée comme un jeune chef de file dans l'église?

3. I Cor. 04h17; Phil. 02:22 Décrivez la relation de Timothée avec Paul. Quelle sorte de réputation a Timothée ? Que pensez-vous influencer dans son fond sur son ministère?

4. 2 Tim. 3: 10-4: 5: même s' ils sont séparés, Paul continue à envoyer lettres de disciple. Quels sont les points clés en charge à Timothée?

5. 2 Tim. 2: 2: Qu'est-ce que cela nous enseigne dans la philosophie de Paul en tant que disciple? Pensez-vous que Paul a trouvé Timothée digne de confiance? Pourquoi?

CHRONOLOGIE
- Paul a nommé Timothée comme pasteur à Ephèse où il a servi pendant de nombreuses années aussi jusqu'à sa mort d'un martyr.
- Préparez un petit symbole, comme une Bible ouverte, pour représenter Timothée et sur le calendrier à côté de Jean Marc.
- Dessous de la ligne de confiance écrivez sa définition.

OPTIONS D'ACTIVITÉ

STRAPONTING QUIZZING

Matériels: 4-8 chaises, selon le nombre d'étudiants

Instructions: Voyez la strapontin quiz instructions de la leçon 17. Utilisation du passage de l'Écriture, Élaborez des questions pour la compétition.

Voici quelques exemples:

- ▶ Qui Paul a rencontré à Lystre? Timothée (Actes 16: 1)
- ▶ Pourquoi Paul a circoncis Timothée? Parce que les Juifs savait que son père était un Grec. (Actes 16: 3)
- ▶ Qui a envoyé Timothée à l'église de Corinthe? Paul (1 Cor 04:17)
- ▶ Pourquoi Paul a envoyé Timothé à Corinthe? Pour leur rappeler les façons de Paul dans le Christ et de leur apprendre à l'église (1 Cor 04:17)
- ▶ Selon II Timothée 3: 10-11, Nomez quatre característiques de Paul que Timothée a suivi. L'enseignement de Paul, sa conduite, son but dans la vie, sa foi, sa patience, son amour, sa fermeté, ses persécutions et ses souffrances. (II Timothée 3: 10-11).
- ▶ Qu'est- ce qui est arrivé à Paul à Antioche, à Iconium et à Lystre? Persécutions et / ou souffrances. (II Tim 3:11).
- ▶ Qu'est ce qui se passera de ceux qui veulent vivre pieusement en Jésus? Ils seront persécutés (II Tim 3:12).
- ▶ Selon II Tim 3:13 Qu'est ce qui ce qui vont arriver à des gens mauvais et impostres? Ils iront de mal en pis, séduisant et étant séduits. (II Tim 3:13).
- ▶ Pourquoi Timothée poursuit dans? Qu'est ce qu'il a appris et qu'est ce qu'il a cru. (II Tim 3:14)
- ▶ Qu'est ce qui familiarise avec Timothée depuis l'enfance? Le sacré écrits / Ecriture (II Tim 3:15).
- ▶ Que dit Paul sur l'écriture? Ils sont fiables pour rendre intelligent pour la foi de salut grâce à Jésus-Christ. (II Tim 3:15).
- ▶ Remplissez en blancs. "Toute Écriture est _____ Par Dieu." Souffla (II Tim 3:16).
- ▶ Quelle écriture est rentable pour? Enseigner, convaincre, pour corriger, former en justice. (II Tim 3:16).
- ▶ Que dit Paul de l'écriture qui aidera l'homme ou la femme de Dieu? Compétence et équipe pour toute bonne œuvre. (II Tim 3:17

QUE PENSEZ VOUS?

Matériels: Conseil craie, tableau blanc ou un grand morceau de papier et un marqueur de Manille

Instructions:
- Divisez les élèves en trois groupes en donnant un des passages à chaque groupe (Actes 16: 1-5, 1 Corinthiens 4:17, 2 Timothée 3: 10-17). Demandez à chaque

groupe de regarder leur passage et trouver des exemples de la façon dont Timothée était digne de confiance. Pensent-ils qu'il était digne de confiance? Pourquoi ou pourquoi pas?

■ Offrez le temps aux groupes pour discuter et ensuite chaque groupe viendra. Un membre va lire l'Écriture, un autre partagera ce que le groupe pensait et un troisième écrira dans l'origine sur la carte ou sur le papier bulle.

EXPÉRIENCE!

ACTIVITÉS D'APPRENTISSAGE

Discutez des questions suivantes:

1. Quels facteurs ont influencé de suivre le Christ? Comment les facteurs importants dans votre disciple ont été pour devenir un leader chrétien?

2. Pensez-vous il ya un âge approprié pour entrer leadership chrétien? Discutez les avantages et les inconvénients de ministère à un jeune âge.

3. En regardant en arrière à la charge de Paul à Timothée en 1 Tim. 04:12 Parlez sur les façons dont nous pouvons un bon exemple dans le discours, la vie, l'amour, la foi et la pureté.

APPLICATION PERSONNELLE

■ Prenez le temps de prier sur comment la leçon d'aujourd'hui pourrait appliquer à vous. Es-tu le genre de personne dans votre mentor ou dirigeants religieux peuvent compter ? Qu'est ce qui doit changer pour que vous soyez un disciple digne de confiance? Êtes-vous prêt à faire ce genre d'engagement? Ecrivez vos réponses dans votre journal.

■ Enseignant: Vous pouvez fermer cette classe de semaine avec la chanson «Seigneur, je vous donne mon coeur ».

OPTIONS D'ACTIVITÉ

FIABILITÉ EXERCICE JOURNALIER

Matériels: Revues d'étudiant ou morceau de papier pour chaque élève, ustensiles d'écriture

Instructions:

Écrivez sur les instructions originales de la carte:

▶ Prenez le temps pour prier sur comment la leçon d'aujourd'hui peut appliquer à vous.

▶ Réfléchissez et écrivez dans votre journal:

• Êtes-vous le genre de personne que votre mentor ou dirigeants religieux peuvent compter sur vous?

• Qu'est-ce qui doit changer pour que vous soyez un disciple plus digne de confiance?

• Comment allez-vous travailler pour faire les modifications originales dans votre vie?

▶ Donnez aux élèves le temps calme pour écrire dans leur journal et prier. Vous pouvez jouer de la musique chrétienne qui reflète dans le fond. Encouragez les élèves à trouver quelqu'un pour partager avec confiance ce qu'ils ont écrit que personne leur demande des comptes et s'engage à prier aussi avec eux.

FORMATION D'HUSSIER

Matériels: Proposant des plaques

Instructions: Il est extrêmement important de faire participer les jeunes à la vie de l'église. D'une façon qu'ils peuvent avoir un rôle important et montrer la fiabilité comme une église d'huissier / greeter. Parlez avec le pasteur en laissant la pratique des jeunes dans un service de culte après qu'ils ont vécu cette leçon.

Partagez avec la classe:

1. Le rôle d'un huissier / greeter c'est d'aider à saluer les gens comme ils viennent dans le culte. Souririez avec eux et les soins sont importantes pour aider les gens à connaitre qu'ils sont valorisés et dans un lieu d'amour et de soins. Voici quelques conseils:

   - Donnez le respect approprié pour les gens de leur faire sentir spéciale et important.
   - Souriez à eux et leur dire que vous êtes heureux qu'ils sont là. Utilisez leur nom si vous le connaissez.
   - S'il est un visiteur, demandez leur nom et leur dire votre nom. Vous les accueillissez dans votre église.
   - Avoir la pratique de classe dans les choses d'origine avec une autre.

2. Un autre rôle d'un huissier est d'aider les gens à trouver un siège pour le service a commencé. Voici quelques conseils:

   - Soyez conscient d' Où il ya des sièges ouverts dans toute la fonction.
   - Si quelqu'un vient à la fin, aidez lui à diriger vers un siège à proximité.
   - Veillez à utiliser une voix douce pour ne pas distraire les autres du service.

   Allez dans le sanctuaire et pratiquez avec le groupe.

3. En fin de compte le rôle d'un huissier c'est de prendre l'offre. Parlez avec la classe sur comment votre église prend l'offre. Voici quelques conseils:

   - Si les gens sont à la recherche de l'argent ralentir ou d'arrêter de leur donner du temps avant de passer la plaque de placement à la ligne suivante.
   - Essayez de mettre un huissier de chaque côté de chaque ligne.

   Allez dans le sanctuaire et pratiquez en prennant du placement en tant que groupe.

AFFECTATION

1. Écrivez le nom de la personne a étudié de la Bible, la direction de la qualité de caractères ciblée (avec sa définition) et le verset clé dans votre journal.
2. Mémorisez 1 Tim. 04h12.
3. Lisez Actes 18: 1-3, Romains 16: 3-4 et 1 Corinthiens 16:19 en préparation de la leçon de la semaine prochaine.

50 PRISCILLE ET AQUILA

FIABILITÉ:

Être un fidèle serviteur que Dieu peut faire appel à son service

ENGAGE!

CULTE

Écritures Suggérées: Matthieu 25:14-30

Chanson Suggérée: À Toi (Je t'appartiens)

ACTIVITÉ DE MOTIVATION

Demandez aux élèves de parler avec les gens qu'ils connaissent qu'ils sentent qu'ils peuvent vraiment dépendre. Qu'est ce qui rend fiable cette personne? Donnez des exemples.

OPTIONS D'ACTIVITÉ

SE RETIRER

Instructions:

Ce jeu a deux variations. Dans la première, le groupe est divisé en groupes de trois. Deux joueurs se tiennent la main et se tiennent derrière l'autre joueur dans leur groupe. Le 3ème joueur dans chaque groupe tombe à la renverse et a pris par ses compagnons de groupe. Dans la deuxième variante, un joueur se dresse au milieu d'un cercle de camarades de classe (environ 1,5 mètres de diamètre). Ce joueur alors tombe dans une direction et a pris par les autres dans le cercle. Ils poussent ce joueur de retour dans une nouvelle direction ou à travers le cercle. Le groupe devrait prendre soin pour les manipuler délicatement ce joueur afin que personne ne se blesse pas et un niveau plus élevé de confiance est établie.

Références: Adapté de http://www.games4youthgroups.com/trust-games/Fall-Back. html

FIABILITÉ QUESTIONNAIRE/DISCUSSION

Matériels: Une copie du questionnaire de la fiabilité pour chaque élève.

Instructions: L'enseignant peut utiliser la Fiabilité du questionnaire comme un guide pour une discussion en classe ou donnez à chaque élève une copie de la Fiabilité du questionnaire pour eux de faire de leur propre chef. (Voir la page suivante pour obtenir une copie reproductible).

Si le temps permet, ils peuvent le remplir dans la classe. Si non, permettez-leur de prendre à la maison pour terminer sur leur propre temps. Ne les obligez pas à le transformer ou partager leurs réponses, mais donnez une opportunité pour ceux qui souhaitent de partager un de leurs réponses.

Fiabilité Questionnaire

1. Qui est avéré pour être une personne fiable dans votre vie?

2. Comment cette personne a montré la fiabilité?

3. Vous comptez sur vous de laisser tomber? Si oui, comment? Qu'est ce qui s'est passé?

4. Comment avez-vous ressenti?

5. Pensez – vous que les personnes dépendent de vous pour quelque chose? Qui? Pour quoi?

6. Avez-vous déjà laissé tomber les autres? Si oui, comment?

7. Comment ont-ils réagi?

8. Comment avez-vous ressenti?

9. Avez-vous essayer de faire pour elle? Si oui, comment?

10. Pensez-vous que les gens peuvent vous faire confiance pour être fiable la plupart du temps? Pourquoi ou pourquoi pas?

11. Pourquoi la fiabilité est importante pour un leader chrétien?

12. Dans quels domaines de votre vie voudriez-vous devenir plus fiable?

EXPLORE!

ÉCRITURE DE PASSAGE(S): Actes 18:1-3, 18-26

VERSET CLÉ(S): Romains 16:3-4

ÉTUDE DE LA BIBLE

1. Actes 18: 1-3: Comment Paul connaît- il Priscille et Aquila? Qu'est-ce que le couple a en commun avec Paul? Ils remarquent que leur communauté est devenu un moyen pour Paul d'introduire l'Evangile et ils deviennent collègues missionnaires.

   ■ Quels sont les ministères de l'église qui sont plus proche de vos compétences et vos intérêts individuels?

   ■ Y aurait-il un moyen pour vous d'utiliser vos compétences personnelles et intérêts d'introduire un ami ou un être cher à l'Evangile.

2. 2 Actes 18: 18-19: Il n' a pas indiqué combien de temps Paul a évangeliser auprès de Priscille et Aquilas avant que le couple l'a accompagné sdans un voyage de mission. Mais néanmoins, Priscille et Aquilas ont devenu serviteurs fiables et consentantes, que le ministère Paul dépend aux gens d'Ephèse.

   ■ Laissez les étudiants de partager leur propre volonté pour faire le ministère. Assurez-vous qu'il n'y a pas de prétentions. Assurez que les élèves n'existent aucun droit de répondre et laissez-les de parler librement sur leurs véritables pensées et sentiments.

   ■ Encouragez-les à édifier mutuellement dans leurs ministères en encourageant les mots et des conseils. Priscille et Aquila ne sont pas devenu des «super ministres" du jour au lendemain, mais finalement ils l'ont fait.

   ■ Parlez des expériences d'être "déposés" pour faire un ministère ou responsabilité. Pour toi-même. Sentez -vous confiant et fiable? Ou avez-vous ressenti inadéquat?

3. Discutez sur la connexion entre la dépendance de Dieu et la fiabilité comme le serviteur de Dieu.Est ce que c'est la fiabilité (en termes chrétiens) tout sur l'habitude personnelle et confiance? Dans les leçons précédentes, éfléchissez sur la plupart de façon dont les personnages de la Bible a étudié pour montrer la fiabilité.

4. Actes 18: 24-28: Priscille et Aquilas, étaient encadrés par Paul, sont devenus mentors à Apollos. Remarquez leur douceur de l'enseignement d'Apollos. Qu'est-ce que cela nous dit sur le genre de ministres qu'ils étaient?

   ■ Réfléchissez sur la leçon étant un excitant. Où quelle est la qualité le caractère a perçue dans le passage?

   ■ Priscille et Aquilas »lui ont expliqué (Apollos) la voie de Dieu plus suffisante ". Le couple aurait pu laisser tout simplement Apollos de continuer avec sa manière de prêcher depuis qu'il semblait déjà bien équipé. Mais le couple a vu l'importance de "remplir tous les trous" dans sa compréhension, et d'Apollos dans la région a aidé Où il a manqué. Partie d'être fiable pour prendre toute une responsabilité ou complètement. Réfléchissez sur la façon dont vous faites vos ministères du personnel. Ne laissez pas certaines choses ou certaines personnes «s'en tirer avec" des choses apparemment mineures (ce est à dire les moments où vous venez de dire, "pwede na, na Balaha!")?

5. Revenez à la leçon de la Bible entière. Discutez sur les éléments que Aquilas et Priscille ont fait des partenaires fiables dans le ministère.

CHRONOLOGIE

- Prisca et Aquilas, faiseurs de tentes qui étaient remplies par Paul à Corinthe. Paul a resté avec le couple pendant un certain temps et a travaillé avec eux depuis lors Paul était l'auto fabricant de tentes. Cela est devenu une occasion pour Paul de partager l'Evangile pour le couple. Priscille et Aquilas sont devenus des partenaires du ministère fidèles de Paul. Le couple a été confié au ministre à Ephèse où ils ont rencontré un homme passionné nommé Apollos. Le couple a enseigné plus doucement l'Évangile à Apollos , et cela fait à Apollos un ministre très capable qui a finalement est devenu ainsi un missionnaire efficace.

- Préparez un petit symbole , comme une tente, pour représenter Priscille et Aquila. Placez-le sur la chronologie du côté de Timothée.

- Dessous de la ligne écrivez fiabilité et sa définition.

OPTIONS D'ACTIVITÉ ■ ■

CARACTERE DE LA QUALITÉ

Matériels: Revues d'étudiants, la craie de tableau ou un tableau blanc

Instructions: Cette activité peut être réalisée d'une façons une variée:

1. Demandez aux élèves de trouver les journaux de revue pour Leurs qualités de caractère qui sont liées à la fiabilité. Cela pourrait faire par paires ou comme une course entre deux équipes pour voir quelle équipe peut trouver le maximum dans un certain délai. Lorsque le temps a écoulé, les équipes doivent justifier leurs résultats en expliquant la relation. Ou ...

2. Répertoriez les qualités de caractère suivantes au tableau et de permettez aux étudiants de choisir dans la liste, un ou deux par personne. Donnez-leur le temps de revoir leur journal et ensuite pour prendre des virages en disant comment Cette qualité est liée à la fiabilité.

Intégrité (8 Joseph)	Conscience (34 Ezra)
Endurance (12 Moïse)	Détermination (Néhémie 35)
Fidélité (14 Joshua)	Obéissance (37 Marie)
Dépendance (17 Gédéon & Samson)	Altruisme (38 Jean Baptiste)
Fidélité (18 Ruth)	Servant Leadership (39 Jésus)
Courageux (21 David)	Débrouillard (42 André)
Disponibilité (22 Esaïe)	Témoin fidèle (44 Marie-Magdaleine)
Passionné (32 Jérémie)	Digne de confiance (49 Timothée)

EXPÉRIENCE!

ACTIVITÉS D'APPRENTISSAGE

Demandez aux élèves d'identifier qui sont leurs mentors ou qui sont les disciples. S'ils n'ont pas, essayez de les jumeler avec un membre de l'église plus mature qui est impliqué dans le même ministère. Demandez-leur d'identifier quelque chose qu' ils peuvent faire pendant la semaine pour démontrer la fiabilité qu'ils peuvent être surveillés et évalués par leur mentor, par exemple choisir les chansons pour le culte de cette semaine. Il s'agit de communiquer avec le pasteur en ce qui concerne le sujet de sermon, etc.

APPLICATION PERSONNELLE

La fiabilité est une qualité importante pour les dirigeants chrétiens. Que signifie la fiabilité pour vous? Ecrivez à ce sujet dans votre journal. écrivez Aussi ce que vous avez l'intention de faire pour vous "acte de la fiabilité (aux activités d'apprentissage), le nom de votre mentor, et comment vous serez responsable à cette personne.

OPTIONS D'ACTIVITÉ

ÉVALUATION DE LEADERSHIP PERSONNEL

Matériels: Une copie de l'évaluation pour chaque élève (page suivante)

Instructions: Fournissez à chaque élève une copie de l'évaluation du leadership personnel. (Voir page suivante pour une copie reproductible.) L'enseignant peut souhaiter d'envoyer les étudiants à la maison pour compléter. Plan pour répondre une fois de plus pour célébrer l'achèvement du cours et de réfléchir et de partager les réponses de l'évaluation. Réfléchissez ensemble sur comment chacun d'eux pourrait devenir plus actif dans la direction de ce point. Par exemple, deux d'entre eux peuvent être capable de l'enseigner ce cours à un autre groupe d'élèves. D'autres peuvent être prêts pour prendre d'autres responsabilités dans l'église ou dans des équipes de sensibilisation. Si elles ne sont pas déjà impliqués dans la régulation de ministère, aidez - les à faire des plans pour la participation dès que possible. Encouragez-les à poursuivre leurs relations avec leurs mentors.

AFFECTAION

1. Réalisez votre "acte de fiabilité." Ecrivez sur ce que vous avez dans votre journal et de le partager avec votre classe de la semaine prochaine.

2. Relisez votre journal. Réfléchissez sur les personnages que vous identifiez le plus. Quelles sont les qualités de caractère pour améliorer l'augmentation dans votre vie? Faites une liste de sorte que vous pouvez vous rappeler ce que vous voulez travailler.

Évaluation de Leadership Personnel

1. Prenez quelques minutes pour examiner votre journal. Quelle est l'une des choses les plus précieuses que vous avez appris lors de ce cours de?

2. Dans quelle mesure avez-vous appliqué? ce que vous avez étudié? Donnez un exemple d'application personnel que vous avez fait une différence dans votre vie.

3. Avez-vous grandi comme un chef de file depuis le début de la formation? Sur l'échelle ci-dessous, montrez où vous sentez que vous avez commencé au début de ce cours et où vous êtes maintenant.

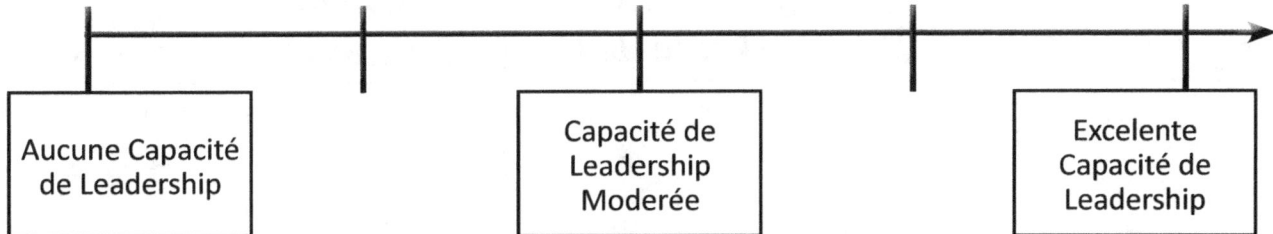

Aucune Capacité de Leadership	Capacité de Leadership Moderée	Excelente Capacité de Leadership

4. Dans quelle branche de votre caractère vous aimeriez améliorer de plus?

5. Pensez-vous que vous pourriez conduire un autre groupe à travers ce cours? Pourquoi ou pourquoi pas?

6. Est-ce que vous croyez que vos dons spirituels, intérêts et capacités vous qualifient pour une manière différente de leadership ou ministère? Si c'est ainsi, quoi donc?

7. Projetez-vous dans le futur. Que voulez-vous que vous soyez dans 10 ans? (Décrivez la vie vous voulez vivre maintenant en une décennie.)

8. Est-ce que ce que vous avez appris cette année vous a aidés vers ce but? Comment?

HISTORIQUE CHRONOLOGIE
LISTE DES EXEMPLES DE SYMBOLES

Leçon 1: Arbre Fruitier	**Leçon 2:** Moitié Cœur Noir et Moitié Cœur Blanc ou Rouge	**Leçon 3:** Arche de Noé	**Leçon 4:** Chameau	**Leçon 5:** L'autel de Pierre
Leçon 6: Puits	**Leçon 7:** Pierre	**Leçon 8:** Robe Multi-colore	**Leçon 9:** Couronne	**Leçon 10:** Peuple en Accolade
Leçon 11: Table de Pierre	**Leçon 12:** Bâton	**Leçon 13:** Grappe, Raisins	**Leçon 14:** Le Son du Klaxon	**Leçon 15:** Fenêtre avec des Cordes Rouges Tendues
Leçon 16: Paume d'Arbre ou Marteau	**Leçon 17:** Torche ou Trompette	**Leçon 18:** Paquet du Blé	**Leçon 19:** Mains de Prière	**Leçon 20:** Récipient d'huile de l'onction

HISTORIQUE CHRONOLOGIE
LISTE DES EXEMPLES DE SYMBOLES

Leçon 21: Mouton	**Leçon 22:** Echarpe	**Leçon 23:** Temple	**Leçon 24:** Nuage	**Leçon 25:** Cap
Leçon 26: Gros Poisson avec la Bouche Ouverte	**Leçon 27:** Charbon Chaud ou Pinces de Maintien Chaud	**Leçon 28:** Escaliers	**Leçon 29:** Rouleau	**Leçon 30:** Fournaise Ardente
Leçon 31: Lion	**Leçon 32:** Fenêtre Avec des Barres de Fer	**Leçon 33:** Sceptre	**Leçon 34:** Rouleau	**Leçon 35:** Porte ou mur de Pierre
Leçon 36: Job	**Leçon 37:** Ange	**Leçon 38:** Criquet	**Leçon 39:** Croix	**Leçon 40:** Cœur Rouge

HISTORIQUE CHRONOLOGIE
LISTE DES EXEMPLES DE SYMBOLES

Leçon 41: **Roche**	**Leçon 42:** **Cinq Pains et Deux Poissons**	**Leçon 43:** **Oreille**	**Leçon 44:** **Un Œil**	**Leçon 45:** **Chariot**
Leçon 46: **Pouces Vers le Haut Main**	**Leçon 47:** Écriture Penne	**Leçon 48:** Main Pointillée	**Leçon 49:** Ouvrir la Bible	**Leçon 50:** Tent

www.ingramcontent.com/pod-product-compliance
Lightning Source LLC
LaVergne TN
LVHW061300060426
835509LV00016B/1652

9781635800074